国家社科基金项目研究成果

共建"一带一路"与全球经济治理

杨春蕾 ◎ 著

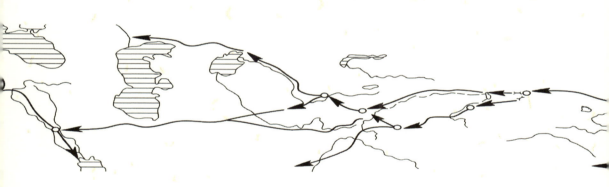

The Belt and Road Initiative
and Global Economic Governance

中国财经出版传媒集团

经济科学出版社
Economic Science Press

序

　　全球性金融危机余波未尽，新冠肺炎疫情又给世界经济带来巨大冲击，全球性挑战不断加剧，世界正处于百年未有之大变局。尽管疫情在部分国家已经得到缓解、世界经济正在逐步恢复，但是国际政治经济格局复杂多变，世界经济的不稳定性与不确定性仍然存在，全球性公共产品的供应并不充分，全球经济治理存在赤字，经济全球化遭遇逆流。追本溯源，当前经济全球化趋势遭遇逆风、全球经济治理赤字的根源部分源于频繁爆发的全球性危机，部分来自 2018 年以来愈演愈烈的中美竞争，但主要源于第二次世界大战之后建立起来的全球经济治理体系并未随经济全球化的阶段性变化进行调整。现有的全球经济治理体系是以美国为代表的发达经济体主导的。应该承认，这在很大程度上推动了多边主义，促进了国际合作，带动了经济全球化的发展，为世界经济的增长作出了贡献。然而，任何制度都不是一成不变的，当前新一轮科技革命与数字经济的兴起将经济全球化推向了新的发展阶段，中美关系的变化又影响国际合作的发展方向，全球经济治理体系亟待改革和完善，以适应经济全球化发展新阶段的要求。

　　全球性危机需要全球性应对，进行大国协调、推动多边国际合作是唯一正确的选择。中国是世界上最大的发展中国家，美国是世界上最大的发达国家，中美关系不仅仅是双边关系问题，中美关系的任何变化都将具有全球性影响。近年来，美国政府奉行"美国优先"的单边主义，"中美脱钩"的"新冷战"言论甚嚣尘上，中美关系急速降温，世界格局发生震荡，世界贸易组织（WTO）等国际经济组织影响式微，美国的民粹主义影响增大。美国国家治理出现的问题在于资本主义固有的内在矛盾，在于美国参与经济全球化的利益分配失衡，贫富差距扩大，中产阶级缩水。美国若将其国内出现的问题归咎于经济全球化，归咎于中国，是不公平的，中国也无须回避对美国的赶超。拜登政府是否能够带领美国重建国内秩序，是否能够与中国携手推动国际合作，世界经济能否走出衰退的泥潭，世界将拭目以待。

全球经济治理问题的有效解决需要下沉至主权国家的国家经济治理层面，主权国家应当根据自身经济发展的需要确定适合本国的经济发展战略。全球性金融危机之后，中国便已开始将经济发展的立足点放在国内；疫情危机之后，中国着手"构建以国内大循环为主体、国内国际双循环相互促进的新发展格局"。2021年《政府工作报告》将绿色发展与科技创新放到同一高度，绿色发展与科技创新将成为当前和未来中国现代产业体系高质量发展的主要动力，中国正在告别粗放式的发展模式、迈向高质量发展阶段。随着气候变化、网络安全等非传统的经济安全问题进入国际视野，日益成为全球经济治理的重要内容，中国经济的高质量发展不仅体现在国内经济改革方面，也体现在"实行高水平对外开放"方面：中国致力于成为推动全球气候治理的中坚力量，宣布"力争2060年前实现碳中和"；面对蓬勃发展的数字经济，中国致力于推动制定WTO框架内数字贸易规则，致力于尽快恢复WTO的功能。在上述领域，中国与美国、欧盟以及世界上大部分国家应当都是拥有共同利益目标的，中国一贯致力于推动各国携手合作，期待有积极的成效。

中国拥有全球唯一的全产业链和规模最大的单一市场，中国的外循环需要与"一带一路"相互促进。"一带一路"倡议所倡导的治理机制强调包容性发展，致力于为不同国家的发展战略与经济政策提供对接与联通的平台，能够服务于不同国家个性化和多元化的发展需求。当前的"一带一路"已经成为全球最大的国际合作平台，是"健康丝绸之路""绿色丝绸之路""数字丝绸之路"，是中国与伙伴国家高质量共建的"一带一路"，是中国向世界提供的全球性公共产品。2021年，《中华人民共和国国民经济和社会发展第十四个五年规划与2035年远景目标纲要》正式出台，中美高层战略对话也已经开启。世界各国应当立足基本国情、夯实自身的经济实力，在良性竞争中寻找更多的合作空间。经济全球化的发展并不是一成不变的，全球经济治理应当与经济全球化发展的阶段性需要相适应，中国拥有世界1/5的人口，是世界经济持续发展的引擎，中国始终坚持国际合作，期望能够"让多边主义火炬照亮人类前行之路"。

杨春蕾博士的专著《共建"一带一路"与全球经济治理》，是国家社科基金项目研究成果。本书以对经济全球化与全球经济治理发展历程的介绍为逻辑起点，在对经济全球化与全球经济治理面临挑战的分析基础之上，论证了中国是维护经济全球化的新生力量、"一带一路"是中国参与全球经济治理的方案。作者以"一带一路"为切入点，分三个视角进行讨论。首先，由于全球贸易治理、全球投资治理、全球金融治理是全球经济治理的三个侧面，分别就"一带一路"与全球经济治理三个侧面的互动展开论述，探讨中国通过与沿线国家共建"一带一路"参与全球经济治理的意义与路径；其次，由于G20是国际经济合作与大国协调的首要全球性论坛，通过对G20的产生与发展、优势与当前面临的困境进行描述，探讨"一带一路"与G20的互动关系及两者相互配合将能够对全球经济治理产生的贡献；最后，由于新冠肺炎疫情使世界经济的停滞局面进一步加剧，对后疫情时代全球经济治理失效的根源进行剖析，探讨中国应当如何"化危为机"、如何通过共建"一带一路"推动全球经济治理体系重塑。

本书研究视野开阔，层次清晰，逻辑严密，论证深入，对策思路富有启发性。相信本书的出版，对于推动共建"一带一路"与全球经济治理的研究，有重要理论价值和实际参考价值。

张二震

2021 年 12 月 3 日

目 录

第一章　经济全球化与全球经济治理

百年以来，科技革命和产业革命重塑了世界经济格局，经济全球化得到深入发展，但是十多年前的全球性金融危机对经济全球化造成了重大打击，2020 年新冠肺炎疫情的持续性蔓延加速了世界经济的下行，经济全球化遭遇困境，世界经济在不确定中前行，贸易保护主义、民粹主义、民族主义、恐怖主义等全球性问题暴露出来并且愈演愈烈，不少国家的国家治理出现问题，国家间的合作不能有效开展，国际经济组织的协调机制出现失灵，这一切都导致全球性公共产品出现赤字，全球经济治理体系亟须重塑。"放眼世界，我们面对的是百年未有之大变局"，① 如何在声势浩大的逆全球化浪潮中坚定不移地维护经济全球化，推进中国的高水平开放，是中国当前必须面对的现实问题，"变局中危和机同生并存，这给中华民族伟大复兴带来重大机遇。要善于化危为机、转危为安"。②

"一带一路"倡议是一个全新的国际合作倡议，是中国为解决全球经济治理领域内公共产品供应不足问题而进行的努力，将为世界经济的寒冬注入暖流，被认为是促进全球经济治理体系变革的"中国方案"。面对世界经济深度调整的百年未有之大变局，中国作出了一系列重要承诺：早在 2015 年，党的十八届五中全会就提出，"积极参与全球经济治理和公共产品供给，提高我国在全球经济治理中的制度性话语权，构建广泛的利益共同体"；2017年党的十九大报告中强调，"中国将继续发挥负责任大国作用，积极参与全球治理体系改革和建设，不断贡献中国智慧和力量"。2020 年结合新冠肺炎疫情在"全球大流行"的新形势，中国寄予了"一带一路"倡议新期待：

---

① 新华社. 习近平接见驻外使节工作会议与会使节并发表重要讲话 [EB/OL]. (2017 – 12 – 28) [2021 – 03 – 15]. http: //jhsjk. people. cn/article/29734770.

② 新华社. 中央经济工作会议在北京举行　习近平李克强作重要讲话 [EB/OL]. (2018 – 12 – 21) [2021 – 03 – 15]. http: //news. cctv. com/2018/12/21/ARTI93Cwl0GAzC5dJpsxF9Aj181221. shtml? spm = C94212. PZmRfaLbDrpt. S83334. 1.

2020 年 6 月"一带一路"国际合作高级别视频会议上,习近平提出"通过高质量共建'一带一路',携手推动构建人类命运共同体"。2020 年 10 月党的十九届五中全会再次提出,"推动共建'一带一路'高质量发展,积极参与全球经济治理体系改革"。"一带一路"以"共商、共建、共享"为原则,共建"一带一路"倡议源于中国,但机会和成果却属于世界。

第一节　经济全球化与全球经济治理的发展历程

经济全球化是全球经济相互依存度不断提升的进程,全球经济治理与经济全球化相伴而生。本章的以下部分将首先分别对经济全球化与全球经济治理的发展阶段进行划分与阐述。由于 2020 年新冠肺炎疫情对世界经济的冲击非常突然又非常巨大,传导机制较为复杂,人类的政治制度、经济制度、社会制度都面临巨大的检验,因此,疫情导致"逆全球化"现象与全球经济治理失序的问题将在第七章专门进行讨论。

一、经济全球化发展经历的阶段

经济全球化并不是当代才有的新的现象,始于 15 世纪的地理大发现开辟了新的航海路线,航海技术的发展使人类克服了海洋的障碍,洲际交通从不可能变为可能;18 世纪的工业革命促进了机械化的大规模生产,英国等生产力大幅领先的国家开始向世界各地拓展市场。这些都在客观上促进了国际贸易、国际投资与国际金融的发展,推动了经济的全球化。只是彼时的经济全球化是与殖民主义相伴的全球化,以殖民主义者掠夺殖民地与半殖民地国家的资源为主要特征。[1] 这一阶段,以英国为代表的欧洲国家在全球范围内进行了大规模的拓殖,逐步建立起以英国为中心的西方秩序。[2] 在这种情况下,经济全球化与全球性问题相伴而生并且客观存在,但追求本国利益与他国利益兼顾、谋求本国发展与他国发展同步实现的现代全球经济治理理念却无从谈起。

大多数经济学家认为第一次经济全球化发生在 1870—1913 年,也就是

---

① 李长久. 经济全球化的进展、内涵和影响 [J]. 世界经济, 1997 (7):14 – 18.
② 费孝通. 经济全球化和中国"三级两跳"中的文化思考——在"经济全球化与中华文化走向"国际学术研讨会上的讲话 [J]. 中国文化研究, 2001 (1):2 – 8.

第二次工业革命开始至第一次世界大战爆发前。与第一次工业革命首先发生在英国不同的是，第二次工业革命几乎同时发生在多个先进的资本主义国家，交通的便利使得包括电器在内的新技术与新发明的应用范围超越了某一个特定国家，工业国家的生产力得到迅猛发展，国家之间的经济联系大大加强，美、德、英、法等主要资本主义国家相继进入帝国主义阶段。持续43年的第一次全球化期间，货物出口占 GDP 比重最低的 1870 年为 9.1%，占比最高的 1913 年为 14.0%，平均比重为 11.5%。① 一战结束后不久，大萧条席卷西方世界，第二次世界大战随后爆发。二战的结束虽然带来了和平的环境，但"冷战"随即拉开序幕，东西方两大阵营相互对峙，世界被割裂为社会主义与资本主义两个相互对立的平行社会形态，经济全球化呈现出"半球化"状态。②

世界货物出口占 GDP 的比重直至 1979 年才开始超过 1913 年的水平，这意味着第二次全球化阶段的开启。20 世纪 90 年代初"冷战"结束之后，东西方市场的对立局面不复存在，逐步融合成为统一的整体，人类社会由此步入真正意义上的经济全球化或者是"超级全球化"时代。20 世纪 90 年代以来的"超级全球化"所形成的巨大世界市场释放出了天量生产力，让世界各国彼此嵌入、紧密相联、共同发展。2008 年的全球性金融危机打破了平衡，主要经济体贸易占 GDP 的发展趋势发生了分化，对待国际贸易的态度也随之产生了分歧，贸易领域内的分歧因世界各国经济复苏进程的不同而发展到国际投资甚至是国际金融领域。因世界经济迟迟无法复苏，逆全球化现象在近几年变得益发严重，2018 年中美之间的贸易摩擦不断升级，2020 年新冠肺炎疫情期间中美贸易、投资与金融领域的"脱钩"现象使世界各国对经济全球化的未来充满担忧。美国总统大选出现的各种乱象颠覆了世界对全球经济治理传统主导者的认知，世界经济仍然在不确定中前行。

二、全球经济治理发展经历的阶段

全球治理本质上是一套规则体系，用于规范国家或非国家主体之间的博弈行为，是解决全球性问题的根本途径。全球性问题关乎全人类的福祉，每个国家都是利益攸关方，解决全球性问题远远超出某一个国家或某一个国家

---

① 钟飞腾. 中国经济外部新环境：慢全球化与新冠疫情 [EB/OL]. (2021 - 01 - 05) [2021 - 03 - 15]. https：//mp. weixin. qq. com/s/MA4NFzGgY0lVSPOObEzbbg.

② 徐秀军. 新时代中国国际政治经济学：一项研究议程 [J]. 世界经济与政治, 2020 (7)：4-34.

集团的能力，必须诉诸国际合作，调和不同的利益，采用一系列正式或非正式的制度性安排，形成全球共识并采取全球联合行动。全球经济治理是伴随着经济全球化的进程而产生发展的，是全球治理理念在经济领域的延伸，是解决全球经济问题的根本途径。尽管全球治理的概念最近于20世纪90年代才兴起，但其所指涉的各种制度安排却存在已久，主要经历了以下发展阶段。

（一）国际联盟：现代全球经济治理的起始

现代全球治理的第一阶段是以一战之后成立的国际联盟（League of Nations）为中心的，其宗旨在于减少武器数量、平息国际纠纷、提高民众生活水平、促进国际合作与国际贸易。国际联盟对于全球事务的治理范围包含但超出经济领域，高峰时期曾拥有包括中国在内的58个成员国，国际联盟于二战之后被联合国所取代。对历史经验进行总结可以为现在与未来提供参照，国际联盟之所以未能充分发挥作用并退出了历史舞台，与其设计上的缺陷不无相关。例如，国际联盟全体一致的决议方式效率低下，对国际公务员过于依赖而缺乏独特权威。更为重要的是，国际联盟缺乏经济强国的支持：美国总统威尔逊虽然促成了国际联盟的成立，但美国却从未加入；德国、日本、意大利虽然加入，但却于不久之后选择离开；苏联尽管加入，却因故被国际联盟开除会籍。

（二）布雷顿森林体系：全球经济多边治理框架的起源

二战结束之后建立起的布雷顿森林体系被普遍认为是当前全球经济多边治理框架的起源。布雷顿森林体系确立了以美元为中心的国际货币体系，建立了国际货币基金组织（International Monetary Fund，IMF）、世界银行两大国际金融机构，这两个机构自1947年11月起成为联合国的常设专门机构。1947年10月签订的关税及贸易总协定（General Agreement on Tariffs and Trade，GATT）也被视为是布雷顿森林体系的组成部分，其继任者世界贸易组织（World Trade Organization，WTO）是独立于联合国的永久性国际组织。布雷顿森林体系的制度安排成为第二次世界大战后全球经济治理的基础，也奠定了美国的霸主地位，例如，美元成为被广泛接受的世界货币，美国在IMF与世界银行均拥有独特的否决权、世界银行的行长职位为美国公民保留等。

由于布雷顿森林体系中的IMF与世界银行均依托于联合国而运作，独立于联合国的GATT又较为软弱，于全球经济治理方面的缺陷逐渐暴露出来。一是联合国的多边主义的框架设计一度将诸多中立与不结盟的国家拒之门外；二是 IMF 与世界银行的决议本身受美国一票否决权的制约，其所依托的联合国并不召开领导人峰会，进行全球事务协调的有效性较为有限；三是多边机制需要协调各方的意见，形成一致比较困难；四是多边机制的刚性约束与错综复杂的利益关系常常会导致"议而不决，决而不行"的现象发生。再加上第二次世界大战后不久，美国与苏联两个超级大国及其所代表的资本主义阵营与社会主义阵营之间展开了长达四十余年的争斗，在经济治理方面，美国主导成立了北大西洋公约组织（North Atlantic Treaty Organization, NATO），为成员国提供综合治理；苏联与东欧等国家则成立了经济互助委员会，服务于社会主义阵营经济共同体。美苏两大阵营各自为政，经济上无法实现真正的全球化，经济治理的范畴也较难从真正意义上延伸至全球范围。

（三）七国集团：由主要工业国家主导全球经济治理

20 世纪 70 年代，由于制度设计的缺陷和外部环境的恶化，再加上美国因深陷越南战争经济实力相对下降，日本、欧共体的实力相对增强，美国单方面终止了美元与黄金挂钩的制度，以美元为中心的布雷顿森林体系崩溃，美国在全球经济治理中的"中心性"被削弱。为应对石油危机、地区性金融危机等不断恶化的外部环境，世界主要工业国家于 1976 年成立了七国集团，为世界提供全球经济治理的公共产品。在七国集团的治理下，尽管地区性的金融危机时有发生，例如，1982—1983 年在拉美地区爆发了拉美债务危机，1994—1995 年在墨西哥爆发了墨西哥金融危机等，但全球范围内的大萧条却并未发生。一方面，这些地区性的金融危机影响力较为有限；另一方面，IMF、世界银行、GATT 等在布雷顿森林体系中成立的国际经济组织仍然存在并继续发挥作用，七国集团可以凭借其在国际经济组织中的影响力对地区国家进行救助。

在七国集团主导的治理下，世界范围内较长时间以来并未发生大规模的金融危机，可以认为，七国集团为世界经济的稳定作出了积极的贡献。但客观来看，七国集团的治理模式也存在一些缺陷：一是吸纳新成员的速度缓慢，20 世纪 90 年代以来七国集团才开始邀请新兴国家参会，并且七国集团没有给予新兴国家以平等的席位；二是未能处理好与俄罗斯的关系，虽然俄罗斯的加入一度使七国集团成为八国集团，力量得到增强，但七国集团长期将俄罗斯拒之于与经济治理密切相关的财长会议门外，并未将其视为完全平等的主体，乌克兰危机之后，更是将俄罗斯开除出八国集团；三是作为世界经济稳定器的作用在不断衰减，七国集团未能预见 1997—1998 年东南亚金融危机的爆发，也未能预见 2008 年爆发的全球性金融危机，当前更是因自身沉陷危机的泥潭而无力独自应对危机所带来的恶劣影响。

（四）二十国集团：发达经济体与新兴经济体共同参与的全球经济治理

冷战的结束使全球市场被人为分割的历史得以终结，生产要素开始在全球范围内迅速流动，生产者不再是将企业局限于本国本地，而是能够利用全球各地的劳动力、土地、资本、能源等生产要素来统筹供应商品与服务，全球统一大市场逐步形成。由于生产能够在全球范围内组织与开展，生产环节得以被拆分，生产性活动以及与之相关的服务性活动被大量外包给不同国家的相关企业，中间品贸易得到极大的发展，各经济活动在寻求合作过程中彼此嵌入，促进了全球价值链的飞速发展，互联网、交通运输及通信技术的发展进一步加深了全球各行为主体的依存关系，这些改变又加速推进了经济全球化。经济全球化使得谈论美国产品、德国产品、日本产品变得没有意义，取而代之的便是大量出现的具有全球性质的"全球产品"。随着经济全球化的深化及参与主体的多元化，越来越多的没有经验可循的全球性问题出现，全球经济治理正在摆脱单一国家主导的局面，形成了多元化发展的强大趋势。

1990 年联邦德国前总理，国际发展委员会主席勃兰特提出了"全球治理"理论，1992 年在其与其他国际知名人士的倡议下，发起成立了联合国"全球治理委员会（Commission on Global Governance）"，全球治理由理念走向实践。全球治理委员会于 1995 年发表了题为《我们的全球伙伴关系》（*Our Global Neighborhood*，又被译为《天涯成比邻》）的研究报告，该报告对治理作出以下界定：治理是个人、公共或私人机构管理共同事务的诸多方式的总和。① 报告中强调了法治与公平原则，主张：全球治理不能够仅仅反映发达国家的利益，而应当重新回归到以联合国为中心的模式；除发达国家外，还要使发展中国家的代表权和决策权得到扩大。该理念因 2008 年爆发的全球性金融危机而得以实践。2008 年世界主要国家在美国华盛顿举行了首届 G20 峰会，这个包含了发达经济体与新兴经济体的峰会就如何应对金融危机、如何维护世界经济稳定等达成了重要共识。2009 年的匹兹堡峰会将 G20 确定为国际经济合作的主要论坛。

上述机制均为旨在促进全球经济合作的平台，尽管二战之后的较长时期内是由以美国为代表的发达国家主导的，在冷战等特殊时期部分平台的作用

---

① 全球治理委员会. 我们的全球伙伴关系［R］. 牛津：牛津大学出版社，1995.

还受到限制，但是这些平台机制在经济领域内所建立起的规则体系在全球范围内得到了广泛认同，对于维护世界的和平与发展，推进经济全球化起到了积极的作用。G20 的成立，使以中国为代表的新兴经济体首次出现在全球经济治理的舞台中心，具有重要的历史意义。遗憾的是，在 2008 年全球性金融危机与 2020 年新冠肺炎疫情的接连打击下，经济全球化的推进变得艰难，国际协调变得困难，这些都增加了全球经济治理的难度。但是几十年来的"超级全球化"已经使得世界各国彼此依赖，"逆全球化"现象虽然常有体现，经济全球化的发展虽然会经历挫折，却终将是人类社会的未来发展方向。

第二节　经济全球化与全球经济治理面临的挑战

2008 年是世界经济的重要分水岭，起源于美国的"次贷危机"迅速在全球范围内蔓延并演变为全球性的金融危机。由于危机首先爆发在金融领域内，发达经济体在常规的经济刺激方案失效后，不得不采取"量化宽松""负利率"等非常规的货币政策来为本国经济注入流动性；二十国集团（G20）还于 2009 年 4 月对金融稳定论坛（Financial Stability Forum，FSF）进行改革，成立了金融稳定理事会（Financial Stability Board，FSB）。FSB 从成立之日起，就被定位为是一家具有全球影响力的、致力于推进并协调金融监管改革的监管机构。该机构成立以来，协调各方力量共同恢复了人们对银行体系的信心，共同构建了一个更加强大、更加稳健的全球金融体系。[①]然而，金融系统的稳固并不意味着实体经济的必然复苏，金融危机将各国经济与世界经济中积累的各种问题充分暴露出来，其影响深远让各方都始料未及。

尽管危机发生时以及危机发生之后的较长时间，各国政府和国际经济组织实施了各种救助方案，发达经济体与新兴经济体也采取了多种联合行动，但世界经济却并未得到期望中的迅速提振。甚至，主要国家的经济复苏进程出现分化，以经济实力为代表的国家间的力量对比也随之出现了分化，这为近十多年来全球经济治理出现的困境埋下了伏笔。表 1-1 列出了 2001—2020 年世界、发达国家和发展中国家经济增长率，其中，第 2 列显示了2001—2008 年的平均年度经济增长率，第 3～12 列显示了 2009—2018 年的年度经济增长率，第 13～14 列显示了 2019—2020 年的预期年度增长率。

---

① 兰德尔·夸尔斯，谢华军. 金融稳定理事会十年回顾与展望［J］. 金融市场研究，2019（11）：92-96.

表 1-1　　　　2001—2020 年世界、发达国家和发展中国家经济增长率

类别	2001—2008^a	2009	2010	2011	2012	2013	2014	2015	2016	2017	2018	2019^b	2020^b
世界	3.6	-1.3	4.5	3.3	2.8	2.7	3.0	3.0	2.7	3.3	3.1	2.5	-4.3
发达国家	2.3	-3.4	2.6	1.6	1.2	1.3	2.0	2.4	1.7	2.5	2.3	1.8	-5.8
发展中国家	6.6	3.1	7.9	6.2	5.4	5.0	4.7	4.3	4.3	4.6	4.3	3.5	-2.1

注：a 表示平均，b 表示预期。
资料来源：联合国贸易和发展会议（United Nations Conference on Trade and Development，UNCTAD）发布的《*Trade and Development Report 2020*》。

　　由表 1-1 可知，在 2008 年全球金融危机爆发之后，以美国为代表的发达国家的经济增长率由 2001—2008 年的 2.3%，下滑至 2009 年的 -3.4%，均出现了令人担忧的负增长。与之形成鲜明对比的是，发展中国家的经济增长率即使在最为低谷的 2009 年也仍然为正，为世界经济的稳定提供了有力的支持。2010 年开始，发达国家的经济增长率回正，但仍低于世界平均水平；发展中国家的经济增长率则始终高于世界平均经济增长率。可以认为，金融危机期间以及之后，发展中国家代替发达国家成为稳定世界经济的重要支撑力量。2020 年新冠肺炎疫情的冲击对世界经济体的打击力度更大，无论是发达国家还是发展中国家都呈现出负增长状态。这种力量对比的转变打破了既有的平衡，经济全球化与全球经济治理出现了许多新问题，面临新的挑战。

　　第一，发达国家扮演全球经济治理的主导者角色已力不从心，逆全球化思潮不断涌现。发端于发达国家的金融危机使发达国家的经济遭受重大打击，经济复苏进程的缓慢在国内引发了民粹主义、民族主义等许多社会问题。不少发达国家的民众将国内经济衰退的原因归咎于经济全球化，认为是经济全球化使发达国家将产业转移至发展中国家，虽然促进了发展中国家的经济发展和就业，但却导致了发达国家经济的衰落，发达国家却并没有从发展中国家在经济全球化的收益中得到相应补偿。发达国家意识到自身"产业空心化"存在问题，美国奥巴马政府提出"再工业化"政策以试图重振本土工业，美国特朗普政府则针对外国企业对美国的投资设置了壁垒。始于 2018 年 3 月的中美贸易摩擦不断升级，则是其贸易保护主义的一个例证。尽管如此，发达国家国内的经济仍迟迟无法恢复，全球需求疲软，贸易增长减缓，贸易与投资保护主义思潮抬头并且在全球范围内蔓延。

外交是一国国内事务在国际上的延伸，发达国家为转移国内矛盾采取了一系列不太友好的对外政策。美国特朗普政府期间多次突破多边机制束缚，相继宣布退出巴黎气候变化协定、联合国教科文组织和人权理事会、全球移民协议、伊朗核协议、万国邮政联盟等多个国际组织。甚至，美国特朗普政府还宣布退出由奥巴马政府主导的区域性国际经济组织——跨太平洋伙伴关系协定（Trans-Pacific Partnership Agreement，TPP）。即使之后日本主导的全面与进步跨太平洋伙伴关系协定（Comprehensive and Progressive Agreement for Trans-Pacific Partnership，CPTPP）承诺对美国敞开大门，也并未得到美国的回应。美国频频的"退群"行为是美国遵循"美国优先"原则处理国际事务的表现，在"美国优先"的带动下，越来越多的国家重拾"本国优先"，现实主义、单边主义与狭隘的民族主义在全球范围内蔓延，发达国家针对全球性问题而提出的有效方案逐渐较少，部分国家的保护主义行为还成为经济全球化的阻力。种种迹象表明，全球经济治理的原有主导方已经没有能力继续在全球经济事务中扮演主导者角色。

第二，发展中国家正在群体性崛起，应该在全球经济治理体系中拥有相应规则制定权。经济全球化使发展中国家得以融入世界经济实现了经济增长，金融危机后，发展中国家作为整体对世界经济增长的整体贡献率超过了发达国家，成为推动世界经济增长的重要引擎。但是发展中国家在全球经济治理中的代表权、话语权和决策权仍然较低，究其原因，主要可以归因于内外两个方面的因素。从外部因素来看，现代全球经济治理自起始之日起，便由发达国家占据主导地位，诸多发达国家中，美国自第二次世界大战以后一直在全球经济治理的正式机制和非正式机制中发挥着组织者和领导者的中心作用。这些正式或非正式机制的设置本身，并没有给予发展中国家较多的席位，发展中国家如果想要拥有更多的话语权，必须要对既有的全球经济治理体系进行改革。

从内部因素来看，发展中国家缺乏参与全球经济治理的经验与能力。发展中国家融入经济全球化的时间并不长，即使是被普遍认为处于发展中国家第一梯队的中国、俄罗斯、印度、巴西、南非这样的"金砖国家"，社会经济方面大都还处于转型时期。更何况，当前发展中国家大都处于全球价值链的中低端位置，在发达国家主导的全球经济治理体系中，发展中国家的中低端位置仍然在被不断固化，很难获得更高收益。从另一个角度来看，尽管中国、印度这样的"金砖国家"在经济体量上已经走到发展中国家的前列，但是由于庞大的人口基数，人均国内生产总值并不高，国家还未实现真正富裕。发展中国家仍然需要投入更多的精力致力于国内的经济发展,缺乏参与国际经济事务的经验。发展中国家如果想要实现国内的经济转型与高质量发展,必须在全球经济治理体系中拥有话语权。

第三,发达国家之间与发展中国家之间的力量对比也发生了分化,国际合作愈发难以达成。对大多数国家来说,经济全球化使其获得了较长时期的经济高速发展,但利益在各国之间的分配是不均的,可以认为,经济全球化增加了世界的财富积累,但也在全球范围内扩大了贫富分化。首先,美国与其他发达经济体经济实力的分化趋势在持续。根据 IMF 数据库,按照购买力平价换算,2019 年美国经济总量占发达经济体比重为 37.4%,较 1992 年上升 3.3%;其他 G7 成员国占比 36.2%,较 1992 年下降 9.0%。其次,中国与其他新兴经济体经济实力的分化趋势在持续。2019 年中国经济总量占新兴经济体与发展中经济体比重为 32.2%,较 1992 年上升 21.7%;其他金砖国家占比 23.3%,较 1992 年下降 6.4%。最后,美国、中国与第三大经济体日本经济实力的分化趋势在持续。2019 年美国经济总量为日本的 3.75倍,较 1992 年增加了 1.22 倍;2019 年中国经济总量为日本的 4.78 倍,较1992 年增加了 4.71 倍。可以预见,未来这些分化趋势还将延续,经济实力的分化减少了国家间的共同利益,加速了全球经济治理的碎片化。

由于新问题、新挑战的出现,国家之间围绕全球经济规则制定权的竞争变得激烈。经济领域内出现的危机迟迟得不到解决将逐渐蔓延至地缘政治领域。近十多年来,国际地缘政治领域内发生了诸多问题:中东地区局势持续动荡、难民危机时有发生等。甚至,因利益冲突的加速,在发达经济体内部也出现了不团结的现象:英国自 2013 年年初卡梅伦首相首次提及"脱欧"公投至 2020 年 1 月正式"脱欧",历时七年的拉锯战使欧盟这个欧洲区域内的人类命运共同体面临进一步分裂的风险。这些地缘政治的新现象又使经济全球化的前景充满未知。金融危机的打击与新冠肺炎疫情的冲击使世界各国深刻认识到,任何单一国家或者少数几个国家单靠自己的力量很难应对逆全球化的困境,当前以及未来的全球经济治理需要世界各国的通力合作才能够实现。

第三节　世界需要新的力量参与全球经济治理

全球经济治理是一种全球性公共产品,是为应对全球经济问题而设计的规则与制度，用于稳定和改善国际经济秩序。理论上，公共产品应当由拥有更多财富的行为主体来供应，因此，第二次世界大战之后的全球经济治理是由拥有更多财富的发达经济体主导的。由于拥有绝对的经济实力，无论在布雷顿森林体系中、还是在 G7 或是 G20 中，美国都占据着最为重要的位置，可以认为，美国是第二次世界大战之后全球性公共产品的主要供应者，也是全球经济治理的实际主导者。然而，十多年前的全球性金融危机对以美国为代表的"金融国家"造成了重度打击，以美国为代表的发达经济体放弃了对多边经济治理机制的主导，全球经济治理开始出现赤字。金融危机之后的十年，是全球经济治理赤字不断增大的十年，2020 年在全球迅速蔓延的新冠肺炎疫情又使全球经济治理失效的现象变得更加明显。此时，世界需要新的力量参与全球经济治理。

一、世界需要新的力量维护全球化并参与全球经济治理

自 20 世纪 90 年代开启了"超级全球化"以来，美国和代表发达经济体的七国集团一直都是世界经济增长的主要贡献者，巨大的财富积累使其在处理国内经济事务之外还有余力处理国际经济事务，从而主导全球经济治理。只是随着经济全球化的发展阶段变化，世界经济增长主要贡献者的角色在近十多年来发生了改变。图 1 - 1 显示了 1990—2019 年，中国、美国、金砖国家与七国集团按照汇率法计算的对世界经济增长的贡献率。为了方便比对，中国与美国对世界经济增长的贡献率用柱形来表示，金砖国家与七国集团对世界经济增长的贡献率用曲线来表示。根据图 1 - 1，可以将以七国集团为代表的发达经济体和以金砖国家为代表的新兴经济体的力量对比划分为以下三个阶段。

第一阶段是 1990—2001 年，这一阶段七国集团对世界经济增长作出了主要贡献，年均贡献率为 52.09%，贡献率超过一半的增长。其中，美国是最为主要的贡献者，年均贡献率为 27.48%，因而，美国成为这一阶段当之无愧的全球经济治理主导者。而金砖国家与七国集团对世界经济增长的贡献相差甚远，年均贡献率为 12.65%，中国的年均贡献率为 12.78%。

第二阶段是 2002—2007 年，这一阶段金砖国家与七国集团对世界经济增长的贡献程度已经缩小，七国集团年均贡献率为 33.79%，金砖国家为 28.74%。这一阶段中国加入了 WTO，经济得到飞速发展，中国对世界经济增长的贡献程度与美国已经十分接近，中国年均贡献率为 17.62%，美国为

19.05%。还可以看出，除中国外的其他金砖国家的经济也在迅速增长，巴西、俄罗斯和印度共同贡献了 11.12%。而金砖国家的概念正是由美国高盛公司前首席经济学家吉姆·奥尼尔在 2001 年首次提出，南非于 2010 年方始加入金砖国家。

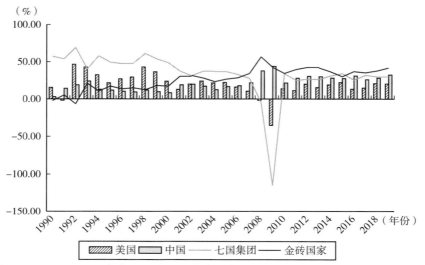

图 1-1 1990—2019 年中国、美国、金砖国家与七国集团对世界经济增长的贡献率
资料来源：Wind 数据库，由世界银行按照汇率法进行计算。

第三阶段是 2008—2019 年，这一阶段金砖国家与七国集团的力量对比已经发生了变化，七国集团对世界经济增长的年均贡献率为 14.47%，金砖国家为 39.62%。中国与美国的力量对比也发生了变化，中国对世界经济增长的年均贡献率为 30.40%，美国为 11.13%。很明显，近十多年来新兴经济体已经取代发达经济体成为稳定世界经济的支撑力量，中国在世界各经济体中的发展非常耀眼，可谓一枝独秀。

综上所述，早在金融危机爆发之前，新兴经济体与发达经济体的力量对比已经悄然发生了变化，2008 年的全球性金融危机只是将这种变化充分暴露出来而已。究其原因，与经济全球化发展阶段发生了变化不无相关。与 20 世纪 70 年代以前以最终产品贸易为主要形态的经济全球化不同的是，20 世纪 70 年代以后的经济全球化则以全球价值链贸易为主要形态。[①] 在以全

---

① 裴长洪，刘洪愧. 中国外贸高质量发展：基于习近平百年大变局重要论断的思考 [J]. 经济研究，2020，55（5）：4-20.

球价值链贸易为主要形态的经济全球化过程中，同一产品的不同生产环节能够在不同的国家同时进行，参与国际分工的新兴经济体能够利用国内充裕的土地、资源、劳动力等相对比较优势在国际贸易中获益，国内的产能得以充分释放，经济以令世界震惊的速度飞速增长。此时，发达经济体与新兴经济体分别处于全球价值链的中高端和中低端，都能够享受经济全球化的红利，彼此虽然经济实力趋于接近，但却能够相安无事。

然而，专注于金融等处于价值链高端的环节的"金融国家"，在全球性金融危机面前遭受了重击。为应对经济可能出现的长期停滞，美国推出了大规模减税的财政政策和量化宽松的货币政策、欧洲推出了更加宽松的货币政策、日本推出了结构性改革政策，只是发达国家的这些努力并未能有效缓解国内的经济困境和全球经济的疲软态势。金融危机将发达国家国内"产业空心化"的问题暴露出来，奥巴马政府提出了"再工业化"政策，保护主义初露端倪。以 2016 年英国进行"脱欧"公投和美国特朗普总统上台为标志，西方国家内部的不确定性趋于增强：美国因国内经济衰退，失业率居高不下，社会开始出现分裂，引发了民粹主义与民族主义；欧盟国家不仅未能走出债务危机的泥潭，还面临难民危机和英国脱欧或将引发欧洲进一步分裂的风险。

当全球经济治理的传统主导方因经济迟迟无法复苏而面对国家治理危机时，自然无暇顾及全球经济事务，全球性公共产品的供应便会出现不足。面对这样的现象，正确的做法应是增强国际合作，引进新的力量，增强对全球性公共产品的供给，邀请新兴经济体共同参与至全球经济治理。全球性金融危机爆发后发达经济体邀请包括中国在内的新兴经济体参与 G20 对世界经济的稳定起到了很好的积极作用。不幸的是，合作共赢的局面很快被打破，美国特朗普政府选择了降低成本、减少对全球性公共产品供应的思路，即坚持"美国优先"的执政理念，通过制定排他性的制度安排，在对外政策上推行单边主义、孤立主义、贸易保护主义。在这种理念的指引下，特朗普政府不但没有能够解决国内出现的秩序危机，还在总统大选中引发了宪政危机，美国在全球经济治理体系中的主导者地位也被大大动摇。

2020 年新冠肺炎疫情的冲击暴露出当前全球经济治理体系的脆弱性，世界各国充分认识到：如果世界经济迟迟无法恢复，全球性问题将持续累积，存在着爆发全球性的系统性危机的可能，将威胁到所有国家的利益。中国经济在新冠肺炎疫情中的逆势增长使世界各国看到，中国与以中国为代表的新兴经济体，都能够成为全球经济治理依赖的新生力量。全球价值链贸易的高潮在 2008 年金融危机之后便已回落，以数字贸易为重要特征的第三阶段全球化正在来临，然而，既有的全球经济治理体系并没有随经济全球化的发展阶段而变化，也没有因国家间力量对比的变化而进行改革，将对经济全球化的发展产生束缚。全球经济治理的改革需要新的力量才能够推动，无论美国如何试图与中国"脱钩"并且分道扬镳，中国都应当坚持更高水平的对外开放，成为推动经济全球化继续向前发展和推动全球经济治理改革的新生力量。

二、中国应当成为维护经济全球化的新生力量并参与至全球经济治理

当前的中国虽然仍然是发展中国家，但是已经成为世界第二大经济体、全球制造业第一大国、全球货物贸易第一大国，外汇储备连续多年世界第一。今日的中国，无论从哪个角度来看，都是一个具备国际影响力的国家，就投资与贸易的开放程度而言，中国甚至比西方的一些国家都更加国际化。因此，中国被外界普遍认为是经济全球化的"搭便车者"，也是经济全球化的最大受益者。正因如此，中国应当承担起更多的国际责任，应当与世界各国荣辱与共、风雨同舟，应当成为推动全球经济治理体系改革的新生力量，应当作为经济全球化的积极维护者推动经济全球化继续向前推进。

（一）推动经济全球化是中国经济增长的重要保障

改革开放四十多年来，中国把握住了机遇，除融入国际市场通过巨大的规模经济效应获得了迅速的发展之外，还推动了国内的经济体制改革。在十多年前的全球性金融危机面前，中国不但有能力稳定国内经济，还能够为世界经济注入稳定的力量；十多年后的今天，中国不但能够率先走出新冠肺炎疫情恢复生产，还能够为其他国家提供救助。当前中国的经济已经迈入高质量发展阶段，这些成绩的取得与中国对经济全球化的融入正向相关，中国在经济全球化中的收益可以从以下几个方面得到体现。

第一，经济全球化激活了中国国内的闲置要素。改革开放之前，由于资本相对稀缺，中国所拥有的大量劳动力、土地等社会闲置资源得不到充分发挥，国家只能够实施计划经济来配置资源。改革开放之后，中国融入了全球分工体系，资本等相对的稀缺要素大量涌入国内，激活了国内劳动力、土地等相对充裕但闲置的要素，大大提升了全要素生产率。伴随外资进入中国的还有国外先进的管理经验和出口渠道，中国制造业便是在这样的背景下迅速向现代化迈进，中国出口的飞速增长带动了中国经济的飞速增长。不仅如

此，制造业的飞速发展趋势传导至上下游行业，还促进了国内的产业整合和区域协调，农业、服务业也随之被带动发展，国民经济朝气蓬勃。另外，中国通过出口创汇积累了大量资本，已经从资本极度稀缺的国家转型成为资本相对充裕的国家，这种良性循环使中国得以全面融入全球生产链、供应链与价值链，为中国在全球价值链上继续攀升奠定了基础。

第二，经济全球化使中国的工业体系得以完善。工业化能够推动经济增长，工业化的过程可以被视为是经济现代化的过程。[①] 新中国成立之初，中国制定了重工业优先的工业发展战略，完成了工业化的初始积累，从落后的农业国转变成为工业国家。由于资金和技术的缺乏，为确保重工业的优先发展，改革开放前的工业化是通过政府的指令性计划配置资源来实现的。改革开放之后，中国走向了市场经济的工业化道路，出口导向型的经济也得到充分发展。由于产品需要到国际市场参与竞争，不再受国内市场保护，制造业的竞争潜力被充分发挥：国内企业不得不钻研国际规则、不断提高技术，在此过程中，中国劳动者的素质得到极大程度的提高。当前中国的工业化正在不断升级，已经成为世界上唯一拥有联合国产业分类中所列全部工业门类的国家。[②] 得益于全球化，中国成功走出一条有中国特色的新型工业化发展道路，还拥有完善的配套供应链服务，这大大提高了制造业的效率，不但对国家安全至关重要，对经济发展也大有助益。

第三，经济全球化提升了中国的贸易地位。中国庞大的市场力量在改革开放以后被挖掘并得到充分发挥，贸易得以飞速发展，"中国制造"开始驰骋世界各地，中国的贸易地位得到极大提升。中国贸易地位的提升首先可以体现在贸易国排名方面：中国 2004 年超越日本成为全球第三大贸易国，2009 年超越德国成为世界第二大贸易国，2013 年超越美国成为世界第一大贸易国。在亚洲区域内，中国于 2015 年取代日本成为亚洲地区的核心贸易国。中国贸易地位的提升还可以体现在贸易结构方面：改革开放之初，中国主要从事的原材料贸易和传统商业服务等低附加值的贸易形式出现下降；高端制造业、新兴商业服务贸易等附加值高的贸易形式增长较快，并保持了持续高速增长的势头，中国的贸易结构在融入经济全球化的过程中得到了优化。

第四，经济全球化提升了中国的国际话语权。尽管改革开放之前，中国

---

① 黄群慧，贺俊，倪红福. 新征程两个阶段的中国新型工业化目标及战略研究 [J]. 南京社会科学，2021（1）：1 – 14.

② 国务院新闻办公室. 新闻办就新中国成立 70 周年工业通信业发展情况举行发布会 [EB/OL]. (2019 – 09 – 20) [2021 – 03 – 15]. http：//www. gov. cn/xinwen/2019 – 09/20/content_5431683. htm#1.

便恢复了在联合国的合法席位，但中国在国际经济事务中仍然主要扮演旁观者角色。改革开放之后，中国全方位融入经济全球化，国际话语权得到极大提升，主要体现在以下方面：一是与国际经济组织开始大规模接触，中国于1980年分别恢复在IMF和世界银行中的合法席位，同时积极参与"复关"谈判，于2001年加入WTO，中国还参加亚太经济合作组织（Asia – Pacific Economic Cooperation，APEC）这样的区域性经济合作论坛。二是成为新型国际机构的倡导者，以2001年上海合作组织（Shanghai Cooperation Organization，SCO）这样的政府间国际组织为开端，中国还于2014年与其他金砖国家一起发起设立了金砖国家新开发银行（New Development Bank，NDB），于2015年主导设立了亚洲基础设施投资银行（Asian Infrastructure Investment Bank，AIIB）。三是与发达经济体开展合作，全球性金融危机之后，中国参与G20为推动国际合作起到了积极的作用，2016年G20杭州峰会的召开，是中国国际话语权的彰显。国际经济组织是促进国际协调的重要机构，是经济全球化的重要推动力量，中国对这些国际经济组织或参与或共建或主导，无不是国际话语权得到提升的重要表现。

综上所述，经济全球化促进了中国的经济增长，提升了中国的经济地位和国际影响力。当前中国实施的经济政策不仅能够影响国内市场，还会引起其他国家的关注、效仿并影响世界市场，这客观上成为中国参与全球经济治理的一个侧面。正是因为中国搭上经济全球化的"便车"，从中获得了巨大的回报，当前的中国不应该因经济全球化进程的受阻而退回到闭关锁国的状态，这不但对中国来说是个损失，对世界经济也将造成巨大打击。经济全球化的推进需要有新的力量来推动，中国一方面应该妥善处理好与美国的关系，与之保持积极的联系和互动，另一方面也应该积极拓展对外开放的新的方向与路径。中国参与推动的经济全球化，应该是能够带动发展中国家和仍然脱离于国际市场的落后国家共同发展的全球化，"一带一路"倡议便被赋予了这样的美好期望。

（二）参与全球经济治理是中国经济持续发展的切实需要

经济全球化使世界获得了和平与发展的环境，无论是中国还是世界其他国家，经济增长速度都超过了以往任何的历史阶段。因此，当前世界经济的长期停滞是世界各国面临的共同困境，当旧有的国际秩序无法解决世界经济面临的新问题，全球化进程受阻成为必然。在这种情况下，任何的单一国家都无法依靠自己的力量来带动全球经济复苏，全球经济治理需要世界各国的共同努力，世界需要中国的参与为推动全球经济治理体系改革注入新鲜血液。由于中国在外交方面长期保持韬光养晦的形象，不禁要问，中国是否有意愿参与全球经济治理？世界是否会因新兴国家不愿意提供全球性公共产品而陷入"金德尔伯格陷阱"？可以从以下几个角度进行回答。

第一，参与全球经济治理是中国经济与世界经济继续向前发展的需要。中国近40年来的发展成果与经济全球化密切相关，经济总量、技术水平、产业结构等出现了空前的进展。虽然2009年美国主导TPP开启了与中国的竞争，2020年新冠肺炎疫情冲击下"中美脱钩"的言论喧嚣尘上，但是中国在处理中美关系方面，一直都保持冷静、理智的态度，中国并不希望失去包括美国在内的巨大市场，也不希望其他国家因不得不面临"选边站队"的局面而使世界经济陷入进一步的衰退，破坏来之不易的和平与发展的国际环境。在世界各国的生产环节彼此深度嵌入的当下，真正的"脱钩"如若发生，一定会令包括中美在内的所有国家都付出巨大的成本。中国作为全球化的主要赢家，自然不愿意破坏全球化的发展趋势，中国必然有意愿将经济全球化向深入推进。

经济全球化推动了中国的快速增长，也应该看到，中国的经济增长是世界经济增长的一部分，从这个角度来看，经济全球化的高速增长得益于中国的积极参与。[①] 在对外开放的过程中，中国不仅积极推动国内机制体制改革，还在促进国内区域经济均衡发展方面作出了巨大努力，这些努力使中国的营商环境得到完善，为全球要素在中国的流动提供了便利和广阔的增值空间。作为世界人口最多的国家，中国能够维持经济社会的稳定本身便是对世界经济稳定的贡献。如果没有中国的参与以及为世界提供的巨大市场，没有14亿人口以直接或间接的方式参与至世界分工格局中去，就不会有极大提高全球消费者福利的高性价比的中国产品，经济全球化必然不会发展到今天这种状态。中国对经济全球化的参与本身是经济全球化迅猛发展的重要源泉，不仅造福了中国，也造福了世界，无论是中国还是世界经济的继续发展都需要中国的参与。

第二，参与全球经济治理是大国承担与经济实力相匹配国际责任的需要。当今世界，中国有独特的双重身份，是联合国诸多国家当中最为独特的重要成员。中国的第一重身份是世界第二大经济体，是近十多年来对世界经

---

① 张宇燕，卢锋，张礼卿，佟家栋，盛斌，胡鞍钢，赵忠秀，曹天予，余永定，姚枝仲，张斌，路风，宋泓，张维迎，崔之元，徐以升，丁一凡，雷达，王鲁军，钟伟，沈丹阳. 中国入世十周年：总结与展望 [J]. 国际经济评论，2011（5）：40–83.

济增长贡献最多的国家，能力越强、责任越大，中国有责任与发达经济体一起来维护全球经济秩序。中国的第二重身份是最大的发展中国家，中国有义务代表广大发展中国家维护发展中国家的整体利益，构建与维护和平与发展的国际经济环境。客观来看，中国经济的崛起有自己努力的因素，也是中国与发达经济体积极互动的结果。在过去的 40 多年，发达经济体带动了中国的发展，让中国分享到了经济全球化的红利。如今，以美国为代表的发达经济体为应对国内的各种危机而自顾不暇，全球经济治理出现赤字，在这种情况下，中国应更多承担起更多的责任，为稳定世界经济作出贡献。

第三，参与全球经济治理是中国表达自身与发展中国家诉求的需要。经济全球化使世界各国获得了收益，但财富在各个国家间的分配却是不公平的，发展中国家因话语权的缺失而长期无法参与规则制定，在接受 IMF、世界银行等国际经济组织救助时不得不接受一些并不适合本国国情的附加条件。金融危机的爆发使发达经济体的经济实力相对下降，面对经济实力相对上升的新兴经济体在全球经济治理体系中的诸多诉求，彼此之间的利益常常发生分歧。由于多边治理体系中的协议较难达成，以美国为代表的发达经济体为降低治理成本而制定了一系列的排他性规则，TPP、TTIP 等较高的标准是发展中国家当前无法达到的，如果协议达成，发展中国家将在客观上排除在国际规则体系之外。此时，发展中国家更加需要拥有表达诉求的渠道和制定规则的平台，共建“一带一路”将为发展中国家参与全球经济治理提供平台与渠道。

（三）“一带一路”是全球经济治理的“中国方案”

共建“一带一路”是中国参与全球经济治理的重要实践，是中国为解决全球经济问题提出的“中国方案”，是沿线广大发展中国家参与全球经济治理的平台与渠道，也是中国对抗愈演愈烈的逆全球化趋势的探索性举措。“一带一路”倡议的提出，表明中国参与全球经济治理、为世界提供公共产品的意愿，世界经济不会因全球性公共产品供应不足而陷入“金德尔伯格”陷阱。2017 年党的十九大报告将“中国将继续发挥负责任大国作用，积极参与全球治理体系改革和建设，不断贡献中国智慧和力量”明确为中国积极参与全球治理的总方针。“一带一路”倡议与《联合国 2030 年可持续发展议程》的高度契合，期望能够带动沿线国家共同富裕，促进世界经济可持续增长，表明了中国承担更大责任的意愿、与世界各国风雨同舟的命运共同体意识。

第二章 "一带一路"：参与全球经济治理的"中国方案"

在世界经济接连遭受重创的情况下，任何单一的国家都无法独立承担全球经济治理的重任，推动经济全球化的发展需要世界各国的共同努力，中国正是推动国际合作的新生力量，"一带一路"倡议便是中国参与全球经济治理的"中国方案"。"一带一路"倡议自从 2013 年被提出之时便引起国际社会的广泛关注，7 年以来，"一带一路"建设扎实推进，已经从"大写意"的概念阶段落实到"工笔画"的实践阶段，越来越多的国家和国际组织参加到"一带一路"建设中、联合国的重要决议也吸纳了"一带一路"建设的重要内容。中国期望以共建"一带一路"为实践平台来推动构建人类命运共同体，"一带一路"建设改变了中国与世界的互动关系，当前，共建"一带一路"已经进入高质量发展的新阶段。

第一节 "一带一路"倡议提出及推进面临的国际环境

当前中国经济发展所处的国际环境已经与改革开放初期完全不同，也与 2008 年全球性金融危机爆发之时，发达经济体向新兴经济体寻求合作时期完全不同。"一带一路"倡议提出于 2013 年，彼时保护主义与逆全球化浪潮便已初露端倪，2016 年美国特朗普总统上台之后，美国作为"守成国家"与中国作为"崛起国家"的关系引起国际社会广泛关注，2020 年的新冠肺炎疫情更是对世界经济造成了新的威胁，将经济全球化发展过程中集聚的矛盾集中暴露出来。近十多年来，全球经济治理赤字逐渐增大，中美两国的关系也发生了较大变化，这些国际环境的变化是中国在推动"一带一路"建设过程中必须要面对的现实问题。

一、全球经济治理赤字逐渐增大

全球经济治理自第二次世界大战以后便是由经济实力占据优势的发达经济体主导的，美国在其中占据核心位置。全球性金融危机是个导火线，将发达经济体与新兴经济体经济实力的相对变化暴露出来，自此之后，国家间的分歧开始增多，利益诉求发生了变化，国际经济关系呈现出区域化的发展趋势；国际经济组织的效率趋于低下，不但在推动国际合作方面几乎无所作为，WTO 的上诉机构甚至因在任法官的人数不足而发生停摆。当前，无论从哪个方面来看，全球经济治理赤字增大的现象已经成为现实。

（一）国家间的分歧开始增多，国际经济关系呈现出地区化的趋势

首先，以美国为代表的发达经济体开始构建排他性的"全球化"。金融危机之后，发达经济体将国内发展所面临的经济问题归咎于经济全球化，认为发达国家对发展中国家的投资，促进了发展中国家的技术进步，使发展中国家在全球价值链中得到了迅速攀升，促进了发展中国家的经济增长。不仅如此，还带来两个后果：一是发达国家对发展中国家的投资为发展中国家创造了就业，却成为发达国家失业率攀升的根源；二是发展中国家是发达国家创造的经济全球化的最大受益者，但是却没有为经济全球化作出贡献。正是基于这样的认知，近年来以美国为代表的发达国家国内的民粹主义高涨，民族主义开始兴起，美国放弃了对"超级全球化"的领导，开始构建新的"全球化"，只是其所构建的新的"全球化"是将发展中国家排除在外的。

过去的十多年，美国奥巴马政府曾经高调主导"跨太平洋伙伴关系协定（TPP）"与"跨大西洋贸易与投资伙伴协议（TTIP）"，美国一度期望通过这两项协议的达成，率先制定更高标准的新的全球经济规则，在事实上将以中国为代表的发展中国家排除在外。尽管由于美国特朗普总统的当选，两项协议均未获得实质性进展，但特朗普提出的"让美国再次强大"的竞选口号及上任后的种种"退群"行为，将"美国优先"的理念发挥得淋漓尽致，表明了其保护主义和单边主义的立场。特朗普任期内签署的"美国—墨西哥—加拿大协定（USMCA）"中，也有很多针对中国的"毒丸条款"。种种迹象均表明，美国作为全球经济治理体系的传统主导者，已经放弃了多边主义的立场，美国期望建立的新秩序不但不符合发展中国家的利益，也不符合部分发达国家的诉求。

其次，以中国为代表的发展中经济体开始寻求区域合作新机制。在美国推行区域性的排他性的制度安排的同时，以中国为代表的发展中国家并没有退回至"孤立主义"状态。中国 2013 年提出了"一带一路"倡议，"一带一路"连接的是欧亚非大陆，致力于建立区域性的新型国际合作机制，但却欢迎世界各国参与其中，是非排他性的，这一点与美国有很大的不同。不仅如此，"区域全面经济伙伴关系协定（RCEP）"虽然是由东盟发起，但是中国却参与其中并积极推动，在各国共同努力下，RCEP 最终于 2020 年 11 月正式签署，全球规模最大的自由贸易协定就此达成。在签署 RCEP 协议之后，中国还表示将积极考虑参加"全面与进步跨太平洋伙伴关系协定（CPTPP）"。2020 年 12 月，国家主席习近平与德国总理、法国总统、欧洲理事会主席、欧盟委员会主席举行视频会晤，共同宣布将如期完成中欧投资协定谈判。

（二）国际经济组织效率低下，在推动国际经济合作方面无所作为

国际货币基金组织、世界银行等国际经济组织，自第二次世界大战后被组建以来的几十年里之所以能够运行良好，主要是基于以下原因：一是发达经济体拥有绝对多数的份额，能够左右其决定并付诸行动；二是国际经济组织救助的主要对象通常是发展中国家，发展中国家爆发的危机影响力较为有限，能够被迅速地控制于局部地区。但是 2008 年的全球性金融危机与第二次世界大战之后的任何局部经济危机都有所不同：一是危机首先爆发于发达国家，因发达国家对世界经济的影响力巨大，所以迅速蔓延至全球；二是国家间的分歧增多，国家间的信任程度随之出现下降，基于协商一致原则采取行动的国际经济组织难以兼顾各方的利益诉求，全球范围内的集体行动变得困难。这也暴露出这些国际经济组织设计方面的缺陷，即在危机预防方面没有实质性的作为，长期以来仅扮演"救火队员"的角色。

国际经济关系呈现出地区化的趋势和国际经济组织在推动国际经济合作方面无所作为的现实扩大了全球经济治理的赤字，在这种情况下，经济领域内的问题引发了全球范围内的政治问题与社会问题。金融危机之后叙利亚经济衰落、内战爆发，所产生的难民大规模涌入欧洲，带来了下列问题：一是大部分难民在宗教信仰和文化教育等方面与欧洲本地人存在较大差异，较难融入欧洲社会；二是恐怖分子混入难民之中源源不断地涌入欧洲，为欧洲带来了较多的不安定因素，难民危机由此爆发。这些都使得原本复苏缓慢的欧洲经济雪上加霜，将成员国之间的脆弱关系暴露无遗，英国"脱欧"可被认为是地缘政治问题持续发酵的结果。欧洲的另外一边，乌克兰危机打乱了欧盟和北约东扩的节奏，这带来了新的地缘政治问题，激化了欧洲和俄罗斯的矛盾。即使是美国，在面对日益增多的非法移民问题时也大伤脑筋，特朗普政府甚至宣布将在美国与墨西哥边境修建隔离墙。地缘政治问题的频繁爆发与逆全球化思潮相互影响、恶性循环，对于世界经济的恢复是有害无利的。

二、中美两国关系发生较大变化

美国与中国分别是世界第一和第二大经济体，无论是内政还是外交都具有全球性的影响，因此，中美关系是当今世界最为重要的双边关系，决定着经济全球化的走向和全球经济治理体系的未来。自 2018 年中美之间的贸易摩擦不断加剧以来，中美之间的合作变得困难，中美之间的权力似乎出现转移，各国甚至担心中美之间会走进"修昔底德陷阱"。2020 年年初暴发的新冠肺炎疫情更是削弱了中美之间的互信，在全球经济治理失范的当下，世界最大的两个经济体如果发生"脱钩"，不但会影响"一带一路"建设的推进，还将引起经济全球化的大幅度倒退。中国是经济全球化的坚定支持者，但是全球经济治理是否能够从"西方治理"向"西方与非西方共同治理"的方向推进，还需要首先对中美两国的关系进行梳理。

新中国成立之后到美国总统尼克松访华之前，也就是 1949—1972 年，中美之间的关系以"对抗"为主旋律。1972 年美国尼克松总统访华打破了两国关系的坚冰，中美关系开始走向正常化。随后，在中美两国的共同努力下，于 1978 年 12 月 16 日签署了《中美建交公报》（以下简称《公报》），《公报》于 1979 年 1 月 1 日正式生效。中美之间外交关系的正常化为东西方之间的全方位交流奠定了基础，为中国改革开放顺利推进提供了保障。自改革开放以来，可将中美之间的关系划分为全方位接触阶段、合作为主的阶段和竞争为主的阶段。

（一）第一阶段：1979—2000 年，全方位接触阶段

中美之间全方位接触阶段可以以 10 年为期，划分成两个部分。1979—1989 年，中美之间的经贸合作开始增加，1979 年 7 月中美两国签署《中美贸易关系协定》，给予彼此最惠国关税待遇，双边贸易快速增长。由于中国刚刚打开国门与国际制度初始接触，交流局限于联合国机制下的简单互动，中国增加了对联合国制度体系和自由主义国际秩序的认知，为此后与美国的

合作交流以及融入经济全球化进行了铺垫。经过十年的学习，中国 1990 年开始在美国主导的国际制度下与国际组织频繁互动：1990 年与拉美地区的里约集团建立对话伙伴关系；1991 年成为美洲开发银行观察员国；1994 年成为拉丁美洲一体化协会的首个亚洲观察员国。① 尽管 1989—2001 年，因苏联解体和东欧剧变，中国对美国的战略作用下降，美国对中国的贸易政策转向经济制裁，中美贸易摩擦增多，但中美两国之间还是就建立"面向 21 世纪的建设性战略伙伴关系"展开了积极的努力。

（二）第二阶段：2001—2008 年，合作为主的阶段

如果说改革开放之后的二十多年推动了中国与世界、中国与美国的全方位接触，那么 2001 年的"911"事件则推动了中美之间的制度性合作。"911"是发生在美国本土的恐怖袭击事件，事件发生之后，中国在 2001 年10 月召开的 APEC 上海峰会上对美国的"反恐行动"给予了积极回应，推动达成《亚太经合组织领导人反恐声明》。随后，以 2001 年 12 月中国加入WTO 为标志，中美之间开启了制度性合作的新阶段。加入世贸组织给中国带来的红利是有目共睹的，借助世贸组织中国迅速融入国际大市场，中国经济的增长速度发生了质的改变。

2008 年全球性金融危机虽然给世界经济增长按下了"暂停键"，但是全球性危机的发生同时也是推动国际合作的重要契机，中美两国在金融危机发生之后进行了高度合作，共同推动成立了 G20，新兴经济体以平等主体身份参会，这标志着中美两国的国际制度合作达到了最高峰。② 在 2008 年 G20华盛顿峰会上，中美两国充分沟通、积极配合，就如何应对危机达成了共识，G20 为稳定全球金融系统、挽救世界经济作出了巨大贡献，也由此成为全球经济治理的中心平台。在合作高峰时期，美国甚至同意对 IMF 和世界银行进行改革，同意将人民币纳入"特别提款权"货币篮子；中国也对美国主导的全球经济治理体系给予了充分的支持。

（三）第三阶段：2009 年至今，竞争为主的阶段

全球性金融危机打破了中美关系的既有平衡，2009 年美国奥巴马总统上台之后，对美国的外交与安全战略进行了重大调整。2011 年 11 月，奥巴

---

① 李晓燕. 中国国际组织外交的历史发展与自主创新 [J]. 东北亚论坛, 2020, 29 (2)：58 –70.
② 王明国. 从制度竞争到制度脱钩——中美国际制度互动的演进逻辑 [J]. 世界经济与政治, 2020 (10)：72 –101.

马总统在 APEC 夏威夷峰会上正式提出"转向亚洲（pivot to Asia）"战略，尽管此后美国因担心其盟友会对其战略转变产生误读，将"转向亚洲"的说法，替换成为"亚太再平衡（Asia - Pacific Rebalance）"的说辞，都不能够改变其正在将中美之间的关系由合作为主的阶段转变为竞争为主阶段的事实。随后，美国进一步将"亚太再平衡"从军事与安全领域推广至社会经济领域，以 2009 年 11 月 14 日美国奥巴马政府宣布参与 TPP 为标志，中美之间的竞争色彩开始不断加强。

2016 年美国特朗普总统执政之后，全面推翻了几十年来中美关系积累的共识与准则，将中国视为"战略性竞争对手"，以"美国优先"的政策理念开启了"极端施压"的对华战略：一是宣布终止奥巴马政府制定的"亚太再平衡"战略、宣布退出 TPP，转而制定《美国印太战略框架》，对中国进行围堵；二是极力渲染中美之间的制度竞争、意识形态竞争、战略竞争、发展模式竞争，对中国发动"舆论战"和"外交战"；三是制裁中兴、华为等中国企业，2018 年开始与中国的贸易摩擦不断升级，并为中国企业进入美国投资设置更多障碍。不仅如此，特朗普政府还与日本、澳大利亚政府联合推出"蓝点网络（Blue Dot Network）"计划来抗衡中国的"一带一路"倡议。2021 年美国拜登政府上台之后，虽然其政策的确定性和可预见性较特朗普政府会有所增强，但是中美之间的竞争关系应当仍会持续。

在美国不断发起对中国围堵的过程中，中国并非完全被动，而是积极主动地在争取战略空间，中国在外交方面实践了从"韬光养晦、有所作为"到"积极有为"的转变。① 2009 年，金砖国家领导人在俄罗斯叶卡捷琳堡峰会的召开标志着"金砖国家"从经济学的概念转化成为实质性的领导人会晤机制，这是新兴经济体积极参与国际事务的关键历史节点。2013 年中国提出"一带一路"倡议，2015 年中国主导设立了亚洲基础设施投资银行，2016 年中国成功举办了 G20 杭州峰会，2017 年和 2019 年中国成功主办召开了第一届和第二届"一带一路"国际合作高峰论坛。可以认为，中国经济发展水平的持续增长与不断展现出来的战略自信使美国加强了在国际制度等多个方面同中国的竞争。

这一阶段，中国在国际金融领域内的行为客观上对美国也构成了竞争：一是积极推动 IMF 和世界银行份额与投票权改革、推动治理结构改革、推动特别提款权改革，主张新兴经济体拥有更多的份额和话语权；二是推动金

---

① 李晓，于潇，王达，姜扬 . 新一届美国政府对外政策及影响前瞻笔谈［J］. 东北亚论坛，2021，30（1）：3 - 23.

砖国家机制的金融合作、"10+3"机制的金融合作、上合组织的金融合作，这些合作机制打破了美国对国际金融机构的垄断；三是为配合"一带一路"建设，成立了丝路基金，为"一带一路"国家的基础设施、产能合作、资源开发等提供投融资支持。尽管中国这些举动的初衷是出于防范金融风险的目的和促进自身发展需要，但是从美国的立场来看，中国大有通过提升人民币的地位来制衡美元、动摇美国最为核心的美元体系之势，不出意外，中国的这些举措大都遭到了美国的抵制。

（四）中美关系的未来走向

2021年1月20日，美国第46任总统拜登正式宣誓就职，由于拜登属于建制派、忠于美国的民主价值观，大体上会回归美国的外交传统主流。[①] 在这种情况下，中美关系将大概率得到缓和，中美之间将通过对话、通过协商机制来解决分歧；美国也会重新修复与盟友的关系，多边主义将大概率被重塑，美国在全球事务中的领导者声誉也将被重塑。但是特朗普总统留下阶级分化、种族分化、地域分化的影响，很难在短期内被消除；美国国内的疫情仍在蔓延，其大国影响力已经被削弱。中国在处理中美关系上应当保持冷静，尽快推动建立高级别沟通对话机制，与美国在竞争中寻求在有共识的领域进行合作，将经济全球化尽可能地向前推进。

中国的经济体量过于庞大，中国经济政策的任何微小变化都会对世界产生较大的影响。但是不得不承认，当前中国的经济实力与美国仍然有较大的差距，鉴于中国是世界人口最多的国家，中国的任何经济成就除以人口就不再庞大。新的全球经济治理体系尚未建立，美国仍然是国际经济体系的主要领导者。事实上，中国与美国尽管在意识形态与国家制度等许多方面存在差异，但并不存在完全对立的矛盾。[②] 因此，中国和美国应当是能够实现和平共存的。中国在推进"一带一路"建设的过程中，应格外处理好与域外大国尤其是美国的关系，不能够对域外大国产生误判，更加不能够与任何的域外国家产生对立。甚至，在域外国家对中国进行负面判断的时候，中国也应理智谨慎，在共建"一带一路"的实践中消除负面影响，这才是真正具有中国智慧的大国自信。

---

① 倪峰，傅梦孜，唐永胜，王勇. 拜登时期中美关系前瞻［J］. 国际经济评论，2021（1）：102-115.

② 沈志华，余伟民. 斯大林是怎样掉入"修昔底德陷阱"的——战后苏美从合作走向对抗的路径和原因［J］. 俄罗斯研究，2019（1）：3-20.

第二节 "一带一路"倡议提出及推进面临的国内环境

短短几十年的时间里，中国走完了发达国家几百年才走过的发展历程，经济总量跃居世界第二位，总体达到小康水平。但是对于一个拥有 14 亿人口的国家而言，任何庞大的经济总量从人均的视角来看，都显得微不足道，2020 年中国人均 GDP 首次站上 1 万美元的新台阶，这固然是中国经济发展水平得到提升的里程碑的数据，但也暴露出中国与发达国家的差距。从这个角度来看，中国的发展中国家特征并未改变，中国的经济发展水平仍然有较大的提升空间。近十多年来，不但中国经济发展所依赖的国际环境发生了较大变化，中国国内的经济环境也发生了较大改变，由此可见，"一带一路"倡议于百年未有之大变局时期被提出，不但被赋予了带动沿线国家共同发展的使命，还承担了为中国经济增长提供新动能的任务。

一、中国的人口结构正在发生变化

人口是经济社会活力的源泉，是创新与创业的基础。改革开放之后，城镇化进程的推进使农村当中沉淀下来的大量剩余劳动力涌入城市，较长一段时间农村的劳动力呈现出无限供给的状态，中国因此享受了长达数十年之久的人口红利，这是中国经济得以快速发展的一个重要原因。然而自 2000 年开始，中国的人口结构开始出现变化，中国进入了传统意义上的老龄社会，预计 2015—2035 年将是中国老龄化增速最快的时期。2018 年末中国大陆 60 周岁及以上的人口占总人口的 17.9%，首次超过了 0～15 岁的人口。[1] 与日本、欧洲等国家面临的老龄化不同的是，中国的老龄化是建立在低收入水平的基础之上的，即中国的老龄化是"未富先老"，这加剧了问题的严重性。

中国人口结构的变化带来的突出问题是中国的劳动力供应出现下降，劳动密集型产业的相对比较优势不复存在。按照 15～59 岁传统劳动年龄人口的算法，当前中国劳动力供给的拐点已经出现，潜在劳动力总量将持续缩减，劳动人口结构趋于老化。人口结构的老化不利于劳动密集型产业的发

---

① 胡湛，彭希哲. 应对中国人口老龄化的治理选择 [J]. 中国社会科学，2018（12）：134－155.

展，2004 年中国迎来了以劳动力短缺、工资上涨为特征的刘易斯拐点。2010 年，中国劳动年龄人口到达峰值，中国经济高增长赖以实现的人口红利加速消失，① 中国东部沿海地区出现了"用工荒"的现象。人口结构变化导致的劳动力稀缺，对中国开放型经济的发展起到了间接影响，即大幅度提高了中国传统制造业的生产成本，大量外资企业开始撤出中国市场，转而去东南亚寻找更为廉价的劳动力市场。

面对人口结构老化及其直接带来的人口红利消失、间接带来的外资撤离等影响，有以下两个可行的解决方案。一是促进中国产业结构优化升级。资本和技术密集型的高端产业对廉价劳动力的需求较小，有利于劳动力供给下降对中国产业带来的冲击。但是，以人工智能为代表的科技进步对传统就业模式带来了冲击，新的就业模式和就业形态不断形成，对劳动者质量的要求将会提高，劳动力市场将被重新构造。二是通过共建"一带一路"，与沿线发展中国家共享劳动力。"一带一路"沿线非洲、中东、印度等众多发展中国家拥有高度年轻化的人口，如果不能被充分运用，便会带来失业问题，成为社会的不稳定因素。② 共建"一带一路"不但能够使中国获得向外拓展的空间，还能够将"一带一路"沿线发展中国家的剩余劳动力带入国际市场，获得就业机会与先进技术、成熟管理经验等，中国将与"一带一路"沿线国家实现共赢发展。

二、中国消费、投资和出口发展水平并不均衡

消费、投资与出口是拉动经济增长的"三驾马车"，自中国加入 WTO 之后，进出口贸易始终保持两位数的增长速度。毫无疑问，由于中国创造的外贸增长奇迹，对外贸易是拉动中国经济增长的主要动力。但是 2008 年金融危机的爆发打断了中国外贸的增长势头，世界经济增长的总体放缓使海外市场对中国产品的需求出现下降，中国的进出口贸易增速相应下降，不但跌破了长期以来的两位数高速增长，2009 年、2015 年、2016 年等几个年份甚至出现了负的增长率。由于出口创汇的减少，中国货币供应的渠道也发生了改变，中国人民银行不得不创设了常备借贷便利、抵押补充贷款、中期借贷便利等诸多货币政策工具来为市场提供流动性，中国的货币供应制度不得不

---

① 蔡昉. 中国经济改革效应分析——劳动力重新配置的视角 [J]. 经济研究，2017，52（7）：4 - 17.

② 张宇燕. 理解百年未有之大变局 [J]. 国际经济评论，2019（5）：9 - 19.

进行改革,这在长期来看或许是件好事。

在投资方面,中国投资占 GDP 比重较大,但是资本要素对 GDP 增长的贡献率却不高。这主要是因为金融危机之后,中国 4 万亿经济刺激政策较多用于投放大型基础设施建设项目,但是资本投放于大型基础设施建设项目的边际效率却在下降。在消费方面,居民消费占 GDP 的比重并不高,2001 年为 45.72%,2019 年为 38.79%,有较大的提升空间。[①] 由于中国的出口、投资与消费发展并不平衡,金融危机爆发之后的较长时间内,学界针对"扩内需"和"重外需"展开了激烈讨论,不少学者认为,从"外需驱动"转向"内需主导",有助于培养中国企业掌控和主导价值链的能力,继而直接从高端切入至全球价值链,实现国内价值链和全球价值链的协调发展。[②]2020 年新冠肺炎疫情的暴发切断了全球价值链,2020 年 5 月 14 日,中共中央政治局常委会会议首次提出"充分发挥我国超大规模市场优势和内需潜力,构建国内国际双循环相互促进的新发展格局","扩大内需"成为中国今后工作的重点,将改变中国长期以来消费不足的局面。

中国宏观经济政策的结构性调整,改变了"两头在外、大进大出"的以"外循环"为主的发展模式,但绝不是封闭的国内循环,而是更高质量、更加开放的国内国际双循环。中国国内消费、投资与出口的结构调整到位,对建设"一带一路"有以下利好:一是具备了更高消费能力的中国,将会从"一带一路"沿线国家增加进口,帮助其出口创汇;二是具备了更优投资效率的中国,一方面能够在国内实现产业升级,另一方面能够通过对"一带一路"沿线国家的投资,帮助其产业融入"一带一路"区域价值链或者是全球价值链;三是优化了进出口结构的中国,不但能够减少与其他国家的贸易摩擦,还能够通过扩大进口提升人民币的定价能力,扩大人民币在"一带一路"区域内的使用范围,防范"一带一路"沿线国家因受美国制裁而可能出现的汇率风险。

三、中国区域经济的发展水平并不均衡

受制于中国天然的地理条件,"胡焕庸线"的东南区域较西北地区更为宜居,人口也更加密集,自古以来经济便更加富庶。改革开放以来,中国东部的沿海港口城市,因拥有有利于发展国际贸易的自然条件,成为中国推行

---

① 郭晴. "双循环"新发展格局的现实逻辑与实现路径 [J]. 求索, 2020 (6): 100 – 107.
② 吴福象, 蔡悦. 中国产业布局调整的福利经济学分析 [J]. 中国社会科学, 2014 (2): 96 – 115.

对外开放政策的最早区域。随后，中国按照由南至北、由东向西的顺序陆续开放，我国东、中、西部地区的经济发展水平由此拉开了差距。为缩小区域间经济发展水平的差距，中国先后推进了西部大开发战略、东北振兴战略、东部崛起战略等区域发展战略，只是这些追求均衡的区域发展战略并没有形成区域间有效的联动，甚至还因财政与优惠政策更加倾斜于落后地区，带来资源错配和激励机制扭曲等系列问题。近年来，中国北方省份无论是在经济总量、经济增速、还是在经济增长方式上，都与长三角、珠三角等区域拉开了差距，南方与北方经济发展的不均衡问题也暴露出来。①

为使中国国内的区域经济发展得更加均衡，继京津冀、长江经济带等战略出台之后，2019 年，中国又先后颁布《粤港澳大湾区发展规划纲要》《长江三角洲区域一体化发展规划纲要》等促进区域发展的指导性文件。这些区域发展战略及随后将进行的改革实践，涉及区域间产业的协调、行政壁垒的消除、落户制度的设计等关于机制体制改革诸多方面的尝试，将为促进中国国内区域间均衡发展积累经验。这些经验的积累将产生以下积极影响：一是促进国内区域经济更加均衡地增长，整体提升中国的经济发展水平，为中国参与全球经济治理奠定物质基础；二是粤港澳大湾区区域内涉及不同的经济制度，如果建设成功不但有利于中国社会的稳定、经济的增长，还将为国际社会处理类似问题提供范本；三是中国国内空间协同均衡发展所积累的经验，对于促进中国与"一带一路"沿线国家设立协同发展机制将有所借鉴。

国内问题的解决与否不但决定了中国的经济是否能够持续增长，对于中国能否参与全球经济治理而言也是至关重要的。客观来看，除上述问题之外，中国国内资源配置的效率并不高，经济发展过程中还积累了不少风险：一是十多年前的 4 万亿经济刺激方案在短期内抑制了经济下滑，但是低效的企业没有能够随市场规律而被淘汰，经济中的杠杆率随之不断攀升，中国非金融企业部门的杠杆率远高于其他国家，②③ 中国公共部门的杠杆率远高于私人部门；④ 二是政府对经济进行干预而形成的新增产能并没有得到新增需求的支撑，国内出现了较为严重的产能过剩现象；三是国内投资渠道较为有

① 邓忠奇，高廷帆，朱峰. 地区差距与供给侧结构性改革——"三期叠加"下的内生增长 [J]. 经济研究，2020，55（10）：22 – 37.
② 任泽平，冯赟. 供给侧改革去杠杆的现状、应对、风险与投资机会 [J]. 发展研究，2016（3）：8 – 13.
③ 洪朝伟. 中国去杠杆可行性探讨——国际比较与对策研究 [J]. 新金融，2018（2）：20 – 25.
④ 张晓晶，刘磊. 新冠肺炎疫情冲击下稳增长与稳杠杆的艰难平衡 [J]. 国际经济评论，2020（2）：81 – 100.

限，大量资本被投资于以房地产为代表的固定资产领域，此类资产的大幅度升值，不但不利于国计民生，也占用了技术和产业升级所需要的资金。"一带一路"建设，不仅能够为中国国内的过剩资本寻找出路、倒逼国内产业升级，还能够满足"一带一路"沿线资本稀缺国家对资本的渴求，通过共商、共建项目投资实现共同发展。无论从哪个角度来看，"一带一路"倡议都是有利于推进国际合作和经济全球化的。

第三节　中国参与经济全球化与全球经济治理五个阶段

中国经济取得的显著成就，得益于从计划经济向市场经济、从单一公有制到多种所有制并存、从封闭保守到参与经济全球化的巨大转变。① 追溯历史可以发现，一个国家越是开放，经济实力便越强大，17 世纪的荷兰、18 世纪的英国、20 世纪的美国、第二次世界大战之后的日本，无不是凭借对外开放、凭借国际贸易成为世界强国的。中国的经济实力与对外开放程度正向相关：中国唐代的统治者采取兼收并蓄的态度，以海纳百川的姿态与世界各国交通，使国家一度成为世界舞台的中心；明清以后，中国闭关自守，实行不与外界接触的孤立主义政策，国家整体实力远远落后于西方。近代以来，中国经历了两次开放。第一次是 19 世纪 40 年代，中国的国门被殖民主义的坚船利炮强行打开，被迫纳入西方国家主导的全球化的进程，但是彼时的中国科技落后，经济凋敝，在全球化进程中只能处于从属与依附的地位。

新中国的成立意味着国家结束了近代百年战争，获得了独立自主，中国政府采取了一系列手段来稳定物价、恢复生产，经过 3 年的过渡期，国民经济得到了恢复，社会经济逐渐步入正轨。但是积贫积弱的中国并未主动参与至经济全球化，较长时期内与世界保持着距离，处于相对封闭的状态。1978 年改革开放以来，中国对世界经济的参与度才日渐提高，自身的经济实力也得到了增强，2010 年成为世界第二大经济体。根据世界银行按照汇率法计算的数据，中国对世界经济增长的贡献率也随中国开放程度的上升而上升，改革开放初期的 1979 年为 2.06%，2019 年已经上升至 32.37%，成为当前

---

① 蔡昉. 中国经济改革效应分析——劳动力重新配置的视角 [J]. 经济研究，2017，52（7）：4 – 17.

对世界经济贡献最大的国家。图 2-1 分别是 1979 年与 2019 年主要经济体对世界经济增长的贡献率，从中可以看出主要经济体之间经济实力的相对变化。

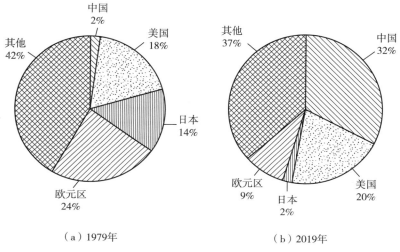

（a）1979年　　　　　　　　　（b）2019年

图 2-1　主要经济体对世界经济增长的贡献率

资料来源：由世界银行按照汇率法进行计算。

　　毫无疑问，中国之所以能够对世界经济作出当前的贡献，得益于对经济全球化的参与，中国在逐步融入经济全球化的过程中对国际规则体系经历了从陌生到了解到熟悉到参与制定的过程。由于进出口总额是一个国家的对外贸易总规模，能够反映这个国家参与经济全球化的程度，可依据其发生变化的关键节点对中国参与经济全球化的阶段进行划分。图 2-2 显示了 1950 年之后中国 GDP 与进出口总额的发展趋势。图 2-2 中，线状曲线为 1950—2020 年的中国 GDP，柱状条为同一时期中国的进出口总额，可以看出，GDP 发展趋势与进出口总额变化趋势的折拐点大致相当，中国的经济增长和中国的开放进程正向关联。

　　从图 2-2 中可以清晰地看出，从 20 世纪 70 年代末 80 年代初开始，中国的外贸开始发展、经济开始腾飞，事实上，这也正是中国第二次对外开放的重要时间节点。与 19 世纪 40 年代第一次被动打开国门不同的是，20 世纪 80 年代开始的开放是中国主动的对外开放。根据图 2-2 中，中国 GDP 与进出口总额发生变化的 5 个关键节点，可以将中国参与经济全球化和全球经济治理的过程大致划分为以下五个阶段。

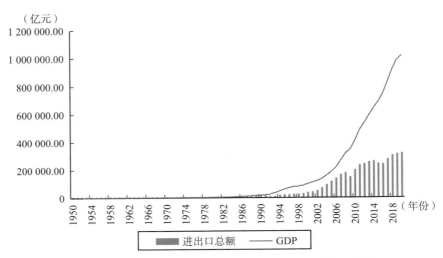

图 2 – 2　1950—2020 年中国 GDP 与进出口总额的发展趋势

资料来源：Wind 数据库。

一、新中国成立至 1978 年：计划色彩浓厚的对外往来时期

这一时期，中国的经济发展模式以"内循环"的工业化模式为主，配合极其有限的"外循环",[①] 因此，与经济全球化和全球经济治理的关系较为疏离。新中国成立初期，中国一方面立足于自身国防建设的需求，另一方面受苏联影响，走上了工业化的发展道路，逐渐从落后的农业国家转变成为工业国家，完成了工业化的初步积累。尽管自 1949 年新中国成立，人民政府便接管海关，取消了外国资本在海关、金融等领域的垄断和特权，实现了对外经贸活动的独立自主，但是朝鲜战争爆发后，西方国家对中国进行了封锁，切断了中国与外界的联系。20 世纪 60 年代，中苏关系趋于紧张，中国对外交往的外部环境较为恶劣。因此，这一时期中国对外经贸活动有较为清晰的政策导向，即遵循"调剂余缺、出口换汇"的基本原则，实行国家统治的外贸管理模式。

尽管新中国成立之后的很长时期，受国内的贸易保护政策与西方国家封

---

① 郭晴．"双循环"新发展格局的现实逻辑与实现路径［J］．求索，2020（6）：100 – 107.

锁禁运的双重制约，我国的对外经济交往对象较为局限，除苏联以外以第三世界国家为主，经济形态呈现出半封闭、内向型特征，脱离了西方主导的全球化进程，但是这并不意味着中国没有对外经济交往。新中国成立初期，我国的贸易伙伴主要是苏联、东欧等社会主义阵营的国家，技术与资金的引进也主要依靠苏联，主要以政府借款等方式进行。20世纪60年代中苏关系恶化之后，中国的贸易伙伴转向港澳、日本、东南亚以及非洲等国家和地区。这一阶段中国的创汇主要用于购买技术设备，用于重大项目建设，1960—1966年，我国先后与日本、英国、法国、意大利等国家签订合同，进口化纤、冶金等技术装备。这些计划色彩浓厚的对外往来，为我国构建了较为完整的产业链，也为改革开放之后中国参与国际分工，嵌入全球产业链完成了前期准备，为中国参与经济全球化奠定了基础。

客观来看，这一时期中国并非有意隔离于世界经济和国际经济事务之外，20世纪50年代，中国分别向联合国、国际劳工组织、国际货币基金组织、国际复兴开发银行等国际组织递交了申请，但均被拒之门外，这种局面直至1971年才被打破。1971年10月，中国恢复了在联合国的唯一代表权，与世界重新建立了联系，这是中国参与经济全球化与融入全球治理体系的历史起点。随着中国在联合国合法席位的恢复，中国迅速与西方国家建立了联系，打破了西方国家对中国长期以来的外交与经济贸易封锁。1972年美国总统尼克松访华更是开启了中美之间的"外交蜜月期"。从中国恢复联合国合法席位之后至1978年的不到十年时间里，中国不仅加入了包括联合国发展署、环境规划署、贸易与发展委员会等大部分国际组织，还发展了与欧共体、国际标准组织、拉美无核区组织等国际组织的合作关系。

这一时期，中国与世界经济的联系还体现在中国的对外援助方面。尽管新中国成立之后的三十年，中国对外的经济交往十分有限，但是出于道义原则考虑，中国政府在力所能及的范围内，通过优惠贷款、无息贷款甚至无偿援助等方式向亚、非、拉，甚至南太平洋等地区提供了许多经济技术援助。1950—1978年，中国的对外援助总金额高达483亿元人民币，约占同期财政支出的3.38%。[①] 中国在自身资金短缺的情况下，仍然对外提供经济技术援助，并且中国的对外援助并没有附加政治条件，为中国树立了慷慨无私的社会主义大国形象。中国的对外援助客观上也成为我国扩大经贸合作，进行技术与劳务输出的重要途径。只是中国与世界的互动仍较为有限，经济领域

① 杨丹辉. 新中国70年对外贸易的成就、经验及影响 [J]. 经济纵横，2019（8）：20–31.

内的国际协调范围较小,无法从经济全球化中真正获益,在全球经济治理体系中也没有话语权。

二、1979—1991 年:初步融入经济全球化与全球经济治理时期

1978 年十一届三中全会之后,中国主动开启了对外开放的大门,决心以推动改革开放来让中国融入经济全球化。中国的改革从农村开始,以 1978 年 11 月安徽凤阳小岗村实行的"家庭联产承包责任制"为标志,逐步扩展到城市。国内的改革解放了农村的劳动力,农村释放出来的大量剩余劳动力一部分流入至乡镇企业,支撑了乡镇企业的蓬勃发展,另一部分流动到城市并参与至城市的工业化发展。国内经济改革所释放出来的剩余劳动力,成为改革开放之后支持中国经济 40 年高速发展的"人口红利"。受客观条件的限制,这一时期中国企业的生产主要集中于纺织服装、资源物品初加工和深加工等劳动密集型行业,以"三来一补"的方式直接嵌入至全球产业链。

在对外开放方面,中国的对外开放以试点、实验、示范、试错的方式进行开展,采取了"渐进式"的改革与开放策略,这一点与苏联及东欧国家追求一步到位的"休克疗法"有很大的不同。中国的对外开放是由南到北、由东到西层层推进的,大致上可以分为以下四个步骤:第一步,在广东省与福建省创办经济特区,这是中国对外开放的重要突破口;第二步,开放沿海港口城市,给外商投资以优惠,此举被看成是第一步经济特区的延伸;第三步,建立沿海经济开放区,在沿海经济开放区逐步形成"贸易—工业—农业"型的生产结构,即按照出口贸易的需要来发展加工工业,再按照加工工业的需要来发展农业;第四步,开放沿江、内陆和沿边城市,促使对外开放由沿海向内陆腹地的推进。在开放过程中,中国建立起了完善的工业体系,逐步融入全球化的各个领域,在对外开放的全面升级过程中实现了社会的平稳转型。

在对国际经济事务的参与方面,中国的外交关系以及对外经济往来以 1979 年中美建交为标志有了突破性的进展。1979 年之前,中国虽然已经恢复了在联合国的合法席位,但是交往对象非常有限,主要为第三世界国家。1979 年之后,中国开始广泛参与各种国际组织,与世界保持了积极的联系:1980 年 4 月,中国恢复了在 IMF 中的代表权;1980 年 5 月,恢复了在世界银行中的合法席位。这一时期,中国还积极参与了"复关"谈判,尽管历经波折未能成功,但是却为日后加入 WTO 谈判积累了丰富经验。除全球性

的国际经济组织之外，中国也积极参与区域性的经济合作论坛：1991 年 7 月，中国与东盟合作机制开启；1991 年 11 月，中国正式加入了 APEC，这也是中国参与的第一个地区性的经济组织。这些积极的尝试，使中国在经济上增强了国家的综合国力，政治上提升了国际地位。这一时期，中国尚未进入当时全球经济治理主导者七国集团 G7 的视线。

三、1992—2001 年：对外开放由点及面加快推进的时期

1992 年，邓小平发表重要讲话，这为我国走上有中国特色社会主义市场经济道路奠定了思想基础，标志着中国的改革开放进入了新的时期。邓小平"南方谈话"之后，中国的对外开放发生了质的飞跃：对外贸易飞速增长，1991 年我国进出口贸易总额为 1 356.34 亿美元，2001 年为 5 096.51 亿美元，是 1991 年的 3.76 倍；外商直接投资 FDI 大量涌入，1991 年我国实际利用外资额为 43.66 亿美元，2001 年为 468.78 亿美元，是 1991 年的 10.74 倍。① 更为重要的是，外资企业伴随着国家间贸易的往来和资本的流入流出来到中国市场，这起到了两个方面的正向作用：一是促进了国内市场竞争主体的多元化，部分内资企业因效率低下面临重组甚至是退出市场，客观上完善了国内市场的退出机制；二是外资企业将先进的技术、成熟的经营管理机制与治理结构带到了中国，对中国企业起到了正向的示范作用。

快速发展的对外经济往来大大缓解了长期困扰中国的外汇资金短缺问题，为中国参与全球经济事务奠定了物质基础，中国表现出对全球经济事务的极大热情，1996 年夏季，中国政府开始在重要讲话中正式使用"经济全球化"的表述。中国对国际经济事务的热情还表现在与七国集团的互动方面，中国开始逐渐被这个由西方工业国家主导的全球经济治理平台所认可：1992 年七国集团慕尼黑峰会上，中国的经济成就得到赞扬；1995 年七国集团哈利法克斯峰会上，中国因对国际和地区政治、经济、安全事务的积极协调得到肯定，峰会还认为成员国应该与中国就世界稳定与繁荣等议题进行对话；1999 年中国受邀参与七国集团财长金融稳定论坛，中国与七国集团的合作得到进一步加强。②

中国积极融入经济全球化与全球经济治理体系，还取得了其他方面的突破性成果：1992 年，中国成为"大湄公河次区域合作（GMS）"的创始成员

① Wind 数据库。
② 余永定. 崛起的中国与七国集团、二十国集团 ［J］. 国际经济评论，2004（5）：9 – 12.

国；1994 年，中国成为"东盟地区论坛（ARF）"的创始成员国；1997 年，东盟与中日韩 10＋3 机制建立。值得一提的是，2001 年 6 月，中国与哈萨克斯坦、吉尔吉斯斯坦、俄罗斯联邦、塔吉克斯坦、乌兹别克斯坦在中国上海宣布成立上海合作组织（SCO），签署《上海合作组织成立宣言》与《打击恐怖主义、分裂主义和极端主义上海公约》。上海合作组织自成立以来逐步确立了以安全、经济、人文为重点合作领域的"三个支柱"体系，是第一个以中国城市命名、在中国境内成立、总部设在中国境内的永久性政府间国际组织，对我国来说意义极为重大。更为重要的是，2001 年 12 月 11 日，中国正式加入了 WTO，这意味着中国长达 15 年的复关与"入世"进程宣告结束，中国成为世贸组织的第 143 个成员。自此以后，中国进一步扩大了对外开放，与世界全面交往与融入，经济得到了超高速发展。

四、2002—2007 年：全面融入经济全球化与全球经济治理体系时期

中国加入 WTO 之后，之所以能够全面融入经济全球化并得到超高速发展主要是基于以下原因：一方面，营商环境的改善、优惠的土地与税收政策、增长的人口红利和不断完善的基础设施，吸引外资全面涌入，使中国在较快的时间内建立起了完整的制造业产业链和工业体系，得以在全球价值链中迅速攀升；另一方面，加入 WTO 所享受的最惠国待遇，使制造业的产业集聚效应所产出的大量制造业产品能够以优惠的税率出口，净出口总额飞速提升，远超其他国家，中国由技术和设备的净进口国，转变成为净出口国。事实上，早在中国加入 WTO 之前，便着手进行包括国企改革、金融改革、行政体制改革在内的各项改革，为加入 WTO 谈判做准备；成功加入 WTO 之后，中国不但继续深入推进各项改革，还清理了大量的法律法规与地方性规章，积极营造良好的营商环境，全方面与国际接轨。

加入 WTO 后中国迅速搭上经济全球化的便车，2002 年党的十六大报告首次载入"经济全球化"字眼，毋庸置疑，加入 WTO 对中国而言意义深远，使中国的对外开放迈上了新的台阶。自此以后，中国对 WTO 事务不但给予更多关注，还积极参与其中：中国全面参与"多哈回合"谈判，在多个议题上明确表达自己的立场，在个别议题上提出自己的提案；中国在大连、香港分别举办小型部长会议和部长级会议，以"促发展、求共识"的态度积极参与 WTO 建设。除参与世贸组织的会议之外，中国从 1999 年起便积极参与 G20 的所有会议。彼时的 G20 尚未成为领导人峰会，仍是 G7 财长

创设出来的旨在为促进全球经济与国际金融稳定与发展的部长级会议。中国作为新兴市场国家的杰出代表参会，与 G20 的其他成员、IMF 和世界银行的代表就经济与金融问题进行讨论，表现出渴望融入经济全球化的决心和对全球经济事务的极度关心。

五、2008 年至今：积极参与经济全球化与全球经济治理时期

尽管全球性金融危机之后国际上的保护主义浪潮开始抬头，但是以 2013 年中国上海自由贸易试验区设立为标志，中国开启了新一轮对外开放。上海自贸区的设立主要有五项任务：一是加快转变政府职能；二是扩大投资领域开放；三是推进贸易发展方式转变；四是深化金融领域的开放创新；五是营造相应的监管和税收制度环境。自上海自贸区设立以来至 2020 年年底，国务院分批次在广东、天津、福建等 21 个省份成立了自由贸易试验区，在全国范围内初步形成了以制度创新为核心，各有侧重、各具特色的开放试点格局。在自由贸易试验区建设基础之上，中国又推动了对标国际最高开放标准的自由贸易港建设，2020 年 6 月 1 日《海南自由贸易港建设总体方案》印发出台。当前，中国已经初步形成了东西南北中协调、陆海统筹的对外开放态势。

以 2008 年 G20 峰会为标志，中国及其他新兴经济体首次以核心参与者身份参与全球经济治理并推动机制改革。[①] 尽管事后来看，2008 年 G20 峰会是中美合作的高峰，此后中国与美国的竞争开始变得激烈，但是中国对全球经济治理体制改革的参与却更加积极，中国开始在全球经济事务当中承担更多责任，这固然是出于中国提升自己国际话语权的原因，也有对抗美国打压的考虑。无论是中国参与创设的新开发银行，还是中国主导创设的亚投行，都是提供全球公共产品的国际组织，将为世界经济的稳定发挥作用。2013 年中国提出的"一带一路"倡议，是中国开始向国际社会贡献经济治理的"中国智慧"与"中国方案"的标志性事件。2017 年 9 月，联合国大会对"一带一路"给予充分肯定，还通过决议将"一带一路"倡议中提出的共商、共建、共享原则纳入至全球经济治理理念。

综上所述，尽管中国是经济全球化的后来者，但是对于经济全球化的态度是积极的。中国现在的开放来之不易，必然会成为经济全球化的坚定维护

---

① 刘宏松. 中国参与全球治理 70 年：迈向新形势下的再引领 [J]. 国际观察，2019 (6)：1-21.

者,也是全球经济治理体系改革的重要推动者。过去的十多年来,中国在全球经济治理体系中的分量正在不断加重,2020 年的新冠肺炎疫情使世界各国面临着罕见的多重危机,各国更加应该共同应对全球性挑战,携手缔造人类美好未来。受制于各方面的原因,当前无论是发达国家还是发展中国家都无法独立面对错综复杂的全球性问题,开展国际合作是解决全球性问题的唯一出路,推动全球经济治理体系改革势在必行,中国将更加积极地参与其中。"一带一路"是互利共赢的开放之路,作为全球经济治理的"中国方案",共建"一带一路"将为各国合作提供更多的机遇,将推动经济全球化向更加开放、更加包容、更加普惠、更加平衡、更加共赢的方向发展。

第四节 "一带一路"是中国参与 全球经济治理的方案

"一带一路"由国家主席习近平于 2013 年提出,是"丝绸之路经济带"与"21 世纪海上丝绸之路"的简称。2015 年 3 月,国家发展改革委、外交部与商务部联合发布了《推动共建丝绸之路经济带和 21 世纪海上丝绸之路的愿景与行动》,标志着"一带一路"顶层设计的出台,"一带一路"倡议由此进入具体实施阶段。"一带一路"倡议自被提出以来国际影响力便不断增强,2016 年 3 月,联合国安理会通过第 S/2274 号决议,其中就有关于推进"一带一路"倡议的内容;同年 11 月,联合国大会首次将"一带一路"倡议写入决议(第 A/71/9 号),得到联合国 193 个会员国的一致赞同。"一带一路"有关合作理念还被写入了二十国集团、上海合作组织、亚太经合组织等重要国际组织的成果性文件。

一、"一带一路"是全球经济治理的中国方案

"一带一路"借用了古丝绸之路的历史符号,从当前地理范围上来看,"一带一路"贯穿亚洲、非洲与欧洲大陆,东接太平洋,西接欧洲的波罗的海。"一带一路"倡议提出之初,包括三条"陆上丝绸之路",即中国—中亚—俄罗斯—欧洲、中国—中亚—西亚—波斯湾—地中海、中国—东南亚—南亚—印度洋;两条"海上丝绸之路",即中国—印度洋—非洲—地中海蓝色经济通道、中国—大洋洲—南太平洋蓝色经济通道。"一带一路"提出之

后，增加了"冰上丝绸之路"通道：2017 年 6 月国家发展改革委、国家海洋局联合发布《"一带一路"建设海上合作设想》中，首次将经北冰洋连接欧洲的"北极航道"明确为"一带一路"的主要蓝色经济通道之一。2018 年 1 月国务院发布的《中国的北极政策》白皮书，提出愿与各方共建"冰上丝绸之路"。"一带一路"沿线的主要国家如表 2－1 所示。

表 2－1   "一带一路"沿线的主要国家

地区		国家
陆上	东亚	蒙古
	中亚	哈萨克斯坦、乌兹别克斯坦、土库曼斯坦、塔吉克斯坦、吉尔吉斯斯坦
	独联体	俄罗斯、乌克兰、白俄罗斯、格鲁吉亚、阿塞拜疆、亚美尼亚、摩尔多瓦
	中东欧	波兰、立陶宛、爱沙尼亚、拉脱维亚、捷克、斯洛伐克、匈牙利、斯洛文尼亚、克罗地亚、波黑、黑山、塞尔维亚、阿尔巴尼亚、罗马尼亚、保加利亚、马其顿、希腊
海上	东盟	新加坡、马来西亚、印度尼西亚、缅甸、泰国、老挝、柬埔寨、越南、文莱、菲律宾
	西亚	伊朗、伊拉克、土耳其、叙利亚、约旦、黎巴嫩、以色列、巴勒斯坦、沙特阿拉伯、也门、阿曼、阿联酋、卡塔尔、科威特、巴林、塞浦路斯、埃及的西奈半岛
	南亚	印度、巴基斯坦、孟加拉国、阿富汗、斯里兰卡、马尔代夫、尼泊尔、不丹

"一带一路"倡议作为重要的全球性公共产品，是向所有志同道合的国家开放的，官方并未公布"一带一路"沿线国家的名单，"一带一路"所涉及的国家包括但并不局限于表 2－1 所列示。截至 2019 年年底，中国已经与 8 个国家建立了贸易畅通工作组，与 14 个国家建立了服务贸易合作机制，与 40 个国家建立了投资合作工作组，与 22 个国家建立了电子商务合作机制，与 167 个国家和国际组织签署了 199 份"一带一路"合作文件，与 14 个国家签署了第三方市场的合作文件。① 在共建"一带一路"过程中，中国毫无疑问处于主导地位，这意味着中国需要承担起更多的责任。② "一带一路"作为全球经济治理的"中国方案"，有其自身的特点。

---

① 中华人民共和国商务部. 中国对外投资合作发展报告 2020 ［R］. 北京：中华人民共和国商务部，2021－02－02.

② 裴长洪，刘洪愧. 中国外贸高质量发展：基于习近平百年大变局重要论断的思考 ［J］. 经济研究，2020，55（5）：4－20.

首先,"一带一路"不是排他性的制度安排。中国提出的"一带一路"倡议坚定支持以联合国为核心的国际体系,坚定维护以规则为基础的多边主义,不搞排他性制度设计,具有很强的包容性。与TPP等排他性制度安排不同的是,"一带一路"欢迎更多国家的参与,欢迎发达国家参与共建,由表2-1可以看出,"一带一路"沿线虽然以出于经济转型时期的新兴经济体和发展中国家为主,但也不乏新加坡这样的发达国家。截至2020年1月底,中国已经同138个国家、30个国际组织签署了200份共建"一带一路"合作文件。

其次,"一带一路"是对既有规则的补充完善。"一带一路"倡议不是另起炉灶的大国主义方案,而是在既有的双边、多边、区域和次区域合作机制的框架下,寻求对接合作的方案;不是对既有的秩序的颠覆,而是试图通过对既有秩序的制度性补充为不确定的世界经济带来确定性。"一带一路"沿线有不同宗教、多种文化汇集,宗教、文化差异带来的风险在所难免,增加了治理的难度,但也为制度创新提供了更多可能性。"一带一路"致力于在相关国际规则缺乏的领域内推动创新,推动形成符合数字贸易等经济全球化未来发展方向的国际规则。

最后,"一带一路"致力于维护多边主义、促进共同繁荣。十多年来,部分国家开始弱化多边主义,更加看重"国内优先",全球范围内的集体行动变得困难,当前的经济治理大多数采取"小规模"集体行动的方式在进行。中国提出的"一带一路"倡议,恪守联合国宪章的宗旨和原则,坚持互利共赢,世界各国都被视为是平等的参与者与合作者,目的不仅在于促进中国与沿线国家的高水平经济合作,还在于与沿线国家共享发展机遇与建设成果,共同打造利益共同体、责任共同体与命运共同体。中国希望以合作的方式带领广大发展中国家与发达国家一起将经济全球化推向新的阶段。

二、"一带一路"建设将为中国贡献的价值

中国提出的"一带一路"倡议主要侧重于经贸领域内的国际合作,是一个新型的跨区域经济合作平台,是中国参与全球经济治理的顶层合作倡议。换个角度来看,"一带一路"建设若要实现推动世界各国共同富裕的理想效果,必须首先能够使中国自身从中获益,这样才可能使世界相信中国对于经济的治理能力,建立起对中国主导的"一带一路"倡议的信心。"一带一路"所倡导的经济治理理念可以被看成是中国国内经济治理理念在国际

范围内的延伸。"一带一路"倡议将从以下几个方面对中国的长远发展起到积极的促进作用。

第一，为中国经济的可持续性发展提供新的动能。尽管中国当前的经济体量世界第二，但是应该清醒地认识到，中国的人均国内生产总值仍比不上发达国家，中国当前仍然是发展中国家，中国的经济仍然有较大的上升空间。当前中国经济中还存在区域间发展不平衡、经济结构发展不平衡等诸多问题，中国的人口结构趋于老化，经济当中蕴藏的风险也需要化解。"一带一路"建设有利于帮助解决上述问题：一是能够与"一带一路"沿线国家共享资源要素，缓解中国人口老龄化或将带来的经济降速；二是通过"一带一路"的投资与基础设施建设，淡化中国公共部门杠杆率较高可能带来的风险；三是通过对接国际规则统一国内规则，消除要素在国内区域间流动的壁垒，促进国内统一大市场的形成。

共建"一带一路"不但有助于解决中国国内经济面临的问题，还有助于促进南南合作，防范中美"脱钩"可能带来的国际市场收缩问题。近几年来，中国与美国之间的竞争益发激烈，虽然中国坚持对外开放不动摇，但是无法对美国的行为进行制约。美国与中国之间的竞争关系不会发生改变，中国在美国及其盟国的市场非常有可能受到压缩。即使这种情况也许永远不会发生，向"一带一路"沿线开拓新的市场对中国来说并无坏处。"一带一路"建设能够为中国带来更大的国际市场，能够使中国的巨大产能发挥出规模经济效应，促进中国的技术升级与产业转型、推动高质量发展。在"一带一路"南南合作的过程中，中国的经济将得到持续增长，也将惠及沿线其他国家。

第二，为中国在国际社会树立有担当的大国形象。近十多年来，东方似乎在变强，西方似乎在变弱，世界担心代表东方的中国与代表西方的美国是否会分道扬镳，世界是否会陷入"修昔底德陷阱"。这固然源自西方政治人物的担忧，担忧西方是否会就此衰落，担忧中国是否会成为不可或缺的强国，也与中国自己没有在国际上树立起自己的形象、没有建立起自己的语言体系有莫大的关联。在过去的几十年里，以中国为代表的发展中国家为经济全球化的发展作出了巨大的贡献：为世界提供了大量的廉价劳动力，提供了种类丰富、高性价比的工业原料和制成品。在参与经济全球化的过程中，发展中国家提升自身经济实力得到了提升，也提升了全球消费者的整体福利，甚至于这些通常是以牺牲发展中国家自身的资源和环境为代价来实现的。而在当前世界经济面临不稳而全球经济治理又缺乏领导者的情况下，发达经济体主导的区域经济机制的标准越来越高，将包括中国在内的广大发展中国家排除在外，中国如果继续无所作为，不为自己和发展中国家发声，不但不符合自身的大国形象，也将使自身与广大发展中国家的发展空间被挤压，不利于世界经济的好转。

中国是大国，但是中国在全球经济治理体系中的存在感却较为不足，一方面是因为中国全面融入世界经济的时间并不长，全球经济治理是非常复杂的规则体系，需要平衡各方的利益，而中国显然缺乏参与规则制度制定的经验；另一方面，中国为避免较多的外部冲突，长期在国际事务中保持较低的姿态。中国的政治体制与西方国家有明显的不同，得到他国理解本身就较为困难，中国又在全球事务中长期投弃权票，在全球经济治理体系中一贯"韬光养晦"，如今的积极参与被西方国家误读在所难免。例如，中国提出与东欧国家的"16＋1机制"，出发点是为了促进商贸交往，但却被解读为是中国的地缘政治项目；中国提出的"一带一路"倡议，也被认为是中国对外扩张的战略。2020年的新冠肺炎疫情再次把这个问题暴露出来，在国内疫情控制下来后，中国政府宣布向需要帮助的国家以及世界卫生组织、非盟等国际组织提供包括检测试剂、口罩、防护服、呼吸机等在内的援助，但却被部分群体解读为中国的"口罩外交""地缘政治之争""影响力之争"。此时，中国不应当退缩，应该以更加积极的姿态参与全球经济事务。

在"一带一路"所涉及的区域内，很多国家有自己国家和地区的战略发展规划。例如，俄罗斯有"欧亚经济联盟"计划，欧洲有"容克投资计划"，蒙古有"草原之路"发展战略，哈萨克斯坦有"光明之路"新经济政策，波兰有"琥珀之路"发展战略，沙特阿拉伯有"2030愿景"，越南有"两廊一圈"等，甚至域外的美国也有"新丝绸之路"机制和"印度—太平洋"战略。这些国家难免会担心中国的"一带一路"与本国的发展规划相竞争并形成冲突。部分国家甚至会担心中国的"一带一路"倡议将侵犯其他国家的利益，对"一带一路"的态度并不积极。例如，印度对中国推进中巴经济走廊、孟中印缅经济走廊持消极态度；日本则对中国主导创设的亚投行持抵触态度。也有不少国家因国内的政治需要，对中国的"一带一路"建设进行刻意阻挠。基于上述原因，中国在推进"一带一路"倡议的过程中，如果注重政策宣讲，充分承认这些机制也具有发展区域经济、加强互联互通的积极作用，应该是能够让区域国家了解"一带一路"是中国与区域国家共同的战略发展机遇，也应该能够树立中国在国际上的正面形象。

三、"一带一路"建设将为世界贡献的价值

近代以来，中国经历了百年的战争与屈辱，才赢来和平的发展环境，国民经济得以恢复；现代尤其是中国全面融入世界经济体系以来，中国的经济才得以飞速发展，国际地位得到极大提升。因此，中国深知和平之可贵，深知经济全球化对于经济增长的巨大影响。中国坚信和平与发展始终是时代的主题，坚信经济全球化始终是不可阻挡的趋势，愿意为重塑全球经济治理秩序贡献力量。中国提出的"一带一路"倡议致力于让世界各国联系得更加紧密，将从以下几个方面对世界产生积极的影响。

第一，为全球经济治理贡献中国智慧。长期以来世界习惯于从西方的视角看待中国，中国自己也习惯于将中国的叙事嵌入西方的理论与经验体系中加以诠释。[①] 换句话说，中国学习西方较多，但对外输出自己的理论与经验体系较少，中国对世界的影响力相对有限。事实上，中国在新中国成立以后的短短 70 年间便建立起完整的现代工业体系，又在改革开放之后的短短 40 年成为世界第二大经济体，2020 年抗击新冠肺炎疫情的行动成为世界表率，中国在治国理政方面必然有自己独特的智慧。这种智慧，根植于中国绵延千年还不中断的优秀传统文化，又在工业化、城市化、现代化的建设过程中成长为中国特色社会主义文化，对于稳定社会、促进发展起到了积极的作用。中国提出的"一带一路"倡议，将打通中国与沿线国家甚至是西方国家之间的隔阂，将蕴含中国智慧的国家治理经验伴随文化的传播贡献给世界。

第二，为世界各国带来新的投资机会。"一带一路"沿线有众多的发展中国家，由于资金相对缺乏，基础设施则相对落后，这极大地制约了这些国家贸易与投资的发展，部分国家甚至因此长期被隔离在世界市场之外。事实上，当前不但发展中国家面临资金缺乏问题，发达国家同样也有此困扰，2020 年的新冠肺炎疫情更是加深了各国资金的短缺，不少国家的经济进入"负利率"时代。实现区域内基础设施互联互通是"一带一路"建设的优先领域，当前世界范围内的较低利率大幅度降低了基础设施建设的成本，一方面为"一带一路"沿线国家的基础设施建设创造了利好的投融资环境，另一方面也为包括中国在内的世界其他资金盈余国家提供了较好的投资机会。

---

① 周黎安. 如何认识中国？——对话黄宗智先生［J］. 开放时代，2019（3）：37-63.

中国提出的"一带一路"倡议，将资金盈余国家的资金、技术、营销渠道等与资金稀缺国家的资源、市场有效联系起来，可以形成多方共赢的良性循环局面。

第三，为生产要素流动带来新的机遇。发达经济体如美国、欧盟、日本等的人口结构趋于老龄化，中国也是如此。但是这些国家和地区拥有大部分发展中国家并不拥有的资金、技术、管理经验、营销渠道等附加值较高的生产要素。"一带一路"沿线的东南亚、南亚、西亚、非洲各国的人口较为年轻，有大量的劳动年龄人口游离于全球市场之外。不仅如此，这些国家的土地、自然资源、赋税等生产要素成本也相对较低，但是参与经济全球化的程度却并不充分，拥有大量可被挖掘的发展潜力。中国提出的"一带一路"倡议，可以使更多的国家与世界建立联系，不仅能够提高中国自己在世界经济中的参与度，也能够提高其他国家在世界经济中的参与度。如若能够打破限制各国间生产要素自由流动的壁垒，将能够使更多国家共享人口红利、资源、市场、资金、产能、先进技术与管理经验，使各类生产要素在"一带一路"沿线甚至更广区域实现供求的平衡。

第四，为国际合作提供全新的范例。世界经济的运行尽管以国家为主体，但也有超越国家界限、在相邻的多个主权国家之间形成市场一体化的典范——欧盟，也有彼此间消除贸易壁垒的区域经济集团化的典范——北美自由贸易区。这些国际经济组织为不同经济体之间的合作增添了范例，客观上对经济全球化及世界经济的发展起到了促进的作用。只是这些国际经济组织大都发生在欧洲、北美这些既定的经济板块内部，在不同经济板块之间还未看到有经济组织进行有效的联接。"一带一路"倡议如果能够被沿线各国所接纳，将通过陆路与海洋等多个通道，促进东北亚板块、东南亚板块、南亚板块、中亚板块、中东板块、中东欧板块内部及相互之间的联系，填补各经济板块内部和相互之间的空白。共建"一带一路"将通过基础设施硬件与经贸合作软件等多个维度的建设，推动国际合作新模式的形成。

中国是一个在和平与发展的环境中成长起来的新型大国，自然有意愿维护和平与发展的经济环境。新中国成立70多年来，中国没有主动挑起过任何一场战争，没有侵占过别国一寸土地。中国推动"一带一路"发展的《愿景与行动》于2015年出台，向世界宣告："一带一路"建设有利于促进沿线各国的经济繁荣与区域经济合作，有利于加强不同文明的交流互鉴，能够促进世界的和平发展，是一项造福世界各国人民的伟大事业。但是《愿景与行动》中并没有具体说明如何实现这些目标，中国应该拿出清晰的细则，通过无数的实际行动来让世界真切认知到中国倡导的"一带一路"没有任何形式的附加条件，让世界充分了解到中国是一个能够推动全球经济治理规则制定的规范大国，让世界真正相信中国是经济全球化的维护者。唯有实际行动才能够消除世界对"一带一路"持有的怀疑，才能够使更多国家积极参与其中并认同中国参与建设更加具有包容性的国际经济秩序。

本书将从"一带一路"与中国参与全球贸易治理、参与全球投资治理、参与全球金融治理、参与国际组织 G20 等几个侧面展开具体论述，对新冠肺炎疫情后的全球经济治理也将单列一章进行讨论。

第三章 "一带一路"与中国参与 全球贸易治理

　　丝绸之路在中国古代便是一条繁荣的贸易之路，如今的"一带一路"将通过促进沿线国家和地区的贸易自由化与便利化实现贸易畅通，让丝绸之路焕发出新的生机。经年以来，"一带一路"建设释放出巨大的贸易潜力，推动了沿线国家的贸易合作，推动了跨境电子商务等新型业态的涌现，推动了贸易自由化与便利化水平的提升。海关统计数据显示，即使是新冠肺炎疫情冲击下的 2020 年，中国仍然成为全球唯一实现货物贸易正增长的主要经济体，对"一带一路"沿线国家的货物贸易进出口总额达到 9.37 万亿元，比 2019 年增长 1%。"一带一路"建设带来的贸易畅通不但造福了沿线国家，也为当前疲软的世界经济增添了一抹亮色，将成为后疫情时代国际经贸合作的重要代表。

第一节　国际贸易与全球贸易治理的发展历程

　　国际贸易指的是跨境产品或服务的交换，是观察一个国家甚至世界经济发展状况的重要窗口。全球贸易治理体系是伴随着国际贸易的产生而发展出来的，当今世界，任何国家都无法从贸易冲突频发、保护主义弥漫、充满不确定性的贸易治理体系中获益，因此，全球贸易治理变得益发重要。第二次世界大战结束之后，第三次工业革命兴起，极大地提高了生产力促进了新兴产业的发展，世界经济得到了较大的恢复。第二次世界大战的结束也使大量发展中国家获得独立，参与国际分工，跨国公司逐步兴起，国家贸易的规模迅速扩张，全球贸易治理体系也逐步建立。

一、国际贸易发展经历的阶段

为讨论第二次世界大战之后国际贸易的发展阶段,图 3 - 1 绘制了 1948—2019 年全球货物贸易的发展趋势。可以看出,以货物贸易为主要代表的国际贸易大体上经历了三个阶段:第一阶段为第二次世界大战结束至 20 世纪 70 年代,这一阶段全球货物贸易的规模开始扩张;第二阶段为 20 世纪 70 年代至 2008 年,这一阶段全球货物贸易的规模开始以超高的速度得到发展;第三阶段为 2008 年之后,这一阶段全球货物贸易的发展趋势变得非常不确定。全球性金融危机使国际贸易的增长势头受到严重冲击,在 2010 年和 2011 年出现短暂的反弹之后,全球货物贸易于 2012—2016 年又进入低速增长时期。2017 年出现的增长势头又在 2018 年受愈演愈烈的贸易摩擦的影响被打压下来,2020 年的新冠肺炎疫情更是将全球货物贸易拖入深渊。换个角度来看,也可以按照上述时间节点将国际贸易的发展阶段划分为最终产品贸易阶段、全球价值链贸易阶段和数字贸易逐步构建阶段。①

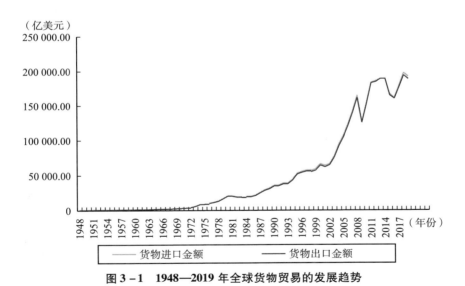

图 3 - 1 1948—2019 年全球货物贸易的发展趋势

资料来源:Wind 数据库。

---

① 裴长洪,刘洪愧.中国外贸高质量发展:基于习近平百年大变局重要论断的思考 [J]. 经济研究,2020,55 (5):4 - 20.

（一）最终产品贸易阶段：第二次世界大战结束至 20 世纪 70 年代

第二次世界大战结束之后，世界发生了两个较大的变化：一是民族解放运动催生了大量独立国家，极大地改变了国际分工的格局；二是第三次工业革命促进了全球产业革命的升级，推动了产品专业化的发展和产业内分工的产生。上述情况的发生使国际分工呈现出新的特点：一是以资源为基础的国际分工被以工艺技术为基础的国际分工取代，形成了劳动密集型产业、资本与技术密集型产业的分工；二是发达国家之间的产业内贸易不断扩大，发达国家与发展中国家之间的产业间贸易也不断发展；三是社会主义国家开始根据自身情况参与至国际分工体系，国际分工的主体日益多元。航运技术的进步使国际运输成本不断下降，关税和非关税壁垒的降低进一步减低了国际贸易成本，国家间的贸易得到了空前发展，只是这一阶段的国际贸易是以最终产品贸易为主要特征的。

（二）全球价值链贸易阶段：20 世纪 70 年代至 2008 年

20 世纪 70 年代开始，全球价值链贸易得到发展：一是技术进步使生产模块化得以实现，生产模块化意味着生产过程能够被拆分成相对独立的标准模块，根据生产要求对标准模块进行组合能够完成产品生产，生产模块化的产生与发展推动了国际生产网络的建立，至此之后，同一个产品的不同生产环节可以在不同的国家同时进行，生产力得到进一步释放；二是通过 GATT 的努力，全球范围内关税水平逐步下降，加之交通、信息、通信技术的进步，使产品的跨国组织生产变得可能并且便利，企业能够在全球范围内进行最合理的资源配置。因此，当前的国际贸易已经不再是单个国家与国家之间或者单个企业与企业之间的贸易，跨国公司可以在几十个国家组织上百个企业进行分工合作，可以生产涉及上千个零部件组合的产品，可以最有效率地在全球范围内配置资源。

这一阶段的国际分工带来了全球价值链变革，产生了较为深远的意义，主要体现在以下方面：一是产品内分工成为流行，不同国家不但可以在相同的产业内就不同的产品开展合作，还可以在单一产品内按照价值链分工开展合作；二是促进了中间品贸易的发展，中间产品贸易和零部件贸易开始占据主导地位，全球范围内的资源得到极大限度的整合利用；三是更多的国家参与至国际分工，在全球价值链上建立了相对稳定的分工关系，研发和营销等高端环节主要集中于发达国家，加工和装配等低端环节主要集中于发展中国家；四是不仅改变了企业的组织与管理方式、拉长了产业链，还促进了生产性物流业、生产性服务业、生产性金融等服务贸易的飞速发展，全球服务贸易的增长速度开始超过货物贸易的增长速度，国际贸易的增长速度甚至超过了全球 GDP 的增长速度。

（三）数字贸易逐步构建阶段：2008 年之后

2008 年的全球性金融危机打断了全球价值链（Global Value Chain，GVC）贸易的高速发展，近十多年来 GVC 占全球总贸易额的比重快速下降，随着贸易保护主义的不断发展和新冠肺炎疫情的不断持续，GVC 贸易未来或将持续下降。之所以出现这样的现象，主要是基于以下原因：一是金融危机的爆发冲击了全球需求市场，国际贸易增长乏力；二是部分国家实施的保护主义政策限制了 GVC 的分工合作，延缓了国际贸易的恢复进程；三是第四次工业革命方兴未艾，5G 通信、3D 打印、人工智能、物联网、区块链等数字技术正在飞速发展，数字产品和服务不断涌现，国际贸易的发展正在进入以数字贸易为重要特征的新的历史阶段。金融危机之后国际贸易的另一个变化便是服务贸易占比增高，以美国为例，其服务贸易出口占自身出口比重年均超过 30%，服务贸易出口成为美国获得贸易顺差的重要源泉。当前，各国的相对比较优势将被重新塑造，国际贸易正在经历阶段转变的阵痛时期。

二、全球贸易治理发展经历的阶段

第二次世界大战之后带来的和平发展环境促进了国际贸易在全球的开展，这其中关税与贸易总协定（General Agreement on Tariffs and Trade，GATT）起到了功不可没的作用。WTO 作为 GATT 的继任者，成为 20 世纪 90 年代中叶之后最为重要的全球贸易治理平台，加入 WTO 成为拥抱经济全球化的代名词，为中国带来了巨大的发展机遇。然而，过去的十多年，国际贸易格局发生了较大变化，全球贸易秩序遭到破坏，贸易保护主义开始盛行，全球贸易治理体系受到前所未有的冲击，贸易领域内多边规则体系的改革面临巨大瓶颈，WTO 正在经历生存的挑战。

（一）GATT 阶段：1948—1995 年

20 世纪三四十年代，世界经济萧条与贸易保护主义盛行如影相伴，极高的贸易壁垒使国际贸易陷入萎缩，经济陷入萧条。为促进世界经济复苏与推动自由贸易的发展，第二次世界大战结束之后，美国等23个国家于1947年10月30日在日内瓦签订了GATT，1948年1月1日起GATT开始临时适用，GATT的签订标志着全球贸易治理体系构建的开始。GATT存在的40多年里，缔约方由23个发展至128个，缔约国间的贸易额占全球总贸易额的90%。GATT在全球范围内把"最惠国待遇"原则纳入多边贸易体制中，为成员国提供了平等待遇，能够使各国充分发挥比较优势，极大地促进了自由贸易。"最惠国待遇"被看成是国际贸易领域中的市场经济原则，被视为是GATT及其继任者WTO多边贸易体制的"柱石"。①

在GATT前6轮谈判的规范下，全球范围内的关税不断被削减，国际贸易的增长速度超过了同一时期的GDP增长速度。20世纪70年代，世界范围内爆发了两次石油危机，世界经济的增长趋势被打断，主要工业国家发生的经济滞胀引发了贸易保护浪潮，采用了非关税壁垒对进口进行限制，贸易自由化的进程被打断。因此，GATT第7轮谈判通过了《进口许可证程序协议》《技术性贸易壁垒协议》等9个限制非关税壁垒的新协议，将贸易自由化继续向前推进。由于GATT只是个临时性协定，并不是正式的国际组织，不拥有具备法律约束性的国际贸易争端解决机制，在GATT第8轮谈判即乌拉圭回合谈判中，缔约各方通过了《建立世界贸易组织协定》，1995年GATT被WTO取代。综合来看，在GATT时期，贸易自由化只限于主要工业国家有战略利益的领域，对农业出口国以及新独立的发展中国家而言，贸易壁垒依然存在。②

（二）WTO阶段：1995年至今

自《建立世界贸易组织协定》于1995年1月1日生效开始，倡导自由贸易的WTO成为全球贸易治理的中心，它的成立标志着全球多边贸易机制构建的完成。WTO继承了GATT的基本原则，但管辖范围更加广泛，WTO的成立极大地推动自由贸易与公平贸易的发展，主要有以下贡献：第一，为全球贸易治理制定了规则，WTO设计了决策机制、贸易政策审议机制以及贸易争端解决机制等执行机制。其中，贸易争端解决机制的建立以及有效运转，有效地解决了国家之间的贸易纠纷，被誉为是"皇冠上的珍珠"。第二，WTO把GATT的最惠国待遇原则、国民待遇原则等扩展适用到服务贸

---

① 刘敬东. WTO改革的必要性及其议题设计［J］. 国际经济评论，2019（1）：34－57.
② 余敏友，刘衡. WTO与全球贸易治理：演变、成就与挑战［J］. 吉林大学社会科学学报，2010，50（5）：140－146.

易、与贸易相关的知识产权、与贸易有关的投资措施等方面。第三，考虑到国家之间的发展差异，WTO 为发展中国家设置了单方面的优惠安排，这为发展中国家的经济与贸易发展提供了缓冲期，中国便从此中受益良多。第四，WTO 致力于促进各国降低关税壁垒，使得成员国关税不断下降甚至是实行零关税，这为世界提供安全、稳定和可以预期的贸易政策环境，极大地促进了自由贸易的发展。

客观来说，GATT 以及其继任者 WTO 倡导自由贸易，所建立的以规则为基础的全球贸易治理体系约束了以邻为壑的行为，解决了集体协调的问题，不但促进了发达国家经济与贸易的发展，也使发展中国家获益匪浅。但任何的全球经济治理机制在全球宏观经济环境发生变化时都需要作出相应的调整，WTO 也不能够例外。全球性金融危机是全球贸易的重要分水岭，2009 年世界进出口总额增速出现了令人担忧的"贸易塌陷"，WTO 多哈回合谈判的停滞使主要贸易国家失去耐心，转而开始寻求只有少数国家参与的双边或区域贸易机制，WTO 在全球以及区域贸易中的地位被架空。① 国际贸易与世界经济迟迟得不到恢复，WTO 的改革不能够顺利推进，WTO 的设计缺陷在金融危机之后逐渐暴露出来，主要表现在以下几个方面。

首先，"协商一致"原则使得 WTO 效率低下。"协商一致"的平等原则固然体现了 WTO 尊重每一个成员国的意愿，但同时也意味着任何一个成员都可以否决 WTO 的重要决策，意味着 WTO 的决议只要有一个国家不同意就不能够通过。这导致了以下结果：一是 WTO 的任何决策都需要经过成员国之间反复的磋商，耗时耗力且很难达成各方都满意的结果；二是 WTO 在全球贸易的重大决策和规则修订等方面几乎毫无建树；三是较长时期以来，WTO 的决策在实际操作中较常运用美、欧、日、加四个发达成员构成的"四极体制"，也称"绿屋谈判"，或"休息室谈判"模式，受少数发达国家操纵。换而言之，WTO 的重要决策由少数发达国家先行磋商、再运用发达国家的影响力强制其他国家接受，这种模式在金融危机之后随发达国家经济实力的相对削弱而失去效率。

其次，缺乏执行权使得 WTO 执行力不足。与 IMF 和世界银行等拥有较大执行权的国际组织不同的是，WTO 是一个典型的"成员方主导型"的国际组织，WTO 的决议则由全体成员共同主导，WTO 的总干事与秘书处充当组织的"协调人"与"发言人"，是被动执行的角色，权利非常有限。换而

---

① 理查德·巴德温，杨盼盼. WTO 2.0：思考全球贸易治理［J］. 国际经济评论，2013（2）：156 - 158.

言之，WTO 并无执行权但有仲裁权，可被看成是一个"半仲裁"机构。由于不能对成员国进行有效制约，当前 WTO 的争端解决机制名存实亡，美国贸易代表办公室甚至于 2017 年 3 月发布的《2017 年贸易政策议程报告》指出，美国将不直接受制于 WTO 的裁决。[①] 这便意味着即使美国在 WTO 争端解决机制中败诉，也会遵循国内立法之上规则，而不会因此改变美国的经济政策。

第二节　国际贸易与全球贸易治理面临的新情况

全球性金融危机暴露了全球贸易治理体系的缺陷，新冠肺炎疫情的冲击使国际贸易一度陷入停滞，全球贸易争端不断、贸易保护主义抬头，单边主义大行其道。如果不及时对全球贸易治理体系进行有效的改革，来之不易的多边贸易规则将不复存在，第二次世界大战之后建立起的多边贸易体制或将面临全面崩溃。中国加入 WTO 的 20 多年，浓缩了发达国家百年的发展历程，经济实力得到极大增强，当前中国面临着推动 WTO 改革受阻的困境和与美国的贸易摩擦，经济发展的国际循环受到制约。中国应该为维护全球多边贸易规则体系贡献力量，首先需要对近十多年来国际贸易及全球贸易治理面临的新情况与新问题进行充分了解。

一、主要贸易国家地位发生变化

美国在世界贸易中长期处于核心国的地位，金融危机对美国的经济造成了重要影响，动摇了美国的核心地位。2012 年之前，美国的货物贸易总额占全球货物贸易总额的比重一直排名世界第一；从 2012 年开始至今，世界第一的位置被中国取代，美国排名降至世界第二。表 3-1 显示出 1978—2019 年世界主要经济体的货物贸易总额占全球货物贸易总额的比重。

由表 3-1 可以看出，1978—2019 年，国际贸易核心参与国的排序发生了多次变化，中国在其中的表现最为突出。中国在改革开放前的 1978 年，货物贸易总额仅占全球货物贸易总额的 0.79%，与排名第一的美国 12.45% 的份额相差甚远。同年，德国的货物贸易总额占全球货物贸易总额的

① 王乔，卢鑫."十九大"全球治理观影响下的中国国际贸易治理机制变革 [J]. 理论探讨，2018（1）：92-98.

9.91%，排名第二；日本的货物贸易总额占全球货物贸易总额的6.68%，排名第三。美国、德国、日本是全球前三位的贸易国，主要国家在全球的贸易地位一直持续到2004年才发生改变。

表3-1　　1978—2019年各国货物贸易总额占全球货物贸易总额的比重　　单位：%

年份	中国	美国	德国	日本	年份	中国	美国	德国	日本
1978	0.79	12.45	9.91	6.68	1999	3.10	15.07	8.74	6.25
1979	0.87	12.19	9.89	6.33	2000	3.62	15.58	8.01	6.55
1980	0.92	11.73	9.26	6.61	2001	4.04	15.14	8.39	5.97
1981	1.08	12.54	8.32	7.21	2002	4.72	14.39	8.41	5.73
1982	1.09	12.31	8.66	7.05	2003	5.54	13.20	8.83	5.56
1983	1.17	12.72	8.62	7.32	2004	6.18	12.52	8.70	5.46
1984	1.35	14.36	8.18	7.70	2005	6.68	12.37	8.21	5.22
1985	1.75	14.40	8.63	7.75	2006	7.19	12.02	8.22	5.00
1986	1.70	14.02	9.99	7.78	2007	7.69	11.20	8.40	4.72
1987	1.62	13.31	10.25	7.50	2008	7.85	10.58	8.05	4.73
1988	1.76	13.40	9.83	7.75	2009	8.73	10.53	8.10	4.48
1989	1.77	13.59	9.69	7.67	2010	9.67	10.56	7.53	4.76
1990	1.63	12.84	10.96	7.38	2011	9.90	10.19	7.42	4.56
1991	1.90	13.03	11.10	7.73	2012	10.40	10.44	6.88	4.53
1992	2.16	13.05	10.92	7.46	2013	10.96	10.30	6.92	4.08
1993	2.55	13.89	9.40	7.85	2014	11.30	10.60	7.10	3.95
1994	2.70	13.72	9.23	7.68	2015	11.88	11.47	7.14	3.83
1995	2.69	12.97	9.45	7.45	2016	11.43	11.48	7.41	3.89
1996	2.65	13.21	8.98	6.94	2017	11.50	11.07	7.31	3.84
1997	2.87	14.02	8.46	6.70	2018	11.76	10.89	7.24	3.78
1998	2.90	14.54	9.08	5.98	2019	11.99	11.02	7.13	3.73

资料来源：根据Wind数据库的数据整理计算。

2004年全球核心贸易国家的排序发生了较大的变化：这一年是中国加入WTO的第3年，中国超越日本成为世界第三大贸易国。2004年，美国的货物贸易总额占全球货物贸易总额的12.52%，排名第一；德国的货物贸易总额占全球货物贸易总额的 8.70%，排名第二；中国的货物贸易总额占全球货物贸易总额的 6.18%，排名第三；日本的货物贸易总额占全球货物贸易总额的 5.46%，排名第四。美国、德国、中国成为全球前三位的贸易国，贸易国家的地位排序持续到 2009 年发生了改变。

2009 年全球核心贸易国的排序再一次发生了变化：尽管全球性金融危机对世界经济造成了打击，但中国的货物贸易总额占全球货物贸易总额的比重却不降反升，中国超越德国成为世界第二大贸易国。2009 年，美国的货物贸易总额占全球货物贸易总额的 10.53%，排名第一；中国的货物贸易总额占全球货物贸易总额的 8.73%，排名第二；德国的货物贸易总额占全球货物贸易总额的 8.10%，排名第三；日本的货物贸易总额占全球货物贸易总额的 4.48%，排名第四。美国、中国、德国成为全球前三位的贸易国，这种排序一直持续至 2013 年。

2013 年全球核心贸易国的排序又一次发生了改变：中国超越美国成为货物贸易第一大国，也是世界第一大贸易国，中国撼动了美国几十年来一直保持的贸易核心国的地位。2013 年，中国的货物贸易总额占全球货物贸易总额的 10.96%，排名第一；美国的货物贸易总额占全球货物贸易总额的 10.30%，排名第二；德国的货物贸易总额占全球货物贸易总额的 6.92%，排名第三；日本的货物贸易总额占全球货物贸易总额的 4.08%，排名第四。中国、美国、德国成为全球前三位的贸易国，这种排序保持至今。

很明显，中国的快速发展打破了美国的核心贸易国地位，不仅如此，中国、美国与德国"三足鼎立"的新局面正在形成，国际贸易体现出区块性特征，即北美价值链、欧洲价值链与亚洲价值链并存。[①] 因此，从全球贸易治理的视角来看，随着全球核心贸易国排序发生的变化，第二次世界大战之后形成的以美国为主导的全球贸易治理体系应顺势发生改变，中国与日本所代表的亚洲、德国所代表的欧洲都应该在全球贸易治理中有所作为。就中国来说，将通过"一带一路"建设推动沿线区域的贸易畅通，这是中国参与全球贸易治理的路径。

二、世界贸易组织改革受到阻碍

近十多年来，各国的利益分歧益发难以协调使贸易摩擦频发，贸易保护

---

① 鞠建东. 贸易新常态下的全球经济治理新框架和中国对外开放战略研究 [J]. 南京财经大学学报，2017（2）：1 – 7.

主义大行其道。大国之间不能够较好地协调利益关系是多边贸易体制改革无法推进的重要原因。由于美国经济的长期停滞，使其无法在维护多边贸易规则方面尽最大努力。相反，美国特朗普政府秉承"美国优先"的单边规则，将其自身大量的贸易逆差归咎于其他国家，展开了对包括中国在内的其他国家的系列贸易制裁。例如，特朗普政府继 2017 年启动"特殊 301"对中国进行调查之后，又于 2018 年 7 月正式对中国的出口商品征收 25% 的惩罚性关税，随后中美两国之间的贸易摩擦不断升级，由此所引起的中美经贸关系的改变在第二次世界大战之后的全球贸易发展史上可谓史无前例。加之美国与中国是当今世界经济体量最大、贸易占比最高的国家，两大国之间频繁产生经贸冲突，将为全球贸易治理体系的改革带来较大的障碍。

事实上，美国的对外制裁不仅限于中国，对世界其他国家来说也是如此。2018 年 5 月 8 日，特朗普政府宣布推出伊朗核协议，恢复对伊朗以及对伊朗贸易伙伴的制裁，宣称对与伊朗做生意的欧洲企业给予 6 个月的期限使其结束业务，并不允许与伊朗签订新合约。同年 5 月 31 日，美国便宣布对欧盟、加拿大与墨西哥征收 25% 的钢铁关税以及 10% 的铝关税。2019 年 4 月，美国贸易代表办公室公布了包括大型商用飞机及零部件、乳制品、葡萄酒等在内的欧盟产品征税清单；同年 7 月，美国贸易代表办公室又公布了一份欧盟商品清单，价值 40 亿美元，并威胁将对这些商品加征关税；同年 9 月，世界贸易组织批准美国对价值 80 美元的欧盟商品加征关税。除中美、美欧外，美国对加拿大、墨西哥、日本、韩国也都实施了关税施压，甚至日韩等经济体之间的贸易摩擦也对全球贸易的发展造成了负面影响，贸易保护主义必将带来以邻为壑的效仿，使全球贸易治理变得更加艰难。

正是在上述情况下，世界贸易组织的存在感趋于弱化，在全球贸易治理方面的重要性已被淡化，正经历着前所未有的生存挑战。尽管主要经济体对于如何改革 WTO 的分歧仍然较大，但是都愿意维持世界贸易组织全球贸易治理的中心地位，对中国来说，WTO 这个开放平台包含大量发展水平不同的国家，既有利于中国实现全球贸易和投资利益，又有利于我国在发达国家和发展中国家之间实现平衡。[①] 即使是美国的特朗普政府也仅是降低了对世界贸易组织的支持力度，威胁"WTO 若不改革，美国或退出"，并未采取实质性的"退群"行动。新冠肺炎疫情的冲击使国际协调变得更为必要，世

---

① 屠新泉. 我国应坚定支持多边贸易体制、积极推进全球贸易治理 [J]. 国际贸易问题, 2018（2）: 15 – 19.

界贸易组织应当与时俱进,对世界贸易组织现行体制及规则体系进行改革刻不容缓。事实上,对世贸组织进行改革的呼声早已存在,21 世纪以来成员国家进行了以下努力。

第一,WTO 的多哈回合谈判。自 2001 年 11 月多哈回合谈判启动以来,对 WTO 进行的改革便屡遭挫折,固然与多哈回合谈判议题的敏感性以及技术上采用一揽子的谈判方式大有关联,更与发达国家之间、发展中国家之间以及发达国家与发展中国家之间的利益诉求并不一致直接相关。成员国之间的分歧主要体现在争端解决机制和界定发展身份两个方面:在争端解决机制方面,美国认为应当进行颠覆式改革,而其他成员国认为应在维持正常运转的前提下,对其进行渐进式改革;在界定发展身份方面,美国认为许多新兴经济体都应被认定为发达国家,而大多数发展中国家并不认可美国的建议。这些巨大的分歧,使 WTO 的改革之路变得益发艰难,美国主动宣布多哈回合谈判的失败,当改革无法取得成效,成员国对 WTO 的信心也会受到打击。

第二,WTO 的 2019 年改革。以 2017 年 8 月美国对中国开展"301 调查"为标志,中美之间甚至各大国之间的贸易摩擦不断升级,经济全球化进程遭遇更大挑战;2018 年世界各国对 WTO 进行改革的必要性达成共识,2018 年成为对 WTO 进行改革的破冰之年;2019 年各国围绕若干议题具体开展谈判,对多边贸易规则的改革艰难启程。但是从各国对 WTO 改革的具体主张来看,国家间的分歧仍然较大,美、日、欧三方组成的"三边进程"的改革设想与中国表达的主张几乎毫无交集,种种情况均表明,推动多边贸易体制改革任重而道远。WTO 的争端解决机制因美国的反对而被迫于 2019 年 12 月"停摆",这对世界各国而言都将是巨大的损失,即便对美国也未见得是好消息。

美、日、欧与中国对 WTO 改革的主张,并不相同。美国对 WTO 改革提出了颠覆式的方案:一是主张废除"最惠国待遇";二是要求实施"对等贸易",即各国与美国实施相同的关税;三是否认 WTO 争端解决机制的权威性;四是建议取消部分成员的发展中国家地位,建议取消其"特殊与差别待遇"。欧盟期望国际贸易规则要与时俱进,主张强化 WTO 的贸易监管权力,主张对 WTO 争端解决机制进行改革。日本的主张与欧盟较为接近,但是反对对于知识产权的超高保护,希望在劳工保护、环境保护、国企竞争中立等问题上保持相对的灵活性和开放性。中国则主张不改变 WTO 最惠国待遇、国民待遇、透明度、关税约束、特殊与差别待遇等基本原则;主张尊重成员国的各自发展模式,尊重发展中国家的合理诉求。① 值得一提的是,尽管主要国家分歧较大,但是在电子商务的规则谈判中却取得了突破性的进展,电子商务规则磋商谈判的顺利开展成为 2019 年 WTO 改革的亮点。②

三、区域自由贸易协定大量涌现

国家间的分歧使多边贸易谈判取得一致性的共识变得困难。当前的WTO 成员中,无论是美国还是七国集团都已没有绝对的话语权,而美国也不会自动让出主导权;新兴经济体的经济实力虽然有所上升,但是只希望在多边规则体系中提升话语权,并不具备主导全球贸易治理的实力。在这种僵局下,以美国为代表的发达国家率先开始签署区域贸易协定,通过制定"超 WTO 协定"(WTO – plus Agreement)来重塑国际贸易新标准,绕开WTO 多边规则体系的制约,为协议签署国提供更加自由的贸易空间。由于美国的带动和示范作用,近十多年来,游离于多边贸易体制之外的区域性的自由贸易协定大量涌现,已经成为当前全球贸易治理的主流形式。③ 2001 年之前,全球范围内区域贸易协定的数量是 83 个;2001—2019 年,区域贸易协定增加 220 个。④ 这其中,不仅有发达国家主导的区域贸易协定,也包括发展中国家主导的区域贸易协定。

其一,发达经济体主导的区域贸易协定。美国奥巴马执政时期便试图通过 TPP 与 TTIP 来重新构建更高水平的贸易与投资规则,还主导了涵盖全球主要发达经济体的《服务贸易协定》(Trade in Services Agreement,TISA)谈判在服务贸易领域开辟新通道。特朗普执政后虽然并未跟进 TPP 与 TTIP 两项协议,但其主导的美墨加自贸协定 USMCA、美欧自贸协定谈判(亦称"三零"谈判)以及欧加自贸协定、欧日自贸协定,主要在发达国家之间进行,包容性相对有限。例如,2017 年美国重启的北美自由贸易区谈判,目标在于减少美国对加拿大、墨西哥的贸易逆差,其实质是把美国规则应用其中来提升美国在国际贸易中的竞争力,这与美国奥巴马政府构建 TPP 的本

---

① 黄建忠 . WTO 改革之争——中国的原则立场与对策思路 [J]. 上海对外经贸大学学报,201,26(2):5 – 12.
② 卢锋,李双双 . 多边贸易体制应变求新:WTO 改革新进展 [J]. 学术研究,2020(5):78 – 87.
③ 屠新泉 ."入世"15 年:中国在全球贸易治理中的角色变迁 [J]. 国际商务研究,2016,37(6):34 – 44.
④ 苏庆义 . 世贸组织面临三大挑战 [EB/OL].(2020 – 05 – 23)[2021 – 03 – 15]. https://mp. weixin. qq. com/s/82TvuCdjcdEnvYIgo3RnxA.

意并无二致。① 可以看出,尽管美国两届政府的政策措施并不相同,但都表现出美国政府打算重新构建以美国为核心的更高标准的全球贸易治理体系的意图。这种重建规则的举措为美国提供了更大的自由度,只是美国希望重建的全球贸易规则体系是将包括中国在内的广大发展中国家排除在外的,不利于经济全球化的进一步发展。

其二,发展中国家主导的区域贸易协定。发达国家制定的排他性的区域贸易协定将发展中国家排除在外,2012 年 11 月发展中国家主导的 RCEP 谈判的启动被视为是对美国主导的 TPP 的"宣战"。② RCEP 由东盟十国发起,邀请中国、日本、韩国、澳大利亚、新西兰与印度共同参加,期望通过削减关税及非关税壁垒,建立起 16 国的统一市场。RCEP 自 2012 年提出以来,在一些基于规则的章节取得了突破性的进展,被认为是在 WTO 规则基础上的更高水平的区域合作协议。2019 年 11 月 4 日第三次 RCEP 领导人会议的会议声明称 RCEP 的 15 个成员国已经结束谈判并启动了法律文本审核,期望能够在 2020 年签署协定,但"印度有重要问题尚未得到解决"。③ RCEP 协议声明发布中印度的缺位,表明即使是区域合作协议,由于各国的利益诉求并不一致,达成多边贸易协定也很艰难。2020 年 11 月 15 日,东盟十国、中国、日本、韩国、澳大利亚、新西兰共 15 个亚太国家正式签署《区域全面经济伙伴关系协定》,2022 年 1 月 1 日,RECP 正式生效。

不可否认,区域层面的贸易规则安排,也是全球贸易治理的一个方面,在某种程度上来说,区域层面的贸易安排有利于经济实力和利益更加接近的国家维护自身的竞争力与实现自身的发展需求。但是,如果区域贸易协定成立过多,并且不受多边贸易机制的监管,WTO 这个全球贸易治理的多边机制将被彻底绕开,经济全球化的进程将受到更大的干扰,各自为政的区域贸易机制将使全球贸易治理体系陷入彻底的碎片化治理。各种标准和认证体系的建立,相互间并不统一,难以对接认可,给国际贸易增加了不必要的制度成本与协调成本,如果不加治理将阻碍贸易自由化的发展,此时,建立起能够被普遍接受的全球贸易新规则变得非常必要和紧迫,对 WTO 进行改革是行之有效的渠道。在改革中应当注意,当前的全球贸易规则体系仍然是以最终产品为主要对象的,不能够兼容全球价值链贸易,没有涵盖数字贸易等新

① 徐明棋. 北美自贸区重新谈判前景不明 [N]. 文汇报,2017 – 09 – 02 (004).
② 陈淑梅,全毅. TPP、RCEP 谈判与亚太经济一体化进程 [J]. 亚太经济,2013 (2):3 – 9.
③ 商务部新闻办公室.《区域全面经济伙伴关系协定》(RCEP) 第三次领导人会议联合声明 [EB/OL]. (2019 – 11 – 05) [2021 – 03 – 15]. http://fta.mofcom.gov.cn/article/rcep/rcepnews/201911/ 41745_1.html.

兴领域，旧的规则需要修订甚至删除，新的规则亟须制定。

第三节　共建"一带一路"对全球贸易治理的意义

2021 年是中国加入 WTO 的第 20 年，也是共建"一带一路"的第 8 年，中国正在从多边贸易规则的学习者成长为多边贸易规则的建设者。以规则为基础的多边贸易体制是经济全球化与贸易自由化的基石，中国作为世界上最大的发展中国家和世界上最大的贸易国家，在全球贸易治理体系中的地位已经发生了历史性的变化。① 新冠肺炎疫情加深了部分国家逆全球化的情绪，WTO 将如何改革、全球贸易治理将何去何从都充满了较大的不确定性，世界需要引领全球贸易治理体系民主化改革的新的力量。"一带一路"是中国参与全球经济治理的方案，"一带一路"这个致力于促进区域贸易自由化的安排将成为全球多边贸易规则体系的重要补充，将在推进全球贸易治理改革方面发挥重要作用。要了解中国倡导的"一带一路"建设对全球贸易治理的意义，便需要首先了解中国参与全球贸易治理的若干阶段。

一、中国参与全球贸易治理的两个阶段

中国参与全球贸易治理的阶段以 2001 年 12 月中国加入 WTO 为界，被划分为两个大的阶段。加入 WTO 之前，中国游离于世界市场之外，年均贸易额不超过全球总贸易额的 2%，既然与世界接触不多，对全球贸易多边规则体系的构建就无从谈起。加入 WTO 之后，中国与世界市场深度接触，经济得到了腾飞，对多边贸易规则认真研读，逐渐从学习者转变为建设者。图 3 - 2 显示了 1950—2019 年中国货物进出口总额占世界货物进出口总额的比例，从中可以明显看出阶段性变化。

（一）加入 WTO 之前：新中国成立至 2001 年

新中国成立以来，受多方因素的影响，中国与世界的贸易往来较为有限，贸易伙伴主要是社会主义阵营的国家，在 1950—1980 年漫长的 30 年中，中国进出口总额占世界进出口总额的比例没有超过 2%，最高为 1959 年

---

① 裴长洪，倪江飞. 坚持与改革全球多边贸易体制的历史使命——写在中国加入 WTO 20 年之际 [J]. 改革，2020 (11)：5 - 22.

的 1.82%，最低为 1977 年的 0.64%。极低的对外贸易参与度使中国长期游离于全球贸易体系之外，更谈不上在全球贸易规则体系中拥有话语权。20 世纪八九十年代中国改革开放逐步推进，进出口总额占比稳步提升，由 1981 年的 1.08% 平稳过渡到 2001 年的 4.02%。此时的中国开始与世界经济以及既有的全球贸易规则接轨，享受了对外开放带来的收益，中国在这一阶段积极地参与复关谈判。

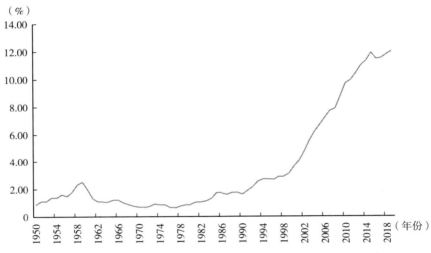

图 3 - 2　中国进出口总额占世界进出口总额比例（1950—2019 年）

资料来源：根据 Wind 数据库的数据整理计算所得。

（二）加入 WTO 之后：2001 年之后

自 2001 年中国加入 WTO 之后，进出口总额占比飞速提升，发生了质的改变。自中国加入 WTO 之日起，才彻底融入了世界经济与全球贸易体系。中国加入 WTO 获得了全球化带来的巨大收益是毋庸置疑的，主要由以下几方面得到体现：一是倒逼了国内的经济体制改革，使中国国内的规则制度全面与国际接轨，在制度上瞄准国际先进营商环境以此构建更加开放的经济体制；二是通过贸易使中国充分发挥了劳动力、土地等要素相对充裕的比较优势，使中国巨大的国内市场得到充分利用从而获得了规模经济效应，提高了中国产品在国际上的竞争力；三是中国的产业结构得到优化，中国的初级产品出口比重下降，工业制成品出口比重上升，在工业制成品中，中高技术工业制成品出口比重上升；四是中国以发展中国家的身份享受了最惠国待遇，通过对外贸易获得了大量外汇资金的积累，这对于中国购买先进技术，增强综合国力是十分重要的。中国加入 WTO 后在 2013 年超越美国成为世界第一大贸易国，此后一直位居世界第一。

国际贸易的发生是基于各国的相对比较优势而产生的，是多方共赢而不是零和游戏。尽管近年来美国对中国发起了多次贸易制裁，认为中国对美国的大规模贸易顺差损害了美国的利益。但事实上，中国既是多边贸易规则体系的受益者，也是贡献者。主要体现在以下方面：第一，中国为世界提供了大量高性价比的中国制造业产品，世界各国的消费者享受了超过本国产出水平能够提供的较高福利，即使中国与其他国家的贸易存在较大的差额，也不能够改变这样的基本事实。第二，中国为世界提供了巨大的供给和需求市场，能够使自身和其他国家获得规模经济效应。第三，中国电子商务起步晚，但是发展迅速，当前市场规模稳居全球第一，中国在跨境电子商务领域和数字化服务贸易领域的快速发展，极大地推动了全球贸易转型。

中国加入 WTO 的意义不仅在于获得经济收益，还在于以此获得资格参与全球贸易规则的制定。由于中国加入 WTO 之初的经济实力相对较弱、经验相对缺乏，中国将自己的角色定位为富有建设性的参与者，在国际经贸谈判中表现得相对被动与弱势，在推进 WTO 改革以及改善全球贸易治理体系方面的影响力较为有限。随着中国对世界经济的深度融入，中国的经济实力增强、贸易体量增大，在全球贸易治理体系中逐步有了位置和话语权。自2001 年中国加入 WTO 以来多次向 WTO 提交提案，还分别于 2005 年在大连、2019 年在上海举办了两次 WTO 小型部长会议：大连会议表明中国正以积极的态度加入全球经济治理的规则体系中，上海会议表明了中国支持以规则为基础的多边贸易体制的态度。中国自加入 WTO 之后便一直强调发展的重要性，较多地为发展中国家争取政策优惠，愿意履行与发展中国家身份相应的责任。中国正从全球贸易治理规则的遵循者和学习者向建设者转变，这些转变是与中国经济发展的阶段性实际情况相符合的。

二、共建"一带一路"对全球贸易治理的意义

经济全球化与国际贸易的发展造福了世界各国，发达国家只看到金融危机后国内的经济衰落，以及自身的贸易逆差，却忽视了其高科技产业的活力与在金融服务业等高附加值行业的获利，这是片面的。美国依据自身的贸易

逆差和中国的贸易顺差便认为中国损害了美国的利益，也是片面的。事实上，即使在 2017 年中美贸易争端爆发前，中国对外的贸易顺差就已明显减少。不仅如此，中国对欧盟、东盟等其他主要经济体的货物贸易顺差都在大幅减少。中国对特定的国家甚至是逆差的状态：2018 年中国对日本逆差 335 亿美元、对韩国逆差 959 亿美元。根据经济学原理，绝大多数情况下，贸易的顺差与逆差主要是由于产业的结构与经济的互补性质决定的，取决于在高度全球化的供应链中的需求，只要一个国家的产业不存在严重失衡、贸易政策不出现根本性的扭曲，贸易的短期失衡并不会造成利益损失。

尽管如此，全球贸易治理的传统主导者美国在面对世界经济衰退时，并未维护和重塑既有的全球贸易治理体系，而是把自由主义与保守主义结合起来，试图通过 TPP、TTIP、TISA 等带有"小团体"色彩的排他性协议在国际层面构建更高标准的全球贸易与投资规则，使美国在具有相对比较优势的服务业与高端制造业方面获得更多的利益。奥巴马政府的"亚太再平衡"与 TPP，如果成功实施，将切断中国已经深度加入的亚太产业链，抑制中国经济的发展。TTIP 则将欧洲市场与美国市场进行捆绑，如果更加严格的美国标准被接纳成为国际标准，以中国为代表的新兴经济体和广大发展中国家今后将很难拥有生存空间。尽管特朗普政府并未延续奥巴马政府的政策，但其仅考虑到美国传统产业的衰落以及国内就业的减少，对中国发起更为直接的贸易摩擦。尽管美国奥巴马政府与特朗普政府的贸易政策并不相同，但却有一个相同的逻辑，即不再维护既有 WTO 所倡导的多边自由贸易体系。

客观来看，美国并不是要放弃对全球贸易治理的主导权，而是期望构建更加符合西方价值观和有利于西方发达国家的贸易治理体系。但是世界并不仅是由发达国家构成，以中国为代表的新兴市场国家正在持续崛起，其他发展中国家也有自身的利益诉求，落后国家也需要分享经济全球化的红利。如果世界各国不在全球贸易的规则体系方面求同存异并达成共识，而是选择各行其是，将对全球多边贸易规则体系造成毁灭性的打击。经济全球化已经深入人心，世界各国都不可能绕开彼此独自发展，越有分歧便越要对话沟通，共同努力才能共同应对危机。中国可以成为推进全球贸易治理的关键主体，中国于 2013 年提出了"一带一路"倡议来推进更高水平的对外开放，对于全球贸易治理而言具有以下意义。

第一，可以为国际贸易的开展提供市场。尽管经济全球化的发展进程受到阻碍，国际贸易的发展受到制约，但是从长期来看，共建"一带一路"

仍然能够使中国和沿线国家拥有更大市场、发挥规模经济效应，从"一带一路""有限的全球化"中获益。一是中国是世界第一制造业大国，工业品的出口除进入发达国家市场外，还可以进入"一带一路"沿线众多发展中国家的市场；二是中国的产业链完整，发达国家"再工业化"撤离的市场空间可以由发展中国家迅速占领，还可以顺势向产业链中高附加值的环节攀升；三是中国的国内市场广阔，可以为"一带一路"沿线的发展中国家提供巨大的需求市场，帮助其融入"一带一路"区域价值链甚至是全球价值链，提升产品的国际竞争能力。

第二，可以为发展中国家争取发展空间。发达国家主导的区域自由贸易协定能够解决其自身发展所需，因而不能够否认其存在的合理性；另外，发达国家主导的区域自由贸易协定门槛过高，大量发展中国家被排除在外，发展中国家的生存空间受到挤压。"一带一路"沿线有大量的自由贸易协定存在，虽然较为分散，差异性也大，却是兼顾到沿线国家的实际情况和切身利益的，是适应沿线国家发展阶段的自由贸易协定。共建"一带一路"有利于促进这些碎片化的自由贸易协定的整合，如果整合成功，将在"一带一路"沿线形成事实上的多边贸易治理规则体系。"一带一路"的贸易规则体系能够为发展中国家提供发展空间，虽然是"有限的全球化"的多边一致的治理机制，应该能够成为全球多边贸易治理机制的有效补充，将为全球贸易治理重返 WTO 多边机制积聚力量。

第三，可以带领发展中国家对接高标准。中国既是新兴工业化国家，与发达国家有共同的贸易自由化的利益；又是最大的发展中国家，与广大发展中国家的利益休戚相关。[①] 特殊的双重身份使中国可以成为南北沟通的桥梁，成为全球贸易治理体系改革过程中，各方利益的维护者和协调者。"一带一路"沿线国家大多是发展中国家，但也包含有新加坡这样的发达国家，"一带一路"也欢迎包括美国在内的发达国家共同参与。中国了解发展中国家的利益诉求，也了解发达国家的贸易高标准并正在逐步靠近，未来中国自身如果能够和主要发达国家签署自由贸易协定（Free Trade Agreement，FTA），意味着世界最大的发展中国家和世界主要的发达国家在贸易规则方面能够达成共识，这种经验有助于中国为发展中国家与发达国家提供对话的渠道，有助于带领发展中国家对接更高的标准，将会对全球贸易治理产生更大的意义。

---

① Gao H. China's participation in WTO negotiations [J]. *China Perspectives*，2012（1）：59–65.

第四节 "一带一路"是中国参与
全球贸易治理的方案

在全球化的视角下，贸易对于世界各国来说都是非常重要的，对中国来说也不例外。改革开放短短 40 年，中国从贸易弱国一跃成为世界第一大货物贸易国，不仅自身得到了发展，也使世界从中获益：中国的出口为全球提供了大量高性价比的中国产品，中国的进口又为全球产品提供了庞大的中国市场。中国对国际贸易的参与推动了中国以及世界的经济发展，中国对于全球贸易治理的参与也应随之跟进。为适应国际贸易与全球贸易治理出现的新情况，中国应紧密保持与世界的联系，开放再开放，以"一带一路"建设为着眼点和平台，在对外经贸合作中推动包容性贸易规则，提高全球贸易治理水平。

一、维护全球多边贸易体系，在"一带一路"建设中推动发展中国家与发达国家的贸易标准对接

近十多年来全球多边贸易体系之所以举步维艰，主要是由于以下原因：一是接二连三的外部冲击暴露出全球贸易治理体系的脆弱性。无论是 2008 年的全球性金融危机还是 2020 年的新冠肺炎疫情，都是世界经济发展过程中的"黑天鹅"事件，让全球贸易治理体系措手不及。二是全球贸易治理的传统主导者美国的经济实力相对衰落，2020 年因总统选举而爆发的宪政危机的影响一直持续至今，对全球贸易规则体系缺乏领导力。三是对大多数国家来说，当国家利益与国际利益发生冲突时，总是会优先考虑国家利益，当各方分歧过大时，多边贸易规则便无法制定。如果迟迟不能够推动全球多边贸易规则体系的改革，以邻为壑的现象将得不到制约，贸易保护主义将会持续。"一带一路"倡议在此背景中提出并推进，将促进各国的对话，推动多边贸易体系重塑。

（一）以美国为代表的发达国家的贸易政策思路

全球贸易治理体系的形成是由大国主导的，美国在其中占据主导地位，不可否认，美国主导的全球贸易治理体系为促进贸易自由化作出了巨大贡献，在其治理之下全球关税水平处于历史低位，国际贸易得到极大发展。由

于美国的巨大影响力，其在全球贸易治理体系中也享受着某种特权，可以由以下方面得到体现。一是美国总是能够将国内法规和其与其他国家签订的双边贸易协定的规则嵌入多边贸易规则中：1935 年美国与比利时、1943 年美国与墨西哥达成的互惠贸易协议，被应用至关贸总协定条款第 19 条的保障措施条款中。二是美国总是能够将其关注的议题纳入多边贸易体系中：1897 年美国的反补贴法与 1916 年美国的反倾销法，被应用至关贸总协定第 6 条的反倾销与反补贴条款中。三是在国内法与国际法出现冲突时，美国总是能够通过国内立法来超越任何协议：在与其他国家发生贸易冲突时，美国会使用 "301 条款" 等对贸易伙伴进行制裁。

因此不禁要问，既然美国在全球贸易治理体系中占据主导地位，并且享受着特权地位，为何近十年来美国却放弃了对多边贸易规则的主导，从多边贸易机制中撤出转而将政策意图在双边和区域自由贸易协定中加以贯彻呢？本书将给出以下解读。

其一，发达国家需要制定 "三零" （即零关税、零壁垒、零补贴）体系，发展中国家无法跟上。全球价值链的飞速发展使世界更加紧密相联，但也对全球贸易规则体系带来了巨大挑战，考虑到税收激励、补贴、关税以及当地成分要求等传统的贸易政策都可能造成生产模式的扭曲，美国建立的 "三零" 自由贸易体系。只是 "三零" 原则的受益范围比较有限，只适用于工业国之间进行中间品贸易，同样的规则并不适用于非洲、拉丁美洲等以农业为主的国家，也不适用于中国这样的发展中国家。因此，"三零" 原则仅在少数发达国家内部适用，在 WTO 范围内全面使用 "三零" 原则是非常困难的。

其二，发达国家需要规范服务贸易领域，发展中国家无法跟上。当前发达国家在传统的货物贸易方面的相对比较优势已经逐步消失，竞争优势更多体现在附加值更高的服务贸易上。因此，发达国家期望对政府采购、动植物检疫检验、竞争中立、电子商务等成员国的政府行为进行规范，期望将技术性贸易壁垒、知识产权保护、环境保护以及劳工标准等监管成员国企业的规则纳入多边贸易规则体系中。而发展中国家的相对比较优势仍然集中于附加值较低的传统货物贸易领域，倾向于为发展货物贸易制定更为有利的政策环境。

其三，发达国家要求取消对发展中国家的优惠政策，发展中国家无法同意。在 WTO 贸易规则下，发展中国家享有比发达国家更加优惠的政策，这在世界经济整体向好时并无任何不妥，但当发达国家经济出现衰退而发展中国家经济仍然增速前进时，这种贸易政策的不对等便会引起矛盾。解决这个问题的通常方法是由全球贸易治理规则制定的领导者来主导多边谈判，但受制于 WTO 协商一致的原则，以及发展中国家话语权的提升，发达国家当前已经无法通过一己的主张来改变多边贸易规则，无法使有利于少数发达国家的贸易规则在 WTO 多边框架内获得一致的支持。

由于 WTO 框架内的改革无法按照自己的主张而推进，美国特朗普政府不仅加紧实施了"反补贴""反倾销"等常规性贸易救济调查进行贸易保护，还同步实施了"全球保障措施""301"条款以及试图对贸易竞争对手征收"互惠税"的非常规性的贸易保护措施。客观来看，以美国为代表的发达国家并非无意推动 WTO 改革，只是其期望 WTO 改革能够朝着"美国优先"的方向发展，这对广大发展中国家，甚至是对其盟国来说都是非常不利的。美国提出的关于推动 WTO 改革的主张，存在争议较多的主要集中于以下几个方面。

其一，关于 WTO 上诉机构（Appellate Body，AB）改革。美国对 WTO 上诉机构运行中的不完善借题发挥，指责上诉机构允许法官任期届满后仍然审理案件，指责上诉机构对成员国的国内法进行审查，指责上诉机构制定具有法律约束力的先例，指责上诉机构未经美国统一为成员国创设新义务。为实现其主张，美国于 2018 年 9 月阻挠 WTO 法官斯旺森的第二任期，导致 WTO 上诉机构仅剩 3 名法官；2019 年 12 月，WTO 法官巴提亚、法官格莱姆第二任任期期满，美国阻挠新法官任命，导致 WTO 上诉机构仅剩 1 名法官。① 中国和欧盟等成员国于 2019 年联合提出 WTO 上诉机构改革方案，美国动用一票否决权，最终使 WTO 上诉机构停摆。

其二，关于发展中国家的成员地位和"特殊与差别待遇"改革。为帮助发展中国家融入国际贸易体系，WTO 从 20 世纪 60 年代便开始给予发展中国家"特殊与差别待遇"。随着发展中国家经济实力的提升，对规则进行改革也成为必然。美国于 2019 年 2 月向 WTO 提出，取消四类国家发展中国家地位及特殊与差别待遇：一是 OECD 成员或将要加入 OECD 的国家；二是 G20 成员；三是被世界银行认定为高收入的国家；四是在全球进出口贸易占比达到 0.5% 及以上的国家。② 主张本身无可厚非，只是美国以单边手段施压的方式试图强推改革，并对部分国家进行孤立，使其主张面临较大争议。

---

① 宋瑞琛. 美国关于 WTO 改革的主张、措施及中国的策略选择 [J]. 国际贸易，2020（8）：48 – 55.
② 卢锋，李双双. 多边贸易体制应求变求新：WTO 改革新进展 [J]. 学术研究，2020（5）：78 – 87.

由于发展中国家群体性崛起，拥有了与发达国家对话的实力，全球多边贸易体系中成员国之间的博弈已从美欧之间的博弈，演化为发达国家与发展中国家之间的博弈，由于发达国家与发展中国家发展阶段的巨大差异，使得彼此的利益诉求相差过大，原本便难以达成一致的多边贸易规则如今更加难以达成一致。由于 WTO 的决策机制采取"一个成员国、一个投票权"的协商一致的方式，分歧无法调和必然导致协议的搁置，在客观上使美国从多边主义走向了区域主义甚至是贸易保护主义。美国制定了"21 世纪高标准"，不仅体现在其曾主导推进的 TPP 与 TTIP 等双边和区域自由贸易协定中，还体现在其正在推进的"美国—墨西哥—加拿大"USMCA 协定中。这些协定均设置了较高的标准，有针对中国及其他发展中国家的排他性条款，有违多边主义的精神，不利于经济全球化的推进。

（二）"一带一路"与中国的应对思路

中国与广大发展中国家一样，相对贸易竞争优势在于货物贸易领域，中国当前在知识产权保护、环境保护等方面还未做好准备，市场的开放程度较低，与发达国家的高标准还相距甚远，因此，中国和广大的发展中国家无法在多边贸易规则体系与发达国家达成一致。然而，如果美国制定的排他性的更高标准成为新的全球贸易规则，美国便在 WTO 之外、在事实上构建了全新的全球贸易规则体系，这便意味着美国不但没有丢掉全球贸易的领导者地位，还为其金融、法律、检测检验等具有竞争优势的服务产业在世界范围内的全面开展奠定了制度环境。受制于自身的发展水平与发展阶段，包括中国在内的单个的发展中国家既无法适应更高的贸易规则，又较难应对美国的贸易制裁，如果任由发展，将会被全新的贸易治理体系所抛弃。

历史的经验告诉我们，盲目对接发达国家的超高贸易标准并不理智，但是闭关锁国只能把自己隔绝于世界之外。各个国家的发展需要尊重自身的实际情况，中国的发展阶段与发达国家有很大的不同，经济上的任何成就被中国庞大的人口数量平均下来便不足夸耀，中国现阶段仍然是发展中国家。正是基于对自身情况的认知，中国在 2013 年从国内和国际两个方面推进了改革开放，即设立上海自由贸易试验区和提出"一带一路"倡议。上海自由贸易试验区的设立、扩区以及增设，是中国经济体制改革的新的试验，目的在于探索国际高标准在中国的适用性，在中国经济发展较好的区域进行政府职能转变、贸易服务、金融制度等多领域内的开放试验，试验成功并且经验成熟后再将成功经验复制、推广至中国的更广范围，渐进式地接轨国际更高标准。2020 年年底，中国已经形成了以 21 个自贸试验区与 1 个自由贸易港为高地的对外开放新格局。

2013 年中国提出的"一带一路"倡议，将延续并拓展古丝绸之路的贸易传统，与包括发达国家在内的更多国家探索新的合作模式。中国应该借助"一带一路"平台，充分运用世界第二大经济体和最大发展中国家的双重身份来维护来之不易的多边贸易规则体系，成为促进发展中国家与发达国家沟通的桥梁，努力消除分歧、推动双方标准的渐进接近，使多边贸易治理体系恢复生机，中国可以在以下方面有所作为。

第一，代表发展中国家在多边体系中争取权益，并带领发展中国家逐步向国际更高标准靠近。国际贸易不应仅是发达国家的贸易，也应有发展中国家的参与，实际上，世界各国的生产环节已经彼此嵌入，世界各国的利益休戚相关。在这种情况下，中国应当更多代表发展中国家向国际社会表达利益诉求，将更加公平合理的规则在与"一带一路"沿线国家的贸易往来中加以应用，并在 G20 等全球经济治理平台上为发展中国家发声维护发展中国家的权益，与新兴经济体抱团来对抗逆全球化和贸易保护主义趋势。值得一提的是，中国并不是要行使说"不"的权利，也不是要制定与发达国家推动的"更高标准"相对立的贸易规则，而是希望通过"一带一路"这个平台将发展中国家关注的议题与解决方案纳入多边贸易谈判体系，在实践中推进 WTO 多边贸易规则体系的改革。

尽管美国所倡导的高标准贸易规则当前并不适合发展中国家的实际需要，但是不可否认，其代表了全球贸易规则体系的未来发展方向。中国以及"一带一路"沿线的发展中国家不应盲目追求不适合自己发展阶段的更高标准，但中国自己要跟上先进国家的步伐，与国际更高标准对接并推动国内相关领域的改革，也要带领发展中国家逐步向国际更高标准靠近。随着发展中国家经贸环境的改善，中国能够适应的更高标准可以逐步应用至与发展中国家的自由贸易中。"一带一路"沿线国家与发达国家制定的高标准有较大的距离，中国应率先对发达国家提出的高标准进行实践。例如，提高服务贸易标准；举办国际进口博览会来宣誓中国维护自由贸易的决心；对贸易伙伴开放市场，让其享受产品进入中国巨大市场能够带来的收益，也可为未来中国进入贸易对象国市场奠定基础。更高的贸易标准终将是国际贸易的未来发展趋势，尽管中国与发展中国家当前出于全球价值链的中低端，但是在高科技、服务业等高附加值产业的竞争力也终将提升，因此需要将当前的挑战转化为机遇，尽早为未来更高层次的全球化做好准备。

第二，与沿线国家通力合作推进 WTO 改革，塑造符合未来发展方向的规则体系。客观来看，当前 WTO 中的贸易规则仅适用于传统的贸易形态，落后于国际贸易与经济全球化的发展要求，主要体现在以下方面：一是全球服务贸易发展迅速，而服务贸易自由化的进程却十分缓慢；二是随着数字技术、网络信息技术、物联网技术的兴起，数字贸易正在加速发展，成为全球贸易治理领域内的新课题。因此，对 WTO 多边规则体系进行改变使之与国际贸易的未来发展方向相适应十分必要。由于 WTO 框架内的 GATS 多边服务贸易规则改革缓慢，美国主导了 TISA 谈判来制定更高标准的服务贸易规则，与 GATS 不同的是，TISA 对非成员国实施歧视政策，具有较大的排他性。中国在与沿线国家共建"一带一路"的过程中，应当就金融服务贸易、跨境服务贸易、自然人流动等进行有利于推动服务贸易自由化的制度设计。

与服务贸易相比，数字贸易对全球贸易治理带来的挑战则更加严峻。这主要是因为数字贸易兼具货物贸易和服务贸易的特点，而当前的多边贸易治理体系是将货物贸易和服务贸易加以区分的，这便意味着数字贸易治理与传统贸易治理存在较大的区别，需要构建数字贸易治理的新范式。[1] 客观来看，当前世界各国对于数字贸易领域的规则制定还未形成共识：美国在数字技术领域拥有绝对的垄断优势，因此重点关注跨境数据自由流动、数字产品的非歧视性待遇、数字基础设施本地化、源代码保护等跨国公司在跨国经营中遇到的实际问题；欧盟对人权保护有传统，因此重点关注电子合同、电子传输关税、电子认证与电子签名、转移或访问源代码等有关隐私权保护和消费者权益保护的问题；中国在电子商务领域发展迅速，因此重点关注挖掘推动跨境电子商务发展的巨大潜力，希望能够推动建立安全可信、规范便利的电子商务发展环境，帮助发展中国家和落后国家融入至全球价值链，带动共同发展。

因各国在数字贸易领域的发展阶段不一致，其利益诉求也存在分歧，甚至是隐含着对立的因素，WTO 框架下的数字贸易谈判虽然热火朝天，但并未取得突破性进展，可以预见，在数字贸易领域内各国形成共识并不会一帆风顺，需要付出巨大的努力。2020 年新冠肺炎疫情在全球的大流行催生了"非接触型经济"，使数字贸易获得了更加广泛的关注。中国的电子商务发展迅速，市场规模全球第一，货物贸易通过跨境电子商务的形式实现已经成为流行，中国应当在数字贸易领域的规则制定方面有所建树，提出自己议

---

[1] 王燕. 数字经济对全球贸易治理的挑战及制度回应 [J]. 国际经贸探索，2021，37（1）：99-112.

题，弥合不同国家的观点分歧，早日在 WTO 框架下促成可被普遍接受的数字贸易领域内的多边贸易规则的制定。中国可以在"一带一路"建设的实践中进行数字贸易领域内规则制定方面的探索性尝试，推动数字贸易规则朝向实现共赢的方向发展。

二、推动"一带一路"双边和区域自由贸易安排，为多边贸易体系提供重要补充

双边和区域贸易安排与多边贸易机制一样，都能够推动经济全球化继续向前发展，① 是全球贸易治理的两个不同选项，并不是非此即彼的关系，理论上都可以被用来对全球贸易规则进行重塑。不仅如此，与多边贸易机制相比，双边和区域贸易安排还有以下优势：一是相较于 WTO 的多边贸易规则而言，签署双边或者区域自由贸易协定的成员国相对较少，需要平衡的利益相对较少，谈判的成本相对较低，协议相对容易达成；二是双边和区域贸易安排的效率更高，通常情况下，双边或区域自贸区内可以快速实现更低的关税、更大的市场，这些都有助于提高成员国的福祉，促进成员国的产业链进行融合。客观来看，当多边贸易规则较难达成时，推动双边和区域自由贸易协定的签署可以开辟贸易自由化的新途径。"一带一路"沿线便有很多的双边和区域自由贸易安排，中国应当致力于使"一带一路"沿线的双边和区域贸易自由贸易安排实现共生共融，成为推动全球贸易治理体系改革的"垫脚石"而不是"绊脚石"。

（一）发达国家尝试主导的区域自由贸易协定

由于新兴经济体的群体性崛起，以美国为代表的发达国家在 WTO 多边贸易框架内益发难以实现只有利于自己、但不利于发展中国家的主张；为将自己的主张在国际贸易中贯彻执行，美国转而通过双边和区域自由贸易协定来制定"面向 21 世纪的"贸易新规则体系。其中最具代表性的是 TPP 和 TTIP 这样的跨洲际的"大区域主义"协议，还有《美国—墨西哥—加拿大协定》（USMCA）这类签订于邻近国家之间的区域贸易协议。美国在与欧盟、日本开展"三边"自由贸易谈判、在与韩国开展"双边"自由贸易谈判时，参照的便是 TPP 标准。不难看出，美国主导的自由贸易协定的高标准只适合经济发展水平与经济结构相似的发达国家，无法被普遍接受为适应

---

① 余妙宏. 论自由贸易区（FTA）与国家战略的对接联动 [J]. 山东社会科学，2019（12）：61－66.

于多数国家的国际标准。本书将主要对 TPP、TTIP 与 USMCA 进行介绍。

其一，跨太平洋伙伴关系协定（TPP）。为提高在亚太地区的影响力，2009 年 11 月美国奥巴马政府主导了由亚太经合组织的新西兰、新加坡、智利与文莱四个国家发起的跨太平洋伙伴关系协定 TPP。2016 年 2 月 4 日，号称具有"高标准的 21 世纪自由贸易协议"TPP 正式签署，TPP 将政府采购、市场准入、劳工与环境、知识产权、电子商务、竞争政策等敏感议题写入文本，大有设立全球 FTA 新标准之势。特朗普总统上台之后，于 2017 年 1 月 23 日退出 TPP，抛开特朗普习惯于"退群"的惯常操作，以下因素也发挥了作用：一是美国内部存在分歧，TPP 协定需要经过成员国立法部门批准通过，但美国内部并未达成共识；二是 TPP 成员国之间存在分歧，美国的超高标准即使是发达国家也并不能够完全达到，美日在农产品与汽车产品的市场准入问题上一直处于僵持状态。美国退出之后，原 TPP 除美国之外的 11 个国家于 2017 年 11 月 11 日签署了新的自由贸易协定 CPTPP，即"全面且先进的 TPP"。CPTPP 与 TPP 在贸易便利化、电子商务、服务贸易、市场准入等方面并无差异，最大区别是冻结了 TPP 中关于知识产权等方面的条款，但仍然是宽领域的高标准。

其二，跨大西洋贸易与投资伙伴协议（TTIP）。TTIP 来源于 1995 年欧美提出的创立"新跨大西洋市场"的倡议，金融危机之后被重提，也被称为"经济北约"。2013 年 2 月，美国奥巴马政府宣布与欧盟及欧盟 28 国开展 TTIP 谈判，同年 6 月 TTIP 谈判正式启动。与 TPP 成员国经济发展水平差异较大不同的是，TTIP 谈判涉及美欧这两大世界上最为发达的大型经济体，因此开放度更高、涵盖内容更为广泛，其在多个领域内强调的谈判目标是 FTA 协议中的最高标准，如果 TTIP 谈判成功，将成为世界上最大的自由贸易协议。TTIP 的高标准符合美国利益，但超过了部分谈判成员国的承受能力，其所涉及的新领域与新议题，并不适用于所有参与谈判的成员国，最终因发达国家国内以及发达国家之间的分歧而未能达成，但它在 WTO 的框架外发展了新的范式，即将除经济因素之外的法律法规、生态环境、社会团体、商业模式、公众评判等纳入其中，是对"自由贸易"的全新注解，是对全球贸易规则体系的重大改变。

其三，美国—墨西哥—加拿大协定（USMCA）。由于与十数个国家达成一致协议比较困难，美国转向发展与周边国家的双边贸易机会。2018 年 12 月，特朗普表示将终止《北美自由贸易协定》（North American Free Trade Agreement, NAFTA），使用其升级版——《美国—墨西哥—加拿大协定》（USMCA）。

NAFTA 于 1992 年签署、1994 年生效，是历史上第一个包含知识产权保护条款的贸易条约，开创了发达国家与发展中国家进行区域合作的先例，创造了当时世界上最大规模的自由贸易区。客观来看，由于世界经济与技术环境等因素的改变，NAFTA 在运行 24 年以后已不适应当前的形势，对其进行改革是必要的。从结果来看，最新达成的 USMCA 由 34 个章节、附加协议和官方信函组成，涵盖了生物技术、金融服务、数字贸易、国有企业、中小企业等新议题，前所未有地将宏观政策与汇率问题的章节纳入其中。①

上述自由贸易协定的共同特点是：协定常常伴有针对发展中国家的歧视性条款。例如，USMCA 第 32 节第 10 条规定："如果一国被协议签署国的任何一方认定为非市场经济国家，该国与美墨加三方均没有签订自贸协定，三方中任何一方与该国开始自贸协议谈判之前至少 3 个月，需要通报其他各方。如果任何一方与非市场经济国家签订自贸协定，其他各方有权在提前 6 个月通知的条件下终止协定。"换而言之，USMCA 的该条款意味着：如果一个成员国坚持与"非市场经济国家"进行自由贸易协定的谈判，另外两国可以退出 USMCA，单独签署双边贸易协定。2020 年 7 月 1 日 USMCA 正式生效，由于新冠肺炎疫情的冲淡效应，USMCA 的生效仪式并不隆重，但协议的生效意味着北美地区将使用涵盖范围更广、标准更高的贸易、投资甚至是金融规则，对未来全球经济规则的冲击不可小觑。表 3-2 列出了美国主导的《美国—墨西哥—加拿大协定》（USMCA）、《北美自由贸易协定》（NAFTA）与《跨太平洋伙伴关系协定》（TPP）的章节比较。

表 3-2　　　　　　　USMCA、NAFTA、TPP（CPTPP）章节比较

USMCA 34 个章节	NAFTA 24 个章节	TPP 30 个章节
1. 初始条款与一般定义；2. 国民待遇与市场准入	1. 目标；2. 一般定义；3. 国民待遇与市场准入	1. 初始条款与一般定义；2. 国民待遇与市场准入
3. 农业	7. 农业、卫生和植物检疫标准	
4. 原产地规则；5. 原产地程序	4. 原产地规则	3. 原产地规则和程序
6. 纺织品和服装；7. 海关与贸易便利化	纺织品和服装附录 5. 海关程序	4. 纺织品与服装；5. 海关管理和贸易便利化

---

① 吕晓莉.《美墨加协定》框架下的加拿大：妥协中的坚守［J］. 拉丁美洲研究，2019，41（1）：78-98.

续表

USMCA 34 个章节	NAFTA 24 个章节	TPP 30 个章节
8. 墨西哥对碳氢化合物所有权	6. 能源和基础石油化工	
9. 卫生和植物检疫标准；10. 贸易救济；11. 贸易技术堡垒	7. 农业、卫生和植物检疫标准；8. 应急行动保障；19. 争端解决	7. 卫生和植物检疫标准；6. 贸易救济
12. 部门附件		
13. 政府采购；14. 投资；15. 跨境服务贸易；16. 商务人士临时入境；17. 金融服务；18. 电信	10. 政府采购；11. 投资；12. 跨境服务贸易；16. 商务人士临时入境；14. 金融服务；13. 电信	15. 政府采购；9. 投资；10. 跨境服务贸易；12. 商务人士临时入境；11. 金融服务；13. 电信
19. 数字贸易		14. 电子商务
20. 知识产权；21. 竞争政策；22. 国有企业与指定垄断企业	17. 知识产权；15. 竞争政策、垄断和国有企业	18. 知识产权；17. 国有企业
23. 劳工	劳工补充协议	19. 劳工
24. 环境	环境补充协议	20. 环境
25. 中小型企业；26. 竞争；27. 反腐败；28. 良好监管实践		24. 中小型企业；22. 竞争与商业便利；26. 透明和反腐败；25. 监管一致性
29. 公布与实施	18. 法律公布、通知和管理	
30. 管理与机构条款；31. 争端解决；32. 例外与一般规定	20. 机构安排与争端解决程序；21. 例外	27. 管理与机构条款；29. 例外
33. 宏观经济政策与汇率事项		
34. 最后条款	22. 最后条款	30. 最后条款

资料来源：龚柏华. USMCA 如何冲击全球经贸规则 ［EB/OL］. （2020 - 07 - 14）［2021 - 03 - 15］. https：//mp. weixin. qq. com/s/WSL - y0kTiaKX3u1nKPob3Q.

由表 3 - 2 可以看出以下两点：一是 USMCA 虽然沿袭了 NAFATA 的大致框架，但是 USMCA 中的部门附件、数字贸易、中小企业、竞争、反腐败、良好监管实践、宏观经济政策与汇率事项 7 个章节，是 NAFTA 中没有的；二是 USMCA 充分吸收了 TPP 中的新的内容，与 TPP 的章节更加对应，但覆盖范围比 TPP 更加广泛，是当前标准最高的国际协定。需要注意，

USMCA 对中国非常不友好，除了明显针对中国的"毒丸条款"之外，还有被称为"小毒丸条款"的条款，例如，USMCA 中规定，在墨西哥投资的外国国有企业，无权通过援引投资争端解决程序的方式来寻求救济。USMCA 中"毒丸条款"的事实对中国是十分不利的，受制于此，中国加入 CPTPP 将受到制约，原因是在既有条款下加拿大与墨西哥不太可能为使中国加入而放弃 USMCA。

（二）"一带一路"与中国的应对思路

无论是未能签署的 TPP、TTIP，还是已经成功签署的 USMCA，都加深了中美之间的竞争，但是中国应该积极应对，不能与美国"脱钩"，不能被排除在西方国家主导的贸易规则体系之外。中国应该客观理性地分析与发达国家之间的差距，通过进一步深化改革、扩大开放迈向高质量发展。党的十九大报告提出，中国应"促进自由贸易区建设，推动建设开放型世界经济"，中国与"一带一路"沿线国家的双边和区域自由贸易区，能够促进中国与沿线国家的贸易畅通，可以抵御美国的反经济全球化和贸易保护主义倾向。中国世界第二的经济规模与市场规模，加上"一带一路"沿线诸多自由贸易区成员国的经济体量与市场规模，将会形成庞大的贸易体量与市场规模，不但能够通过联合的力量来对抗不公平的贸易规则，还可以提升中国在区域内的核心地位。

中国与大部分发展中国家的发展阶段相近，有相似的诉求，在与"一带一路"沿线国家的贸易过程中，中国应在合作共赢的原则下，更多参与双边或多边贸易规则的制定甚至是进行主导。"一带一路"沿线是众多的发展中国家，经济发展水平参差不齐，市场开放程度相对较低，中国在与其进行自贸区建设时，应注意以下几个方面：一是区别对待不同类型的国家，为发展中国家的高度敏感行业、重点保护行业设置更长时期缓冲期；二是照顾经济发展水平与开放程度并不高的发展中国家的国情，将较高标准按照货物贸易领域、投资领域、服务贸易领域、数字贸易领域的顺序循序渐进推进，这种渐进推进的方式固然进展缓慢，不能够做到一步到位，但是能够随着贸易条件的改善而灵活升级；三是中国支持开放的、具有包容性的区域合作项目，中国参与的自贸区建设与既有的任何自贸区都不是竞争的关系，而是希望能够与其对接，建设形成面向全球的高标准自贸区网络；四是遵守 WTO 框架，在 WTO 承诺的基础上进一步开放，中国的自贸区建设不会脱离 WTO 多边贸易规则而自立门户，中国期望通过"一带一路"建设，使全球贸易规则重新回到多边谈判的轨道上来。

千百年来，中国克己复礼的文化使中国并不想使用霸权来强迫其他国家接受中国标准，但中国的经济体量庞大会使其他国家对中国保持怀疑，担心无法能够获得与中国相平等的贸易地位。因此，在 FTA 建设过程中，中国应率先带领制定公正合理的贸易争端解决机制，使各国均能够相信自己是与中国荣辱与共的利益共同体。实际上，如果制定的规则建议符合大多数国家的利益，就较为容易被采纳，推动"一带一路"沿线双边和区域自由贸易区建设，将有助于营造双边、多边 FTA 与 WTO 相互促进、共同发展的良好局面。为此，中国可以从参与 RCEP 这类巨型区域自由贸易协定和参与双边自由贸易协定两个方面进行努力。

第一，在区域全面经济伙伴关系协定 RCEP 中发挥积极作用。东亚经济圈整合的深度与广度一直都是相对滞后的，这一点与欧洲和北美有很大的不同。与欧洲和北美的另一个不同之处在于，东亚地区的经贸合作机制很少是由区域大国发起创设，长期以来东亚地区多数的经贸合作机制是以东盟为核心的。成立于 1967 年 8 月的东盟（Association of Southeast Asian Nations，ASEAN），由东亚经济规模相对较小的十个国家发起创设。东盟十国的经济发展水平参差不齐，如果是单个国家，抵御来自外界压力的能力都不强，在与贸易强国进行协商时，单方面的妥协不可避免。但是东盟成立以后，十个国家可以采取集体行动，以整体的形象出现在国际舞台上提高整体的议价能力，使整体的利益得到最大的保护。东盟迅速成为全球发展中国家之间经济融合程度最高的地区性组织之一，已经能够对区域的经济发展起到影响力。21 世纪以来，东盟先后与中国、日本、韩国、印度、澳大利亚、新西兰分别签订了 6 个"10 + 1"的自由贸易协定，实现了东盟区域经济一体化的周边布局，巩固了其在东亚经济合作中的轴心地位，[①] 也为 RCEP 的创设奠定了基础。

区域全面经济伙伴关系协定（Regional Comprehensive Economic Partnership，RCEP），于 2011 年 2 月被东盟提出，由于其覆盖面广，又有中国的参与，自提出之日起便引起了广泛关注。2020 年 11 月 15 日，在新冠肺炎疫情肆虐、世界经济衰退的背景下，RCEP 宣布成立，尽管印度暂缓加入，但是这个包含了 15 个成员国的区域性经济合作组织的经济规模占世界经济的比重约 30% 左右，超过 USMCA、CPTPP 甚至是欧盟的比重，为逆全球化益发严重的世界经济带来一丝曙光，将对于促进世界经济的发展起到重要的

---

① 毕世鸿 . RCEP：东盟主导东亚地区经济合作的战略选择［J］. 亚太经济，2013（5）：20 – 24.

推动作用。当前东亚地区主要的经济合作平台除 ASEAN、RCEP 之外还有 TPP 的继任者 CPTPP，成员国构成如表 3-3 所示。

表 3-3　　　　　　　东亚区域经济合作的主要平台

国家	RCEP	ASEAN	CPTPP	国家	RCEP	ASEAN	CPTPP
中国	√			柬埔寨	√	√	
印度	√			印尼	√	√	
韩国	√			老挝	√	√	
日本	√		√	缅甸	√	√	
澳大利亚	√		√	菲律宾	√	√	
新西兰	√		√	泰国	√	√	
加拿大			√	文莱	√	√	√
智利			√	马来西亚	√	√	√
秘鲁			√	新加坡	√	√	√
墨西哥			√	越南	√	√	√

　　由表 3-3 可以看出以下几点：一是 ASEAN、RCEP 和 CPTPP 三大平台的成员国互有渗透和交叉，三大平台中均可见到东盟国家的身影。但是由于东亚地区有中国与日本这两个大型经济体的存在，东盟并不能够真正起到领导作用，唯有中日之间的携手合作才能够在 RCEP 的未来发展中起到压舱石的作用。[①] 中国应与日本更多开展规则体系内的沟通，以合作的姿态促进 RCEP 的向前发展，成为 RCEP 的积极维护者和推动者。事实上，近年来中日关系持续升温，日本安倍政府对"一带一路"倡议的态度已从反对转向合作，在当前的后疫情时代，"加强与中国的经济合作，是日本实现经济复苏的最好办法"。[②] 二是三大平台的成员国大多是"一带一路"的沿线国家，这为"一带一路"沿线不同经贸标准的对接提供了能够进行磨合的可能性。

　　尽管与 TPP 的高标准相比，RCEP 的规则标准相对温和，这为处于不同经济发展阶段的国家提供了更多的灵活性，RCEP 有很多很好的经验可以为

---

① 赵全胜，曾卡，萱萱，等. 海外华人学者笔谈：RCEP 的积极进展及其战略意义 [J]. 日本研究，2019（4）：1-10.

② 环球时报. 日本经济学家：主张"脱中国"的都是没有竞争力的企业 [EB/OL].（2020-06-10）[2021-03-15]. https：//baijiahao. baidu. com/s? id =1669108033576637267&wfr = spider&for = pc.

共建"一带一路"以及重塑全球贸易多边体系提供借鉴。一是"开放地区主义"原则带来的包容性。RCEP成员国中,日本、韩国、新西兰、澳大利亚等发达国家在知识产权等问题上倾向于使用更高的标准,印度等发展中国家的立场与之相悖,但是RCEP并未关闭对印度的大门,RCEP倡导,欢迎外部成员在适当的时候加入。二是为最不发达成员国提供"特殊和差别待遇"带来的灵活性。RCEP期望成为全面并且高质量的自由贸易协定,但是并未一味地追求高标准,而是给予老挝、缅甸、柬埔寨等国家关于市场开放的过渡期的安排待遇。因此,尊重发展中国家国情的"低标准"合作和促进市场化改革的"高标准"合作同时存在于RCEP,由于中国的立场较为中立,RCEP这个"区域性的WTO"无疑为中国推进高标准与低标准对接提供了练习场。

RCEP的签订对于东亚地区来看,无疑推动了东亚地区的经济一体化,中国一直是RCEP的积极参与者和推动者,RCEP是中国推动"一带一路"建设、构建全球高质量自由贸易网络的重要基石。RCEP的实践不但能够推动制定出为大多数成员接受的标准,在带动相对落后国家发展的基础上,对既有规则进行优化更新,使中国在全球贸易规则制定方面占据主导地位。由于RCEP成员国当中日本、澳大利亚、新西兰等不少国家都是CPTPP成员国,中国对RCEP的参与已为中国参与CPTPP打下了基础。2020年12月,中国的中央经济工作会议提出中国将积极考虑加入2018年年底已经正式生效的CPTPP,与RCEP相比,CPTPP的开放水平更高,中国的参与对中国来说有利于加快构建新发展格局,对RCEP国家来说有利于更好地推动合作,对"一带一路"国家来说有利于将其带入全球化,对世界来说有利于推进经济全球化。

第二,在双边自由贸易协定谈判中发挥积极作用。与发达国家甚至是与东盟相比,中国在与其他国家开展双边或区域自由贸易区方面起步较晚,中国对外商谈的第一个自由贸易协定是2002年11月签署、2010年1月正式生效的中国—东盟自由贸易协定。由于中国的经济体量庞大,中国—东盟自由贸易区成立后便成为与欧盟、北美自由贸易区并列的世界上三大区域经济合作区之一。自此之后,中国方始开展了一系列的自由贸易区建设,表3-4列出了当前中国已经签署协议的自由贸易区。

表3-4中,仅仅列出了中国已经签署的自由贸易协定,中国对外还有一系列的自由贸易协定正在谈判过程中,如中国—海合会、中日韩、中国—斯里兰卡、中国—以色列、中国—挪威、中国—摩尔多瓦、中国—巴拿马、

中国—韩国自由贸易协定第二阶段谈判、中国—巴勒斯坦、中国—秘鲁自由贸易协定升级谈判。还有一系列的自贸区正在研究中，如中国—哥伦比亚、中国—斐济、中国—尼泊尔、中国—巴新、中国—加拿大、中国—孟加拉国、中国—蒙古、中国—瑞士自由贸易协定升级联合研究。中国参与建设的自由贸易协定与美国有较大的不同，中国签署、正在谈判和正在研究的自由贸易协定成员国涵盖了除南极洲之外的六大洲，不仅包括发展中国家、最不发达国家，也包括发达国家。正因为如此，虽然中国与"一带一路"国家签署自由贸易协定起步较晚，但是中国具备了与"一带一路"沿线多样化的国家开展自由贸易的经验和基础。

表 3 - 4 中国已签协议的自由贸易区

名称	时间	升级	意义
RCEP	2020.11.15 签署		前所未有的、由域内发达国家、发展中国家和最不发达国家参与的大型区域贸易安排
中国—柬埔寨	2020.10.12 签署		中国与最不发达国家签署的第一个自由贸易协定、疫情后中国签署的第一个自由贸易协定
中国—毛里求斯	2019.10.17 签署		中国与非洲国家签署的第一个自由贸易协定
中国—马尔代夫	2017.12.07 签署		中国与马尔代夫签署的第一个双边自由贸易协定
中国—格鲁吉亚	2018.01.01 生效		"一带一路"倡议提出后中国启动并达成的第一个自由贸易协定
中国—澳大利亚	2015.12.20 生效		中国与西方主要发达国家签署的第一个自由贸易协定
中国—韩国	2015.12.20 生效		中国在东北亚地区签署的第一个自由贸易协定
中国—瑞士	2014.07.01 生效		中国与欧洲大陆国家、全球经济前20强国家达成的第一个自由贸易协定
中国—冰岛	2014.07.01 生效		中国与欧洲国家签署的第一个自由贸易协定
中国—哥斯达黎加	2011.08.01 生效		中国与中美洲国家签署的第一个自由贸易协定
中国—秘鲁	2010.03.01 生效		中国与拉丁美洲国家签署的第一个一揽子自由贸易协定
中国—新西兰	2008.10.01 生效	√	中国与非东盟发达国家签署的第一个自由贸易协定
中国—新加坡	2009.01.01 生效	√	中国与东盟中的发达国家签署的自由贸易协定
中国—智利	2006.10.01 生效	√	中国与拉丁美洲国家签署的第一个自由贸易协定
中国—巴基斯坦	2007.07.01 生效	√	中国与南亚国家签署的第一个自由贸易协定
中国—东盟	2010.01.01 生效	√	中国对外商谈的第一自由贸易协定

仅就中国与巴基斯坦商谈自由贸易区建设而言，便是中国推进"一带一路"建设、构建人类命运共同体的生动实践，目前为止经历了五个步骤：第一步，两国于 2003 年 11 月 3 日签署《中华人民共和国政府与巴基斯坦伊斯兰共和国政府优惠贸易安排》，双方对相关商品实施优惠关税待遇；第二步，两国于 2006 年 11 月 24 日签署《中国—巴基斯坦自由贸易协定》，该协定以货物贸易为主；第三步，两国于 2008 年 10 月 15 日签署自由贸易协定补充议定书，目的在于加强两国投资领域的合作；第四步，两国于 2009 年 2 月 21 日签署《中国—巴基斯坦自由贸易区服务贸易协定》，意在加强两国在服务贸易领域的合作，建成一个涵盖货物贸易、服务贸易与投资等内容的自贸区；第五步，两国于 2019 年 4 月 28 日签署《中华人民共和国政府和巴基斯坦伊斯兰共和国政府关于修订〈自由贸易协定〉的议定书》，对原自由贸易协议中的内容进行了全面的修订与升级，该议定书于 2019 年 12 月 1 日正式生效。

中国当前也已通过与部分发达国家签署 FTA 协议，积累了与发达国家合作的经验。中国与发达国家签署的自由贸易协议相对而言开放水平更高、覆盖面更广、优惠政策更多，更多新的规则被添加了进去。更为重要的是，就国际上并无统一标准的政府采购、环境保护、劳工、知识产权保护等敏感话题而言，谈判的参与国并未回避，而是秉承求同存异的原则，达成了许多共识，这对中国参与全球贸易治理无疑产生了非常积极的重要意义。虽然中国目前还未与欧盟成员国进行 FTA 谈判，仅与冰岛、瑞士这两个欧洲重要的非欧盟国家签署了自由贸易协定，但是冰岛与瑞士是欧洲自由贸易联盟的重要成员，它们与欧盟建立自由贸易关系，对欧洲市场有很强的辐射作用。冰岛、瑞士与中国的 FTA 协议将会产生较大的示范效应，能够进一步密切中国与欧洲其他国家的经贸合作关系。同样的道理，中国与加拿大正在研究的自贸区建设也将对中国与北美之间的经贸合作产生积极的影响。中国与发达国家签订自由贸易协定的经验也可以复制推广至与包括美国在内的其他发达国家的经贸合作中去。

三、带领"一带一路"沿线国家参与区域价值链、融入全球价值链，保障产业链、供应链安全

全球价值链的发展是经济全球化的一个重要特征，但是金融危机和新冠肺炎疫情的发生使不少国家开始思考本国产业链、供应链的安全与稳定，部分国家提出了违背贸易与投资自由化的政策，这些保护主义政策的出台阻碍

了全球价值链贸易的发展。尽管如此,科技革命和产业革命仍然在不断兴起,世界各国已经被全球价值链深度捆绑在一起,仍然可以乐观地相信,经济全球化终将是不可逆转的必然趋势,全球价值链终将在世界范围内深化并继续向前发展。当前中国已经成为美国、德国、日本等贸易强国的中间品第一大供应国,成为全球价值链主要上游供应国,这意味着这些国家与中国的"脱钩"在短期内难以实现,但是鉴于当前全球需求萎缩的现实,中国应当尽快促进全球价值链重构。① 不仅如此,作为最大的发展中国家和"一带一路"的主要建设者,中国有义务通过与沿线国家的经贸合作推动"一带一路"区域价值链重构,使"一带一路"区域价值链成为全球价值链不可或缺的组成部分,以此保障区域产业链、供应链安全。

(一) 发达国家主导的全球价值链出现的新情况

国际分工的深入发展使跨国公司能够把生产过程分解为多个价值链环节,并将这些环节配置到成本较低的国家和地区,以此来实现全球资源的整合。② 传统上,发达国家专注于发展并主导附加值更高的高新技术产业,将低端制造业进行全球化转移和布局;新兴发展中国家凭借人力成本的优势,承接了大量的劳动密集型产业,并以此为起点实现了工业化。20 世纪 90 年代之前的价值链分工主要发生在发达国家之间;20 世纪 90 年代之后国际分工体系发生演变,分工格局从"北—北"模式为主发展成为"北—北"与"南—北""南—南"模式并存。③ 在这个过程中,以美国为代表的发达国家通过主导全球价值链分工提高了生产效率,获得了巨大收益,发展中国家也发挥了相对比较优势,得以组织生产并融入全球价值链,发达国家与发展中国家通过价值链分工实现了共赢。

随着越来越多的国家参与到全球价值链分工中,全球价值链分工模式成为经济全球化的主流形态和典型特征,各个国家的生产环节变得彼此嵌入、不可割裂。但是当经济面临外部冲击时,全球价值链的发展趋势发生了改变,发达国家基于全球价值链的下述改变对贸易与投资政策进行了调整。

第一,全球价值链的生产环节由发达国家向发展中国家转移,发达国家的产业出现"空心化"。发展中国家相对廉价的制造产品对发达国家的市场

---

① 牛志伟,邹昭晞,卫平东. 全球价值链的发展变化与中国产业国内国际双循环战略选择 [J].改革,2020 (12):28 - 47.
② 黎峰. 全球价值链分工视角下的中美贸易摩擦透析 [J]. 南方经济,2019 (7):1 - 15.
③ 程大中. 中国参与全球价值链分工的程度及演变趋势——基于跨国投入—产出分析 [J].经济研究,2015,50 (9):4 - 16.

形成了冲击，发达国家的跨国公司为获取更高的利润，会加快将其产业转移至发展中国家的速度。这使发展中国家的工业化得到较快发展，也使发展中国家分享到了经济全球化的巨大红利，但是该过程加速了发达国家的产业"空心化"。WTO 数据显示，发展中国家自 2010 年之后便取代发达国家，成为亚洲制造产品出口的主要目的地。在此背景下，以美国为代表的发达国家的传统制造业逐步衰退，曾经无比辉煌的钢铁、汽车等行业由龙头产业变成了夕阳产业，取而代之的是金融、房地产等服务型产业，这是美国不断攀升的贸易逆差的根源之一，为金融危机之后发达国家出现的"贸易塌陷"埋下了隐患。

第二，北美洲、欧洲、亚洲三大区域价值链逐步形成。当前以中国为代表的发展中国家在全球价值链中的竞争力明显提升，与美国等发达国家的差距日益缩小，逐步走向亚洲区域价值链的中心位置；欧盟作为一个整体有较强的竞争优势，欧洲区域价值链也已形成，德国在其中占据主导地位；而美国无疑是北美价值链的主导者。区域价值链的形成意味着区域之间的贸易会相应减少，亚洲、欧洲、北美价值链的形成削弱了美国在全球价值链中的主导地位，美国对内实施了"再工业化"政策，对外则挑起了贸易争端，采取各种措施来边缘化对其形成竞争的国家。其中也运用了对中兴、华为等中国企业进行打压的极端手段，试图破坏其他国家富有国际竞争力的企业在世界范围内的产业链、供应链和价值链。

第三，既有的多边贸易规则体系下，发达国家无法充分发挥其在全球价值链中的相对竞争优势。当前全球价值链的分工主要体现在制造业方面，发展中国家因在此领域拥有相对较大的竞争优势而拥有相对较多的贸易顺差。与之相反，虽然美国等发达国家在制造业方面的竞争优势已经不那么明显，但其却牢牢把握着研发、营销等高利润环节，只是其在服务业领域拥有的相对竞争优势，因众多发展中国家并未开放服务领域而得不到充分发挥，美国因此将其"利益受损"归咎于"不公平"的贸易规则而频繁挑起贸易争端。美国忽略了其处于价值链高端所获得的巨额收益，也忽略了发展中国家存在被"低端锁定"的风险，只关注于其在货物贸易领域内的巨额逆差，这种思维方式是非常片面的。

上述情况表明，美国在全球价值链中的中心地位已经遭遇了挑战，这成为逆全球化的思潮与政策措施兴起于以美国为代表的发达国家的重要原因。近年来，美国以"301 条款"为由频繁发起贸易摩擦，除对中国的制造产品加征关税以外，还对中国的海外投资加以限制，这些举措都可以被看成是对中国在全球价值链分工中的边缘化行为，美国期望通过边缘化竞争对手在全球价值链中拥有更多的控制权。随着中国经济结构的转型以及在全球价值链中的攀升，中国与美国的经贸关系正逐步由合作为主转变为竞争为主的关系，中美发生竞争的领域也必然会从传统的中低端领域向中高端领域延伸。① 2020年2月，美国拜登总统发表就任以来首次外交政策讲话时，便将中国称为"重要竞争对手"，但同时也提出将在符合美国利益的情况下，与中国开展合作，中国应当做好充分准备，当前以及未来或将在贸易摩擦中成长。

（二）"一带一路"与中国的应对思路

中国在改革开放初期，凭借劳动力、土地、自然资源等低成本要素的竞争优势，以代工的方式逐步嵌入美欧日发达国家主导的全球价值链中。"三来一补"业务的蓬勃发展，使中国的贸易结构发生了巨大的变化，中国逐步在价值链的加工、组装环节形成了比较优势。这样的国际分工，不但使中国在全球价值链中得到了收益，在货物贸易领域拥有了竞争优势，还使中国得以成为"世界制造基地"，成就了中国制造业的大国地位。② 中国在全球价值链中的嵌入使中国成为全球中间产品贸易的主要参与者，间接帮助其他国家实现了贸易增加值，日本、韩国、中国台湾地区等东亚经济体受益较大。当前中国已在全球价值链中占据重要环节，具有承上启下的独特地位，中国的发展对全球价值链的发展具有独特的重要影响。

全球价值链分工是不可回避的客观事实，中国致力于在全球价值链中不断攀升，为应对全球价值链出现的新情况，中国的思路应是：积极主动参与新一轮国际分工，通过与沿线国家共建"一带一路"，构建以中国为主的新型全球价值链。③ 这意味着中国应该有效参与分工并提升地位，改变当前在全球价值链中的中低端地位，从被动嵌入全球价值链向主动构建自主的区域甚至全球价值链转变，不仅要在"一带一路"区域价值链中拥有话语权，还要成为全球价值链的枢纽，在全球价值链的关键环节拥有定价权。当前中国在全球价值链中的地位虽然有所提升，但仍然存在下述风险。

第一，长期从事低附加值的环节存在被"低端锁定"的风险。尽管近

---

① 戴翔，张二震，王原雪. 特朗普贸易战的基本逻辑、本质及其应对 [J]. 南京社会科学，2018（4）：11－17.
② 刘志彪，吴福象."一带一路"倡议下全球价值链的双重嵌入 [J]. 中国社会科学，2018（8）：17－32.
③ 张远鹏."一带一路"与以我为主的新型全球价值链构建 [J]. 世界经济与政治论坛，2017（6）：39－53.

年来中国正努力向上攀升，但是在部分领域，中国对发达国家的依赖依然较大。这种依赖体现在贸易上便是中国非常需要发达国家的市场，事实上，在中美贸易争端开始前的 2017 年，中国对美国的出口是美国对中国出口的三倍多，这表明中国对美国市场的依赖比美国对中国市场的依赖要大。从这个角度来看，正是因为中国对美国市场的巨大依赖，才给予了美国挑起贸易争端的勇气。因此，中国绝不能够让自己以及发展中国家在全球价值链中的位置被固化，不能够被锁定在全球价值链的低附加价值环节，否则很有可能面临贸易利得萎缩的风险、出现依附性经济并导致贫困式增长。

第二，长期依赖出口的增长模式存在"产能过剩"的风险。由于中国较长时间以来在劳动力、土地等要素方面拥有相对比较优势，跨国公司将相应的产业转移至中国，给中国带来了大量的投资、促进了中国的出口，但也奠定了中国在全球价值链中处于中低端的位置。当投资带动增长的模式不变，而中国城镇居民消费开始转型、海外需求出现收缩时，中国制造业的产能过剩问题便逐步暴露出来：2010 年中国制造业面临严重产能过剩，2012 年中国钢铁、水泥、电解铝等工业行业的产能过剩率高达 80% 以上。① 化解产能过剩问题必须要突破价值链"低端锁定"的困境，这也成为中国在全球价值链中不断攀升的动力，"一带一路"建设可以成为中国转移过剩产能、带领发展中国家嵌入全球价值链的有效途径。

客观来看，世界各国在全球价值链中的不同位置是各国比较优势下客观形成的资源配置，如果人为地加以破坏，不但对彼此的经济发展不利，也会对世界经济产生负面的影响。美国等发达经济体早已在全球价值链中形成了自己的优势布局，形成了一套规则体系。② 当前美国处于全球价值链的最高端，日本和德国通过"生产 + 创新"占据了高附加值环节，中国通过努力攀升已处于中间位置，③ 中国在全球价值链的上游参与度仍在持续上升。④ 长远来看，占据价值链的高端能够获得更多的附加值，努力向全球价值链的上游攀升无疑可以为中国获得更多的发展空间。但是按照市场规律，价值链的中端与低端也是有供给和需求的，因此，从短期和中期来看，如果能够在

---

① 黄先海，余骁. 以"一带一路"建设重塑全球价值链 [J]. 经济学家，2017 (3)：32 - 39.
② 贾康. 贾康教授在 2020 新浪财经云端峰会上的发言 [EB/OL]. (2020 - 06 - 14) [2021 - 03 - 15]. https://mp.weixin.qq.com/s/du0YGMaFzmx0bXU7Pioi2w.
③ 张其仔，许明. 中国参与全球价值链与创新链、产业链的协同升级 [J]. 改革，2020 (6)：58 - 70.
④ 牛志伟，邹昭晞，卫平东. 全球价值链的发展变化与中国产业国内国际双循环战略选择 [J]. 改革，2020 (12)：28 - 47.

全球价值链所处的当前位置获得控制权和定价权也是非常务实的选择，毕竟价值链的中低端也是价值链的各个环节中不可缺少的一部分。

当前"一带一路"沿线国家的经贸合作水平仍然较低，中国可以通过与沿线国家共建"一带一路"推动区域价值链合作。区域价值链指，生产的价值创造环节主要以区域形态而不是全球形态出现，并不是一种特殊的价值链形态，各区域价值链也不是孤立存在的，可以通过国际贸易彼此相联。① 区域价值链与全球价值链的发展应当是能够相互促进的，中国应当引领"一带一路"区域价值链的构建，帮助沿线国家融入区域价值链、参与全球价值链，实现经济增长推动经济全球化，中国应当进行以下努力。

第一，鼓励中国企业尤其是中小企业"走出去"，拓展对"一带一路"沿线国家的投资。跨国公司是对外投资的主体，在国际市场上，如果能够掌握从发明设计、到资源采集、到中间品分包、再到最终产品销售的整个生产链条，便有了议价与定价的权利。这种话语权的获得是建立在自身拥有的坚实的经济生产网络基础之上的，通常需要建立以本国跨国公司为核心的全球生产链。跨国公司如果能够在产业链的某个环节占据优势，便能够在这个特定的环节拥有主导权。相较于大型国有企业而言，中小企业进行海外投资能够规避政府与政治的色彩，也更能够体现出国际合作的深化，以市场及民间力量推动的投资行为更加有利于提升中国企业在全球价值链中的话语权。

第二，构建"一带一路"区域价值链，对抗发达国家对发展中国家的边缘化行为。21世纪以来，中国的科技水平仍落后于欧美发达国家，但是相较于"一带一路"沿线的大部分发展中国家而言，中国的科技水平却是处于相对领先的地位，全球范围内按照技术极差排列的工业发展的"雁行结构"已经基本呈现。近年来的中美贸易争端改变了中国消费者的消费偏好，进口替代正当时，中国愿意接受世界其他地区提供的多样化产品，当前中国从"一带一路"沿线国家的进口总额已经超过了从美国的进口总额。"一带一路"区域有多样化的国家和庞大的市场，中国可以通过"一带一路"的经贸合作，利用科技优势和地理邻接的便利，带领发展中国家一起来完善共同的产业链，打造"一带一路"的区域价值链。

第三，推动"一带一路"区域价值链融入全球价值链，在全球价值链的关键节点取得控制权。科技发展水平是一个重要的要素禀赋，尽管中国近年来在高新技术制造部门也体现出了明显的竞争优势，但是欧美发达国家早

---

① 余南平，夏菁. 区域价值链视角下的中东欧国家经济转型——以波兰、匈牙利、捷克和斯洛伐克为分析对象 [J]. 欧洲研究，2020，38（1）：104–131.

已把控价值链的高端垄断，欧美市场上尽管有中国需要的先进技术，却并不会对中国开放。面对这样的现实，一方面，中国要促进自己科技水平的提升，"一带一路"正为此提供了实践的平台，中国可率先把握"一带一路"区域价值链的高端，逐步在全球价值链的高端占据有利位置。另一方面，中国应把握好已经占据相对比较优势的生产加工环节，努力提升该环节的重要性和价值，使之前低附加值的环节和高附加值环节变得平等，从而在全球价值链的生产加工环节取得话语权。

第四，统筹协调国际和国内两个市场，重塑双向开放的区域价值链、全球价值链与国内价值链。尽管以当前中国经济对于世界的重要性来看，中国与发达国家"脱钩"或将为世界经济带来的巨大冲击可能是全世界都无法预料和接受的，但是新冠肺炎疫情使得世界经济的未来走向变得益发的不明朗，中美"脱钩"的呼声一度喧嚣尘上。为了稳定社会经济的发展，中国提出"国内国际双循环相互促进的新发展格局"。就价值链的视角来看，国际分工和区际分工是并行不悖的，全球价值链也会在国内延伸，中间产品在一个国家内部的不同地理单元和产业主体之间的流转，将使全球价值链与国内价值链对接并整合。① 新冠肺炎疫情可能加剧价值链"国内化"的中长期趋势，但也为中国提供了深化发展完整、高效、安全的国内价值链体系的重要机遇。② 中国应依托"一带一路"贯穿南北、承东启西的轴带式发展模式，盘活国际与国内两个市场，塑造有利于培育区域价值链、全球价值链和国内价值链的经济地理格局。

---

① 李跟强，潘文卿. 国内价值链如何嵌入全球价值链：增加值的视角 [J]. 管理世界，2016（7）：10 - 22.

② 佟家栋，盛斌，蒋殿春，等. 新冠肺炎疫情冲击下的全球经济与对中国的挑战 [J]. 国际经济评论，2020（3）：9 - 28.

第四章 "一带一路"与中国参与全球投资治理

国际直接投资能够连接各国市场并促进国际贸易与国际金融的发展，是资本国际化的实现方式，也是全球价值链的基础。只是与国际贸易和国际金融相比，各国政府间关于国际直接投资方面的政策协调却发展得相对滞后。2008 年的全球性金融危机与 2020 年的新冠肺炎疫情对世界经济造成的外部冲击为经济全球化带来了极大的不确定性，国际直接投资面临萎缩、投资结构面临重构，愈发增加了原本便发展相对滞后的全球投资治理的难度。中国于 2013 年提出"一带一路"倡议，也从 2013 年开始成为对外直接投资的净投资国，应该在全球投资治理领域发挥作用。本章将以国际直接投资与全球投资治理的发展历程为起点，讨论中国应当如何通过"一带一路"建设参与全球投资治理。

第一节 国际直接投资与全球投资治理的发展历程

当前的全球经济治理体系主要是第二次世界大战结束之后，由以美国为代表的发达国家全面主导的：在国际贸易领域成立了 WTO，在国际金融领域成立了 IMF 与世界银行。相较于国际贸易与国际金融，各国很长时期以来并未在国际直接投资规则方面达成共识，并未在国际直接投资领域内建立起全球性的协调机构，全球投资治理长期以来缺少权威并且全面的制度安排。全球性多边投资规则的缺失虽然为经济全球化的深入发展带来了挑战，但也为中国参与全球投资治理提供了机遇，由于投资可以带动贸易发展，投资与贸易合作是"一带一路"建设的重点内容，有理由相信，"一带一路"将成为中国参与全球投资治理的重要平台。本章首先对国际直接投资发展经历的阶段进行回顾。

一、国际直接投资发展经历的阶段

国际直接投资由来已久，早在殖民地时代，欧洲主要国家通过对外掠夺等方式积累了大量资本，逐步具备了对外直接投资的物质基础。在第一次世界大战之前的半个多世纪里，欧洲资本自由流入美国、澳大利亚等国家，主要流向东道国的基础设施建设项目，英国是最大的债权国。第一次世界大战以前，美国是欧洲国家最主要的投资目的国，也是全球最大的债务国；第一次世界大战结束以后，美国开始对欧洲国家投资，逐步从资本流入国转变为资本流出国。20世纪二三十年代，美国在国际直接投资中的地位上升，主要投资目的地是欧洲国家和加拿大，成为新的资本输出国。第二次世界大战的爆发使国际直接投资的发展陷入停滞。现将第二次世界大战之后国际直接投资的发展阶段做以下划分。

（一）第二次世界大战结束后至20世纪70年代：国际直接投资加速发展

这一时期，随着第三次工业革命的兴起，以美国为代表的发达国家经济实力得到增强，以跨国公司为主体的国际直接投资开始与以证券投资为主要形式的国际间接投资成为并驾齐驱的国际投资形式。国际直接投资呈现出新的特点：一是美国在国际直接投资领域的核心地位得到强化。这主要是由于战争使美国与英法等欧洲国家的力量对比发生了变化，美国推出了促进欧洲复兴的"马歇尔计划"帮助欧洲重建，对外直接投资总额远超其他发达国家，美国在全球资本市场中的核心地位得到稳固。二是发达国家间的对外直接投资成为常态。20世纪50年代后期，欧洲部分国家的经济开始复兴，对外投资能力得到恢复，相互间的投资开始增多。然而，由于担心FDI的附加条件，这一时期部分国家对国际直接投资的态度较为负面，对FDI的流入采取了不少限制性措施。

（二）20世纪70年代至20世纪90年代：国际直接投资大规模扩张

这一时期，国际直接投资的规模超过了国际间接投资的规模，成为跨境资本流动的主要形式，国际直接投资进入大规模扩张的新的历史阶段。20世纪七八十年代石油危机爆发，使发达国家加大了对石油出口国的直接投资，为争夺石油资源，世界范围内掀起了国际直接投资的高潮。国际直接投资呈现出以下特点：一是发达国家是对外直接投资的主要参与者，美国、欧盟、日本在其中扮演着重要角色；包括中国在内的发展中国家开始成为重要的直接投资接受国，资本流向由发达国家之间的投资转换为发达国家对发展中国家的投资。二是 20 世纪 80 年代贸易保护主义抬头，跨国公司通过加速对外直接投资绕开贸易壁垒，全球范围内开始出现投资自由化倾向，带动了国际直接投资的蓬勃发展。

（三）20 世纪 90 年代至 2008 年：国际直接投资走向成熟

这一时期，经济全球化深度发展，国际直接投资的流量与存量出现迅速上升，在全球性金融危机前的 2007 年均达到阶段性峰值。国际直接投资走向成熟，呈现出以下特点：一是投资主体逐渐多元化。无论是从投资者角度来看，还是从被投资者角度来看，国际直接投资在初始阶段主要是在发达国家之间进行的；随着国际分工的深化，流入发展中国家和转型国家的直接投资开始增多，推动了这些国家的经济增长，发展中国家和转型国家的跨国公司也开始走出国门对外进行投资。虽然发达国家仍然是对外投资的主体，但是更多类型国家的参与使投资行为和投资规则走向成熟。二是各国的引资政策趋于积极。各国看到外资的流入不但能够创造大量就业机会，还能够开拓市场、可以帮助获得技术与管理经验，对待外资的态度由消极转变为积极，各国政府开始争相制定有利于吸引投资的政策，对国际直接投资的持续发展起到了促进作用。

（四）2008 年至今：国际直接投资呈现出较大的波动性

受金融危机带来负面冲击的影响，2008 年国际直接投资大幅下降，此后国际直接投资的规模表现出很强的波动性。近十多年来，贸易领域内的保护主义蔓延至投资领域，不少国家制定了限制投资的宏观经济政策，国际直接投资整体上缺乏增长动力，2020 年的新冠肺炎疫情使得世界范围内的对外直接投资停摆。国际直接投资呈现出以下特点：一是发展中国家在国际直接投资中的重要性开始上升，这一点无论是从对外投资的角度还是从接受投资的角度来看，都非常明显。二是对资本输出国来说服务业覆盖面广、更加灵活，对资本输入国而言外资流入能够提高本国服务业的发展水平，服务业逐渐成为国际直接投资的重点领域。三是跨国并购成为国际直接投资的流行模式，越来越多的跨国公司开始采用这种投资方式。

二、全球投资治理发展经历的阶段

众所周知，全球范围内迄今为止还没有形成能够涵盖全球所有投资关系的综合性的、具有约束力的规则体系。当今世界最为重要并且常见的投资治理机制是以双边投资协定（Bilateral Investment Treaty，BIT）的形式体现出来的，在与全球贸易治理、全球金融治理相关的多边协定或者公约里，也有就国际直接投资的某个具体部分进行的约束。各国签订的自由贸易协定或者区域一体化协定中，通常也被附加了大量的与投资有关的条款，也可以被看成是全球投资治理的形式之一。因此，当前的全球投资治理框架是以双边投资协定为主的，是一个双边、区域和多边投资治理协定共存的治理体系。①

（一）投资规则在双边机制内快速发展

BIT 的雏形是第二次世界大战之前便已诞生的"友好通商航海条约"（Friendship Commerce and Navigation Treaties，FCN），其中用于保护外国商人及其资产的条款与投资较为相关，但是由于该条约缺乏保护国际直接投资的程序性规定、难以有效保护海外投资而存在较大缺陷，最终消失在历史舞台。联邦德国与巴基斯坦、联邦德国与多米尼加共和国在 1959 年签订的双边投资协定，被视为是现代意义上最早的双边投资协定。20 世纪 90 年代，BIT 数量随全球范围内对外直接投资的迅猛发展而急剧上升，联合国贸易与发展会议数据显示：1990—1999 年，全球范围内 BIT 从 386 项上升至 1 857 项；截至 2021 年 2 月，全球范围内 BIT 共有 2 897 项，其中已经生效的有 2 337 项；附有投资条款的条约有 416 项，其中已经生效的有 322 项。②

（二）投资规则在多边机制内充分酝酿

尽管双边贸易协定是当前投资规则最为主要的形式，但是客观来看，国际经济组织一直都在致力于推动全球性的多边投资规则体系的构建。1976年 OECD 通过了《跨国企业准则》，在此基础上，1995 年 OECD 主导开展了

---

① 王小龙，陈伟光. 全球投资治理：发展演进与中国的参与路径［J］. 金融教育研究，2016，29（1）：3–10.
② 资料来源于联合国贸易与发展会议数据库/国际投资协定导航（IIA Navigator）. https：//investmentpolicy. unctad. org/international – investment – agreements.

多边投资协定（Multilateral Agreement on Investment，MAI）的谈判，虽然 MAI 以南北国家的分歧过大而宣告破裂，但是不少国家意识到 MAI 对于促进贸易和投资的重要性，就是否在 WTO 框架下启动 MAI 谈判进行了多轮探讨，遗憾的是，此类讨论迄今尚未形成共识。尽管全球范围内的投资治理规则从未成型，却有一些具有约束力的投资条款散落于全球贸易治理和全球金融治理的框架内。

其一，全球贸易治理框架内的投资规则。尽管当前学界还未出现关于贸易与投资一体化的系统性理论，但是贸易和投资已经在事实上趋于一体化。在服务贸易的四种存在形式中，"商业存在"便是事实上的外商直接投资；在各国间的双边或者区域自由贸易谈判中，投资意义上的市场准入已经成为最为主要的谈判内容。早在 20 世纪 80 年代，GATT 乌拉圭回合谈判便提出建设 TRIMs 这个全球第一个涉及投资的多边协定，虽然在 GATT 框架未能成型，却在 WTO 框架中得到部分实现。WTO 框架内的《与贸易有关的投资措施协议》（Agreement on Trade – Related Investment Measures，TRIMs）是当前唯一的全球性、实体性的全球投资领域内的多边协议，只是此协议仅对货物贸易适用。WTO 框架内的《服务贸易总协定》（General Agreement on Trade in Services，GATS）涉及以商业存在形式存在的投资规则，《与贸易有关的知识产权协定》（Agreement on Trade – Related Aspects of Intellectual Property Rights，TRIPs）中在知识产权方面对投资者进行了规范，这些与贸易相关的协定中都有关于投资规则的条款。

其二，全球金融治理框架内的投资规则。除全球贸易治理框架内的投资规则外，还有一些关于投资的条款出现在全球金融治理的规则体系内，主要就投资后的争端解决与投资担保制定了规则。例如：世界银行框架内有《关于解决国家与其他国家国民之间投资争端公约》（Convention on the Settlement of Investment Disputes Between States and Nationals of Other States），又称《1965 年华盛顿公约》。国际投资争端解决中心（The International Center for Settlement of Investment Disputes，ICSID）便是据此公约成立的国际组织，ICSID 是世界上第一个专门解决国际投资争议的国际性仲裁机构，专注于解决外国投资者与东道国政府间之间发生的投资争端。国际仲裁法院（PCA）、国际商会（ICC）、瑞典斯德哥尔摩商会仲裁院（SCC）、OECD 设立的投资争端解决机制（ISDS）等机构也会处理投资争端问题。世界银行框架内还有《多边投资担保机构公约》（Convention Establishing the Multilateral Investment Guarantee Agency，MIGA），MIGA 是独立法人，也是世界银行的下属分支机构，仅为国际投资的政治风险提供担保，主要承担货币汇兑险、征收及类似措施险、违约险、战争与内乱险这四种险别。

（三）投资规则在多边机制内形成共识

在国际投资规则的制定方面，联合国也作出了不少努力。早在1947年，联合国贸易与就业会议便通过《哈瓦那宪章》，提出应建立多边投资体制。20世纪70年代联合国推动了《联合国跨国公司准则》谈判，但是并未取得实质性进展。1985年联合国贸易与发展会议提出《国际技术转让行为守则（草案）》，因各方分歧较大而未能通过。2008年全球性金融危机之后，联合国贸发会议分别于2012年和2015年制定和完善了《可持续发展投资政策框架》，该框架的构建为全球新一代全球投资政策的制定奠定了基础，也为2016年《G20全球投资政策指导原则》的最终达成创造了条件，投资规则在多边机制内逐步形成共识。

金融危机为发达国家与发展中国家提供了深度对话的机会，世界各国对金融危机的爆发进行了深度反思，其中包括对全球投资治理机制进行改革的思考。2016年9月的G20杭州峰会上，中国政府主导提出了《G20全球投资政策指导原则》（G20 Guiding Principles for Global Investment Policymaking，以下简称《指导原则》）。《指导原则》是"全球首个多边投资规则框架"，[①]填补了多边投资政策领域的空白。《指导原则》有三大宗旨：一是旨在推动建立一个开放、透明、更加有利于投资的全球政策环境；二是旨在促进各国投资政策与国际投资政策的协调；三是旨在推动包容性经济增长和可持续发展。《指导原则》的通过表明，世界各国在投资领域内均拥有进行多边协调的意愿。

《指导原则》是一个共识性的多边投资规则框架，涵盖了全球投资规则体系的所有核心要素，强调了9条普遍适用的高标准指导原则，即多边投资规则框架原则、非歧视原则、投资保护原则、透明度原则、可持续发展原则、政府对投资的监管权原则、投资促进与便利化原则、企业社会责任及公司治理原则、国际合作原则。其中，可持续发展原则与政府对投资的监管权原则相辅相成，构成了新一代国际投资政策的精髓。[②]尽管《指导原则》

---

① 习近平. 在二十国集团领导人杭州峰会上的闭幕辞［EB/OL］. （2016－09－05）［2021－03－15］. https：//www. chinanews. com/gn/2016/09－05/7994945. shtml.
② 詹晓宁. 全球投资治理新路径——解读《G20全球投资政策指导原则》［J］. 世界经济与政治，2016（10）：4－18.

仅是一个纲领性的文件,其中并未制定具备约束力的多边投资协定,但已具有以下意义:第一,是国际社会首次在多边机制内就全球投资规则指导性原则达成的共识,为未来全球投资规则的制定奠定了基础;第二,是发展中国家与发达国家共商全球投资治理的尝试,有利于促进全球范围内的投资合作。

第二节 国际直接投资与全球投资治理面临的新情况

2008 年的金融危机使世界经济陷入停滞,不少国家意识到虚拟经济的过度发展会给国民经济带来较大风险,不约而同地开始引导资金投入实体经济。在这种情况下,产业发展战略在部分国家出现回潮,以美国为代表的发达国家的国内掀起了"再工业化"的浪潮,纷纷将资金从海外撤回并投资于本国的制造业,不仅如此,不少国家根据本国发展需要,对特定产业或进行投资鼓励或进行投资限制,跨国公司也据此重新评估跨境投资项目的性价比。新冠肺炎疫情暴发之后至全球大流行之前,中国制造业的突然停摆使不少国家认识到制造业对其他国家依赖程度过强将会带来的风险,新一波"再工业化"浪潮在此背景下再次被酝酿,投资保护主义政策的频繁出台与逆全球化浪潮相伴而生,带来了许多新的问题。

一、国际直接投资的流量连年出现负增长

投资是拉动经济发展的"三驾马车"之一,按照经济学理论,当一国的经济陷入低迷时,政府可以通过鼓励消费、扩大投资与增加出口来刺激经济增长。无论是发达国家还是发展中国家,其经济发展尤其是新工业的推进很大程度上都依赖于吸引大量外资进入。但是当世界经济陷入低迷时,国内和国际的有效消费需求都会出现不足,消费刺激与出口促进政策难以起到作用,此时通过扩大投资来促进经济增长的产业政策常常会被政府采用。可以推断,在世界经济向上发展的时期,全球对外直接投资的流量与存量应该都是增加的;在世界经济出现低迷时,全球对外直接投资的流量与存量会出现减少。正因如此,金融危机之后全球范围内对外直接投资的供应量变得有限,各国获得经济发展所需要的来自国外的资金支持变得困难。表 4 - 1 列出了 2007—2019 年国际直接投资的流量、存量以及增速。

表 4 - 1   2007—2019 年国际直接投资的流量、存量以及增速

年份	流量 /百万美元	流量增速 /（%）	存量 /百万美元	存量增速 /（%）
2007	1 902 244.48	35.67	17 896 629.97	26.52
2008	1 497 788.14	−21.26	15 325 856.17	−14.36
2009	1 181 412.19	−21.12	18 202 566.44	18.77
2010	1 388 821.03	17.56	20 189 655.17	10.92
2011	1 567 676.51	12.88	21 007 273.98	4.05
2012	1 493 828.29	−4.71	22 980 800.80	9.39
2013	1 456 323.18	−2.51	24 955 527.27	8.59
2014	1 403 864.59	−3.60	26 191 314.02	4.95
2015	2 041 769.72	45.44	26 577 573.16	1.47
2016	1 983 477.91	−2.85	28 496 361.65	7.22
2017	1 700 467.56	−14.27	33 218 362.24	16.57
2018	1 495 222.58	−12.07	32 943 943.33	−0.83
2019	1 489 000.00	−0.42	36 470 161.58	10.70

资料来源：Wind 数据库。

    由表 4 - 1 可以看出，金融危机之后除 2010 年、2011 年和 2015 年之外，全球 FDI 流量的增速均为负值，负增长的 FDI 流量对于世界经济的复苏影响较为消极。从 FDI 存量情况来看，其增速因流量的负增长而增长较慢，说明 20 世纪 90 年代以来国际直接投资持续增长的趋势已然不存在。通常情况下，当对外资的需求大于外资的供给时，外资的价格就会提高，较高的资产价格更加不利于世界经济的复苏。全球 FDI 的减少，与发达国家加强对战略性产业 FDI 审查有较大关联，不少大型跨境并购交易因监管严格或因政治原因被撤销或被阻止，国际直接投资领域内的保护主义政策抑制了 FDI 的增长。与之形成鲜明对比的是，发展中国家则采取更加有利于投资自由化的激励政策来增强对外资的吸引力，全球投资治理规则体系的改革势在必行。

    雪上加霜的是，2020 年新冠肺炎疫情的冲击使全球 FDI 大幅加速下滑，隔离措施减缓了既有的投资项目、抑制了新增投资项目的产生。联合国贸易和发展会议在其发布的《2020 年世界投资报告》中表示，当前全球投资前景存在高度不确定性；《2020 年世界投资报告》预计，2020 年全球 FDI 流

量将比 2019 年降低约 40%，达到近 20 年以来的最低水平，2021 年将进一步减少 5% ~ 10%，在最乐观的情况下，2022 年全球 FDI 才可能会恢复至疫情前的基本趋势。

二、发达经济体与发展中经济体投资趋势发生变化

长期以来，国际直接投资主要是存在于发达经济体之间的行为，20 世纪 90 年代开始，许多发展中经济体放开了国内市场，大量资本得以流入发展中经济体，以政府信用为基础的国际资本流动开始向以商业信用为基础的国际资本流动转变。在这种背景下，发达经济体之间相互投资的流量相对逐步减少，主要集中于资本密集型和技术密集型产业；流入发展中经济体的投资相对逐步增多，主要集中于劳动密集型产业。外资的流入带动了发展中经济体的经济增长，使经济增长较快的发展中经济体具备了对外进行投资的能力，从此，对外投资不再是发达经济体之间的特有行为，发展中经济体的跨国公司也成为对外投资的主体，进入国际市场参与竞争，并在竞争中进一步成长。

21 世纪伊始，发达经济体在 FDI 和 OFDI 的流量与存量方面都占据绝对主导，但是近十多年来该局面有了较大的改变，发展中经济体逐步缩小了与发达经济体的差距。本书根据联合国贸易和发展会议（United Nations Conference on Trade and Development，UNCTAD）提供的数据，对发达经济体与发展中经济体 FDI 与 OFDI 流量与存量的变化趋势分别进行阐述。

（一）FDI 与 OFDI 流量占比变化趋势

为方便讨论，本书绘制了 2001—2020 年发达经济体与发展中经济体 FDI 与 OFDI 流量占全球 FDI 与 OFDI 流量的比例变化趋势，如图 4 – 1 所示，曲线为 OFDI 流量，柱状为 FDI 流量。

首先，对发达经济体与发展中经济体的 OFDI 流量，即资本流出情况进行观察。由图 4 – 1 可以看出，OFDI 流量的发展趋势呈现出 3 个明显的拐点，第一个拐点发生在 2007 年，第二个拐点发生在 2014 年，第三个拐点发生在 2018 年，由此可以划分三个阶段。2001—2007 年，发展中经济体 OFDI 年均流量占比为 11.31%，发达经济体是对外直接投资的绝对主力；2008—2014 年，发展中经济体的 OFDI 占比与发达经济体快速接近，2014 年发展中经济体 OFDI 流量占比已达 32.64%，这主要是由于金融危机改变了发达

经济体与发展中经济体的力量对比，发展中经济体对外投资的能力和意愿得到增强；2015—2018 年，发展中经济体 OFDI 流量占比有所回落，下降到 30% 以下，但是于 2018 年又强势走向 42.05%，呈现出较大的波动性，这一阶段发达国家实施了较多投资保护主义政策；2019 年发展中经济体 OFDI 流量占比回落至 28.40%，而发达经济体 OFDI 则上升至 69.79%。

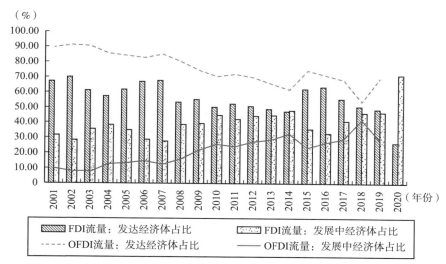

图 4 – 1 2001—2020 年发达经济体与发展中经济体 FDI 与 OFDI 流量占全球 FDI 与 OFDI 流量的比例变化趋势

资料来源：根据 UNCTAD 提供的数据绘制所得。

其次，对发达经济体与发展中经济体的 FDI 流量，即资本流入情况进行观察。由图 4 – 1 可以看出，2007 年是一个关键节点，在此之前，流入发展中经济体的 FDI 年均不足流入发达经济体 FDI 的一半；在此之后，流入发展中经济体的 FDI 开始增多与发达经济体逐步接近。2014 年也是一个关键节点，在此之前，流入发达经济体的 FDI 超过流入发展中经济体的 FDI，2014 年流入发展中经济体的 FDI 超过了流入发达经济体的 FDI，不过该趋势仅保持在 2014 年当年。2018 年之后，得益于发展中经济体不断改善的营商环境，也与发展中经济体相互间的投资有很大的关联，流入发展中经济体的 FDI 又开始增多，与流入发达经济体的 FDI 已非常接近。疫情在全球大流行的 2020 年，全球 71.71% 的 FDI 流入发展中经济体，这与发展中经济体疫情恢复较快、尽早实现复产复工有较大的关联。

（二）FDI 与 OFDI 存量占比变化趋势

仅对发展中国家与发达国家 FDI 与 OFDI 流量进行比较是不够的，还需要对存量进行观察。本书绘制了 2001—2019 年发达经济体与发展中经济体 FDI 与 OFDI 存量占全球 FDI 与 OFDI 存量的比例变化趋势，如图 4 - 2 所示，曲线为 OFDI 流量，柱状为 FDI 流量。

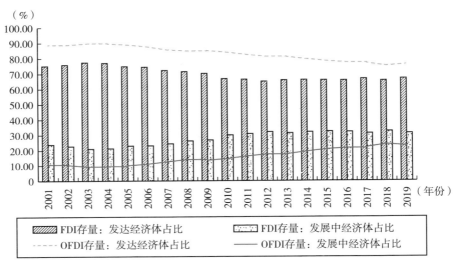

图 4 - 2　2001—2019 年发达经济体与发展中经济体 FDI 与 OFDI 存量占
全球 FDI 与 OFDI 存量的比例变化趋势

资料来源：根据 UNCTAD 提供的数据绘制所得。

首先，对发达经济体与发展中经济体的 OFDI 存量，即资本流出情况进行观察。由于存量是流量的积累，由图 4 - 2 可以看出，尽管发展中经济体 OFDI 流量与发达经济体 OFDI 已迅速接近，由于前期积淀的不足，在存量方面的差距虽然在缩小，但仍然较大。2001 年发展中经济体 OFDI 流量占全球 OFDI 流量的 10.57%，到 2019 年达到 22.85%。

其次，对发达经济体与发展中经济体的 FDI 存量，即资本流入情况进行观察。由图 4 - 2 可以看出，2007 年是一个关键节点，在此之前，发展中经济体 FDI 存量不足发达经济体 FDI 存量的 1/3；在此之后，发展中经济体 FDI 存量已接近发达经济体 FDI 存量的 1/2。这说明，发展中经济体对外资的吸引力正在增强。

综上所述，可以看出以下几点：一是发达经济体的资金相对充裕，过去与现在一直都是全球主要的对外投资者和外资的投资目的地。二是随着发展中经济体经济实力的相对上升，资本积累增加，对外投资能力与实力已经开始展现，但是由于经济实力的相对不足，对外投资潜力还需要进一步挖掘。三是发展中经济体已经逐步成长为理想的投资目的地，对外资的吸引能力正在加强。

三、投资者与国家间的投资争端不断涌现

近年来，几乎所有发达经济体都实施了对外国投资进行限制的审查机制，新冠肺炎疫情之后还实施了禁止医疗器械出口等更具针对性的投资保护主义措施；与之不同的是，发展中经济体为了吸引外资，实施了自由化程度更高的政策。越来越大的分歧使国际上投资争端不断涌现，基于国际投资协定（International Investment Agreements，IIAs）发起的 ISDS 投资争端是 WTO 贸易争端的近两倍。截至 2019 年年底，至少有 674 起 ISDS 案件已经结案，国际仲裁庭在约 37% 的案件中支持了东道国的主张，在约 29% 的案件中支持了投资者的请求，在约 21% 的案件中促成当事方和解。①

投资争端之所以高居不下，主要是因为国际上并没有被大多数国家普遍接受的统一投资规则，几乎所有国家都与其他国家签署了数量不等的投资协定，许多国家出于对未来的考虑，仍然在不断制定新的投资条约范本，国家之间投资规则的制定一直处于活跃状态。在这种情况下，国际直接投资领域被数千个投资与贸易协定所分割，固然能够满足不同类型国家的个性化需求，但是弊端也是非常明显的。

一是国际投资协定繁多，降低了全体投资治理的效率。不同内容的国际投资协定，对于投资双方而言或者是有效率的，但是却降低了投资规则的同质性，跨国公司在跨国投资时需要花费更多的学习成本，在与使用不同投资协定的企业进行谈判时，跨国公司需要花费高昂的谈判成本，对资源造成了极大的浪费。不仅如此，发达国家之间通常把投资标准定得过高，这些过高的投资标准对发展中国家很不友好，长此以往将加剧不同类型国家之间的对立，不利于更加有效率的多边投资协议的达成。

二是新旧投资条约并存，使国际协调变得十分困难。近十多年来涌现出

① UNCTAD. Review of ISDS Decisions in 2019: Selected IIA Reform Issues [R]. Geneva: United Nations, 2021 - 01 - 27.

许多国际投资协定，既有全新的条约，也有对既有条约进行解释、修正的升级版条约，新旧条约并行造成的信息混乱也是近年来投资争端不断的重要原因。相互重叠甚至冲突的协定，增加了协调的难度，可能出现同一个投资者依据不同的协定对同一个国家的同一个政策措施提起多重诉讼的情形。仅2018 年一年，国际上便有至少 71 起由新旧条约不一致而引起的投资争端解决诉讼案件。① 投资者与国家间争端解决机制（Investor – State Dispute Settlement，ISDS）正在遭遇前所未有的"至暗时刻"。②

全球投资治理领域内之所以迟迟难以形成多边协议，有很大一部分原因在于发达国家和发展中国家对外直接投资的能力长期以来较为悬殊，国际仲裁庭在面对发展中国家"维护国家经济主权"与发达国家"促进投资自由化"两大敏感问题时较难平衡。发达国家因资金较为充裕而更多扮演对外投资者角色，倾向于保护投资者利益，在 IIA 中往往要求东道国给予外国投资者以国民待遇、最惠国待遇，要求东道国为投资者提供自由转移资金方面的全力保障，要求东道国对产业进行开放等；而发展中国家由于资金相对缺乏更多扮演东道国角色，为吸引更多外资进入常常会迎合发达国家的要求放弃自己的部分权益，发展中国家之间为吸引外资还会形成竞争。在这种情况下，投资领域内的多边规则难以形成，对 IIA 进行改革势在必行。

第三节　共建"一带一路"对全球投资治理的意义

全球投资是以跨国公司为主体来运行的，改革开放四十多年来，外资不断被引入中国，依托中外合资、中外合作、外商独资经营企业等多种形式存在，这个过程中，中国本土企业以代工生产等方式起步，通过与三资企业进行合作并不断学习参与了国际分工，华为、中兴等少数企业甚至走到了全球跨国公司的前列。当前的中国已经从资本稀缺的国家转型成为资本充裕的国家，不再需要通过争抢外资来促进经济发展，中国的企业也在不断地"走出去"进行海外投资。中国理应积极参与全球投资规则的制定来维护全球范围内公平合理的投资秩序，"一带一路"是中国与广大发展中国家一起，在全球投资治理方面进行的有益实践。要了解中国倡导的"一带一

---

① UNCTAD. World Investment Report 2019 ［R］. Geneva：United Nations，2019 – 06 – 12.
② 林惠玲. 再平衡视角下条约控制机制对国际投资争端解决的矫正——《投资者国家间争端解决重回母国主义：外交保护回来了吗？》述论 ［J］. 政法论坛，2021，39（1）：150 – 160.

路"建设对全球投资治理的意义，便需要首先了解中国参与全球投资治理的若干阶段。

一、中国参与全球投资治理的三个阶段

中国 1978 年实施改革开放政策，初始与世界经济接触，因此，无论是引进外资和对外投资，还是参与全球投资治理都比较晚。改革开放之后中国才开始吸引外资流入，20 世纪 90 年代之后中国企业才开始尝试"走出去"对外进行直接投资。

（一）中国参与国际直接投资的几个阶段

投资治理是伴随投资行为而产生的，因此，首先需要对中国参与国际直接投资的情况进行了解。图 4 – 3 显示了 1979—2019 年中国吸收外国直接投资与对外直接投资的变化趋势，存量用柱形表示，流量用曲线表示。

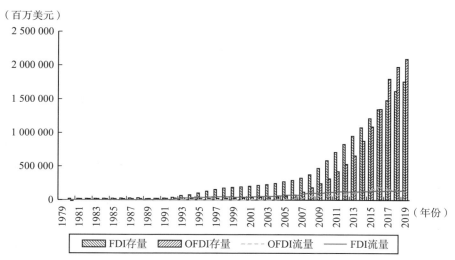

图 4 – 3 1979—2019 年中国吸收外国直接投资与对外直接投资变化趋势

资料来源：根据 UNCTAD 数据库的投资数据进行整理所得。

由图 4 – 3 可以看出，我国自改革开放之后的很长时期，无论是 FDI 还是 OFDI 一直都在低端运行，该局面直到 20 世纪 90 年代才发生改变，主要体现在中国吸收外资的规模开始飞速增长。与飞速增长的 FDI 相比，中国

"走出去"对外进行投资的能力却迟迟未能跟上，该趋势在金融危机之后有所扭转，中国对外进行投资的力度才开始加大，对外直接投资的流量和存量开始接近甚至是超过引进外资的数量。整体来看，我国的对外投资（Outward Foreign Direct Investment，OFDI）与吸引外资（Foreign Direct Investment，FDI）主要经历了以下三个发展阶段。

第一阶段：1979—1991 年，为低速增长期。改革开放使中国打开了国门，中国开始允许外国投资者进入中国市场，第一阶段初期的 1979 年，中国引进外资 8 万美元，对外投资很少，可以忽略不计。20 世纪 80 年代，中国的资本流入仍然是建立在政府信用的基础之上的，以对外借款为主要特征。[①] 受制于国家综合经济实力、国内投资政策等系列原因，中国对外直接投资的脚步相对缓慢，该趋势在 1992 年邓小平"南方谈话"之后才得到改善。第一阶段末期的 1991 年，中国引进外资流量 43.66 亿美元，存量 250.56 亿美元；对外投资流量 9.13 亿美元，存量 53.68 亿美元。这一阶段，中国无论是在外资引进还是在对外投资方面，规模都非常小。

第二阶段：1992—2008 年，为快速发展期。这一阶段，中国确立了建立社会主义市场经济体制的目标，开始向市场经济体制全面转型。中国于 1997 年提出"走出去"战略，2001 年"走出去"战略被纳入第十个五年计划中，中国的对外投资正式起步。中国加快了对外开放的步伐，无论是 FDI 还是 OFDI 都出现了快速增长，尽管受 1997 年亚洲金融危机的影响，1999 年的 OFDI 与 FDI 均出现负增长，但是并不影响整体的增长趋势。2004 年，商务部颁布了《关于境外投资开办企业核准事项的规定》、商务部与国务院港澳办联合颁布了《关于内地企业赴香港、澳门特别行政区投资开办企业核准事项的规定》，中国企业境外投资的手续大大简化，中国对外直接投资于 2004 年开始爆发性增长，吸引外资的趋势也不减。即使是 2008 年全球性金融危机的爆发也未打破中国 FDI 和 OFDI 的整体增势，2008 年中国对外投资 559.07 亿美元，与 2007 年相比增速为 110.92%；引进外资 1 083 亿美元，与 2007 年相比增速为 29.68%。

第三阶段：2009 年至今，为转型发展期。这一阶段，我国对外直接投资的步伐明显加快，OFDI 的增速整体上超过了 FDI 的增速。2013 年"一带一路"倡议的提出，对于中国企业"走出去"起到了极大的促进作用，2015 年中国对外投资流量首次超过同年引进的外资流量，2016 年开始中国

---

① 沈坤荣. 外国直接投资与中国经济增长 [J]. 管理世界，1999（5）：22 - 34.

对外投资存量首次超过引进外资的存量。当前，我国已经是仅次于美国的世界第二大对外投资国，同时也是仅次于美国的外国直接投资的接受国。由于近年来欧美发达国家对中国海外投资的限制与审核变得严厉，中国政府顺势于 2016 年年底增强了对中国企业海外投资真实性、合规性的监管，对企业"走出去"进行了适当的收缩性引导。2020 年新冠肺炎疫情的全球暴发，使全球范围内的 FDI 出现了放缓趋势，中国也不能够例外，在这样的情况下，中国仍然坚持对外开放，但是经济或将出现阶段性的"内向发展"。

（二）中国与主要发达经济体 FDI 与 OFDI 比较

以上仅对 1979—2019 年中国吸收外国直接投资与对外直接投资流量的变化趋势进行了分析与描述，为继续观察中国与世界主要经济体 FDI 与 OF-DI 的差异，本书根据 UNCTAD 数据整理计算出 21 世纪以来中国、美国、日本、欧盟 FDI 与 OFDI 占全球 FDI 与 OFDI 的比例，绘制图 4-4 和图 4-5，图 4-4 是 OFDI 流量与存量，图 4-5 是 FDI 流量与存量。图 4-4 与图 4-5 中，曲线表示流量，柱状表示存量。

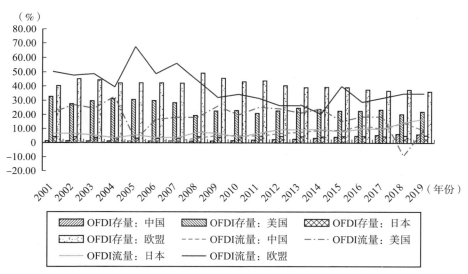

图 4-4 2001—2019 年中、美、日、欧 OFDI 流量与存量占全球 OFDI 的比例
资料来源：根据 UNCTAD 数据整理计算所得。

由图 4-4 可以看出以下几点：一是从整体趋势来看，四大经济体中欧盟是对外投资最多的，其次是美国，中国后来者居上，2015 年在 OFDI 流量方面、2016 年在存量方面超越日本，位居世界第三，中国已经成为"投资大国"，是全球最为重要的资本输出国之一；二是近几年来，中国与美国 OFDI 的流量波动较大，2018 年美国的 OFDI 流量为负，意味着美国不但没有对外投资净增长，甚至还出现了资本回流，中国的 OFDI 流量则稳步上升；2019 年中国的 OFDI 流量明显下降，美国的 OFDI 流量则呈现上升态势。中美之间 OFDI 流量呈现出来较大的反差，是两国近年来经济竞争加剧的外在表现。

由 4 – 5 可以看出以下几点：一是从整体趋势来看，四大经济体中欧盟是引进外资最多的，其次是美国，再次是中国，中国在 FDI 方面位居世界第三。但是无论从流量还是从存量角度来看，中国与欧盟和美国尚有差距。二是近十多年来，中国与欧盟和美国的 FDI 流量呈现出来反向的变化趋势，中国与美国的反向趋势更加明显：2015—2016 年，流入中国的 FDI 有所减小，但是流入欧盟与美国的 FDI 却在增加；2017—2019 年，流入中国的 FDI 有所增加，但是流入美国的 FDI 却在减少。这也体现出来中国和欧盟，尤其是美国在吸引外资方面的竞争性。

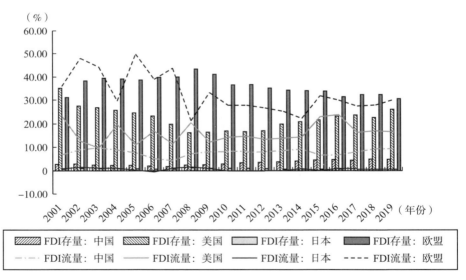

图 4 – 5　2001—2019 年中、美、日、欧 FDI 流量与存量占全球 FDI 的比例

资料来源：根据 UNCTAD 数据整理计算所得。

综上所述，当前的中国已经实现了从改革开放初期的"引进来"向

"引进来＋走出去"方向转型，虽然中国无论是 OFDI 还是 FDI 的存量都无法与欧盟、美国相比，但是中国已经缩小了与发达经济体的距离。中国已经兼具资本输入国与资本输出国的双重身份，这使得中国在国际投资规则的制定方面既有进攻利益，也有防守利益。① 这意味着中国充分具备了参与国际投资规则制定的客观基础，中国是国际直接投资的重要参与方，中国既是投资者又是东道国，中国应当会推动公正、合理的国际投资的多边规则制定。

（三）中国参与全球投资治理的情况

由于中国引进外资和对外投资起步都比较晚，对全球投资治理的参与便也相对较晚，在与投资相关的国际规则框架内是个后来者。中国对全球投资治理的参与从双边投资协定起步，逐步成长为全球多边投资规则的积极拥护者，中国的对外投资合作一直在有序发展。对应于中国参与国际直接投资的三个阶段，可以将中国对全球投资治理的参与阶段做以下划分。

第一阶段：1979—1991 年，从"局外"旁观到"局内"参与。改革开放一直到 20 世纪 90 年代初，中国的对外直接投资非常少，几乎可以忽略不计，引进外资是中国参与国际直接投资的主要形式。1982 年 3 月 29 日，中国与欧洲国家瑞典签订了新中国成立以来的第一份双边投资协定书。这一阶段，发展中国家为吸引外资，主要从资本输出国的角度参与投资规则制定，以保护发达国家对外投资安全的 BIT 是当时国际上流行的范本。尽管如此，由于国门初始打开，中国在投资规则方面重点强调维护国家主权，仅仅承诺给予外国投资者以最惠国待遇和公平公正待遇，并未承诺给予国民待遇。中国在最早缔结的 BIT 中不接受 ISDS，随后开始有条件地接受 ISDS，但是保留有"当地救济优先"的条款。

第二阶段：1992—2008 年，积极参与各个层面的投资协定谈判。这一阶段，中国对国际直接投资的参与不但有"引进来"，还有"走出去"，因此，在投资规则上不但寻求保护东道国主权，还寻求保护投资者利益，中国积极参与不同层面的国际投资谈判。在多边框架方面，1988 年中国加入了《多边投资担保机构公约》MIGA；1990 年签署了《关于解决国家与其他国家国民之间投资争端公约》ICSID；2001 年加入 WTO 以后，中国全面接纳了 WTO 框架内与投资相关的《与贸易有关的投资措施协议》TRIMs、《服务贸易总协定》GATS、《与贸易有关的知识产权协定》TRIPs。这些协定与公

---

① 林惠玲. 再平衡视角下条约控制机制对国际投资争端解决的矫正——《投资者国家间争端解决重回母国主义：外交保护回来了吗？》述论 [J]. 政法论坛，2021，39（1）：150–160.

约在我国都是具有约束力的。在双边投资协定方面，中国不但积极与发达国家达成共识，还与发展中国家进行合作，1998 年中国便与非洲国家佛得角签署了《中国—佛得角双边投资协定》。同年，中国与巴巴多斯签署双边投资协定，全面接受了 ISDS 机制。但是 2010 年之后，中国调整了对待 ISDS 的态度，设置了"用尽当地救济"的前置条件。

第三阶段：2009 年至今，逐渐以大国身份接轨国际投资高标准。这一阶段，中国已经由净资本输入国转变为兼具资本输入国与资本输出国双重身份的国际直接投资主要大国，中国在国际投资规则制定方面的参与度随之提高。在双边投资协定谈判方面，中国已经与世界上超过 100 个国家和地区签订了双边投资协定，截至 2021 年 2 月，中国对外签署双边投资协定 124 项，其中已经生效的有 107 项；签署附有投资条款的条约有 24 项，其中已经生效的有 19 项。[1] 遗憾的是，尽管中国与美国在 2013 年第五轮战略与经济对话时，便已就中国探索"准入前国民待遇 + 负面清单"外资管理新模式进行探讨，但是美国与中国迄今为止却并未签署双边投资协定。

客观来看，由于相对实力与经验的不足，当前中国在全球投资规则体系中的话语权并不充分。近十多年来，中国企业无论是国企还是民企，在对外直接投资尤其是对发达国家进行投资时遭遇了重重的阻力：2005 年，中海油收购美国尤尼科公司折戟；2009 年，中铝对澳大利亚力拓公司进行增持失利；2012 年，美国以中兴与华为威胁了美国国家安全为由，限制其进入美国市场；2018 年，美国发起对中兴的制裁事件；2019 年，美国又发起对华为的制裁事件。可以看出，中国对以美国为代表的发达国家进行投资的阻力愈演愈烈，中国企业"走出去"面临巨大困境。由于中美关系是世界上最重要的双边关系，如果美国与中国能够开展谈判，谈判成果必将成为世界各国开展双边谈判的范本，将有利于减少争端，推动全球多边投资规则体系的建立。

面对上述情况，中国从推动国内改革和推动全球投资规则多边体系建立两个方面进行了努力。在国际层面，中国借助 2016 年 G20 杭州峰会的平台，开拓性地将贸易与投资问题摆在突出位置进行讨论，成功地实现了贸易与投资工作的机制化。在此峰会上，中国推动制定了《G20 全球贸易增长战略》与《G20 全球投资政策指导原则》（以下简称《指导原则》），《指导原则》的制定成为全球投资治理领域内的历史性突破。在国内层面，中国实

---

① 资料来源于联合国贸易与发展会议数据库/国际投资协定导航（IIA Navigator）. https：//investmentpolicy. unctad. org/international – investment – agreements.

施了大量的改革措施来对接国际高规则：以上海自贸区为代表的一系列国内自贸试验区的建设中，便有许多有利于推动双向自由投资便利化的改革措施，中国还建立了以负面清单管理为核心的外商投资管理制度；2019 年年初中国版本的新《外商投资法》，宣布了一系列投资便利化的措施，建立了"外资准入前国民待遇 + 负面清单模式"；2020 年 7 月 23 日开始施行的《外商投资准入特别管理措施（负面清单）（2020 年版）》与《自由贸易试验区外商投资准入特别管理措施（负面清单）（2020 年版）》，进一步缩减了对外资准入的限制。这些国内的改革措施，既是中国因外部投资环境影响而进行的无奈之举，也是中国积极主动向国际高标准靠近的主动行为，是中国作为一个大国，应该具备的责任和担当。

二、共建"一带一路"对全球投资治理的意义

在经济全球化的过程中，投资与贸易正在走向融合，伴随着贸易保护主义势力的抬头，国际直接投资的外部环境也充满挑战。虽然世界各国均有在投资领域内建立多边规则体系的意愿，但是就建立一个什么样的投资规则体系而言，各国的立场却存在较大的差异。总体来看，发达经济体传统上侧重于对外进行投资，倾向于主张高度的投资自由化，代表性国家为美国。只是近几年来美国为维护本国利益，投资政策趋于保守，与自由主义相违背。新兴经济体传统上侧重于吸收外资，倾向于保证东道国政策空间的最大化，代表性国家为印度、巴西、南非等。但是近年来新兴经济体为吸引外资，投资政策更加倾向于自由化。对于欧盟与中国而言，则更加希望能够实现"投资自由化"与"东道国政策空间最大化"的两者兼顾。客观来看，如果要想在多边投资规则体系内有所建树，则应在"投资自由化"与"东道国政策空间最大化"之间谋求平衡。

就中国的实际情况来看，经过新中国成立之后前 30 年的积累和改革开放之后 40 多年的努力，中国已经深度参与国际直接投资及全球投资治理领域，获得了巨大收益：一是外资的进入客观上将跨国公司的先进技术、管理经验、营销渠道等带入中国，使中国的本土企业能够奋起追赶，得以不断地将产品销售至国际市场，发展成为世界工厂，"中国制造"已经成为世界各国的习惯；二是短短 40 多年，外资的流入带动了中国的外贸发展，通过出口赚取了大量的外汇资金，从一个资本极度稀缺的国家发展成为资本相对充裕的国家，这些丰富的财富又为中国对外进行投资奠定了物质基础。但是随

着中国在国际直接投资领域活跃度的增加，近年来外国对中国国有企业 OF-DI 的歧视性程度正在上升，频频以国家安全例外等理由限制中国企业的正常商业投资行为。

新冠肺炎疫情使世界不得不面对全球范围内直接投资萎缩的现实，投资领域内的竞争变得在所难免，医用物资的暂时性短缺倒逼各国开始制定各种保护性的产业政策，或将使投资领域内的竞争变得益发激烈。虽然部分发达国家暂时对中国关上了大门，但是投资领域内的竞争终究也是有限度的，是能够通过各国的合作来进行缓解的。"一带一路"建设为中国提供了更多的对外直接投资的布局区域，新加坡、韩国、哈萨克斯坦、印度尼西亚、缅甸、马来西亚等亚洲区域将成为中国对外直接投资的重要区域。除亚洲区域之外，欧洲甚至是拉丁美洲也可以成为中国对外直接投资的重点布局地区。当前是中国参与全球投资治理的重要机遇期，将通过与沿线国家共建"一带一路"，使参与国际投资的区域变得更加的多元，共建"一带一路"将从以下几个方面对全球投资治理起到积极的促进作用。

第一，能够维护发展中国家在国际直接投资领域内的话语权。从投资治理的角度来看，对外直接投资长久以来是发达国家向发展中国家的单向流动，因此投资规则的制定自然会向发达国家倾斜，只是发达国家所制定的规则难以在多边谈判中被作为东道国的发展中国家普遍接受。因此，尽管国际上多次发起关于多边投资协定的谈判，均因南北国家分歧较大而未能形成如贸易规则一样的全球性的多边规则。随发展中国家的群体性崛起，其对外投资的流量与存量都在提升，已经成为全球投资领域不可忽视的新兴力量。这便意味着全球投资治理的主体也应有发展中国家参与，发展中国家应该为维护自身利益并凸显自身的重要性而作出努力，"一带一路"建设为发展中国家提供了形成合力的重要平台。另外，发达国家在全球产业链中已经由低端制造向高端制造以及服务业转型，国际分工使发达国家会对产业链在发展中国家的环节产生依赖，因此，在全球投资规则的话语权方面，发达国家也应该愿意作出妥协。

第二，能够促进发达国家与发展中国家在投资领域的合作。尽管中国当前在整个发展中国家群体中，在吸收外资与对外投资方面贡献了最大比例，具备了与发达国家对话的实力，但是整个发展中国家群体的资本存量却并不充裕，单个国家的议价能力还很有限。2020 年初英国的"脱欧"将使欧盟作为一个整体在全球经济中份额下降，这给我们带来了很好的启示，中国如果能够通过共建"一带一路"将广大发展中国家团结起来，将能够提升整个发展中群体在世界经济中的"分量"，提升发展中国家与发达国家对话的能力。尽管当前中国尚未与世界最大的发达国家美国签署双边投资协议，但是中国已经与德国、英国等欧洲发达国家，与加拿大这样的北美发达国家在平等互惠的基础上签订了双边投资协议，中国具备与发达国家在全球投资领域进行协商的经验。中国可借助"一带一路"建设平台，搭建起发达国家与发展中国家沟通的桥梁，整合碎片化的投资治理规则，构建国际直接投资在全球范围内的规则框架。

第三，能够增加对沿线国家的投资促进全球价值链整合。通常情况下，资本稀缺的国家没有条件通过国际分工将自己嵌入至全球价值链中，从而无法在全球化中受益。因此，吸收外资对于资本稀缺的国家尤为重要，其意义不仅在于获得资本，更在于取得技术、渠道等附加禀赋，还在于FDI会在客观上帮助资本稀缺国家的产品嵌入至全球价值链，进一步促进全球价值链的整合与升级。全球价值链中，不仅有高附加值环节，也有低附加值环节，是缺乏任何一个环节都无法运行的。无论是为追求效率还是为寻求资源考虑，外资流入都能够促进东道国融入全球价值链，如果东道国能够把握住机遇，是能够在全球价值链中得到攀升的。当前的中国与美国、德国一样，已经是一个全球贸易网络的中心之一，对于发展中国家而言，靠近这样的中心必然有助于其融入全球价值链。中国可以通过对"一带一路"沿线国家的投资，帮助发展中国家克服资金短缺的限制，在全球价值链上实现从提供原材料、向参与初级制造业、再向参与高级制造业的转变。

第四，能够为经济全球化向前发展提供和平环境。当前全球投资治理的碎片化较大程度上在于利益在各国间分配的不平衡，世界各国都试图为本国争取更加有利的投资规则。这个过程中各国出于维护本国利益考虑，必将在规则制定方面出现分歧，如果分歧长期无法调和，或是任由个别强权国家制定强权政策，不但会使全球投资治理框架迟迟无法构建，也将破坏第二次世界大战之后来之不易的和平稳定的经济发展环境。合作才能够共赢，团结才能够发展，在美国等国家不断提高投资标准挤压发展中国家生存空间时，中国可以通过"一带一路"与广大发展中国家建立投资关系，使发展中国家始终与全球经济紧密相联。中国当前的资本已经不再稀缺，应在平等互惠的基础上对资本仍旧缺乏的发展中国家进行投资，并制定有利于双方的投资规则；在引入外资方面，中国也可以与发展中国家一起制定规则，对外资的质量提出要求。只有共同发展才能够共享和平,中国对全球投资与投资治理的参与度应该在质与量两个方面共同提升。

第四节 "一带一路"是中国参与
全球投资治理的方案

2008 年的全球性金融危机使全球对外直接投资的节奏被迫放缓,2020年的新冠肺炎疫情不仅打断了世界经济的复苏进程,还促使不少国家重新考虑将制造业向多元化方向分布,加速了全球投资结构的重构。接二连三的外部冲击改变了不同类型国家的力量对比,引发了一系列逆全球化的行为。但是合作是唯一正确的选择,从人类的长远利益考虑,唯有各国加强合作才能够共同面临世界经济领域内出现的各种新问题。2013—2019 年,中国对"一带一路"沿线国家累计直接投资 1 173.1 亿美元,设立企业近 1.1 万家;截至 2019 年年底,中国对"一带一路"沿线国家累计直接投资 1 794.7 亿美元。① 中国对"一带一路"的投资正在扎实推进,"一带一路"可以成为中国参与全球投资治理的平台,本书提出以下建议。

一、以对"一带一路"沿线国家基础设施建设的投资为契机,带动各国投资规则趋同并促进区域经济增长

全球性金融危机与新冠肺炎疫情的接二连三的打击,使国际投资市场陷入持续低迷,许多发达国家利用国内的经济政策加紧了对外资的监管与审查,这成为全球对外直接投资增速持续下降的又一重要因素。在这种情况下,向"一带一路"沿线的发展中国家进行投资或将成为柳暗花明的务实之道,由于基础设施建设是"一带一路"建设的基础环节,其投资应成为中国对外直接投资的重要选择。对"一带一路"沿线国家而言,基础设施的联通不但有利于"一带一路"沿线国家克服地理空间的限制、消除制约对外直接投资的有形壁垒,能够促进各国之间的资本流动,还能够通过促进投资规则的趋同来提升区域的经济发展水平。纵观世界,区域经济发展水平高、投资环境好的区域一定是基础设施能够互联互通的区域。

---

① 中国对外投资合作发展报告编写组. 中国对外投资合作发展报告 2020 [R]. 北京:中华人民共和国商务部,2021 – 02 – 02.

（一）发达国家基础设施建设与经济增长相互促进的实践

国际经验表明，基础设施建设的联通能够促进投资与贸易活动的开展，能够带动一个国家的经济增长。在基础设施建设领域，美国无疑是走在前列，20 世纪 50 年代美国便已建设成覆盖全美的高速公路网，这是美国经济在之后的几十年内能够获得前所未有发展的基础。20 世纪 90 年代，美国时任总统克林顿便提出要建设 21 世纪的"信息高速公路"，由综合集成的信息网络、通信技术、各种形式的信息与信息设备、从业人员和用户所构成，是四通八达的电子通信网络。"信息高速公路"领域内的基础设施建设使美国的信息产业得到蓬勃发展，带动了美国经济的持续高速增长，拉开了和当时处于追赶状态的日本与欧洲的距离，奠定了美国当前在信息技术产业领域的垄断地位。①

主权国家内部的基础设施建设能够带动单个国家的经济增长，跨区域的基础设施建设不但能够带动单个国家的经济增长，还能够促进区域经济发展水平甚至是经济一体化水平的提升。经济一体化通常发生在地理距离邻近、文化相似的区域，通常从优惠贸易安排开始，按照以下顺序演化，即优惠贸易安排→自由贸易区→关税同盟→共同市场→经济同盟→经济一体化。欧盟是世界上最具影响力的区域经济一体化组织，是一个能够使数十个国家联合起来共同对外进行投资与贸易谈判的超国家经济体，正是按照这样的轨迹发展而来的。欧盟的区域内已拥有世界上最为完善与均等的基础设施建设体系。基础设施的互联互通对于欧盟国家经济的发展和一体化起到了正向的促进作用。

欧盟区域内的无国界交通运输并不是天然就存在的，经历了欧共体时期和欧盟时期。欧共体时期，欧共体各成员国的市场尚处于分割状态，在交通、能源、通信等方面的互联互通水平较低，成员国之间的各类要素并不能充分流动。1991 年 12 月《欧洲联盟条约》（又称《马斯特里赫特条约》）签订、1993 年 11 月条约生效之后，欧盟才明确规定建立一系列跨区域的基础设施网络，包括：跨欧盟交通基础设施网络、跨欧盟电信基础设施网络与跨欧盟能源基础设施网络等。欧洲各国从煤钢、原子能利用委员会的协调功

---

① 曾津. 中国"新基建"与美国"信息高速公路计划"及其比较研究 ［J］. 新经济, 2020 (12)：28－30.

能开始开展区域内的基础设施建设,一步一个脚印,极其务实。① 经过不懈的努力,在交通基础设施网络方面,欧盟境内的公路、铁路线、机场、内河航道、海上航线、港口逐步实施了统一规划,区域内不但建成了覆盖欧洲的交通网络,还实施了统一的铁路、公路等规则。在基础设施的互联互通过程中,欧盟各国促进了与基础设施有关的规则的统一。

随着欧盟基础设施的互联互通,域内国家合作的领域逐步宽泛,投资与贸易规则逐步统一、欧元体系逐步建成,欧盟区域内的经济实现了最大程度的一体化,这非常有利于域内国家投资、贸易甚至是货币金融活动的开展。据 WTO 数据显示,21 世纪以来,中间品贸易占全球贸易的平均比重为60%,而欧盟中间品贸易占全球贸易比重高达80%,区域内无国界的交通与运输以及在此基础上实现的经济一体化极大地降低了交易成本,促进了贸易与投资的发展。经济一体化不但可以使欧盟以统一的整体的身份对外进行投资、贸易与金融谈判,还能反过来促进欧洲经济一体化向纵深发展。2008年金融危机之后,欧盟推出欧洲投资计划,即"容克计划",推动建设扩大的泛欧运输网络。尽管当前的"一带一路"建设并未形成统一的制度性框架,但是欧盟在基础设施方面互联互通的实践,正是"一带一路"的基础设施建设期望实现的效果,对中国具有积极的启示意义。

(二)"一带一路"与中国的应对思路

基础设施建设属于公共产品的范畴,需要大量的资金投入,跨区域的基础设施建设是一项更加复杂的系统工程,除去需要大量的资金投入之外,背后还有国家利益的考量。基础设施建设完善的国家通常都是资金充裕的国家,发展中国家因资金缺乏常常会陷入基础设施建设水平低、吸引外资难度大、经济发展水平无法得到提升的恶性循环。"一带一路"覆盖范围广,包含国家众多,基础设施的建设水平差异较大,这不仅制约了单个国家的经济发展,基础设施建设水平的参差不齐又弱化了各国相互之间的联动能力,区域国家的经济水平很难在整体上得到提升。对于大多数发展中国家而言,对于资金的需求非常迫切,经济发展在很大程度上依赖于外国直接投资。发达经济体的跨国公司是传统上对外直接投资的主体,但是当前的发达经济体为防止国内产业"空心化",通过各种政策倒逼跨国公司将资金从海外撤回,这便降低了发达国家的跨国公司在海外的资金供给,增加了发展中国家获得

---

① 刘志彪,徐宁. 统一市场建设:长三角一体化的使命、任务与措施 [J]. 现代经济探讨,2020 (7):1-4.

发展资金的困难。

对于中国而言，改革开放四十多年积累了大量的资本可供对外投资，为充分利用闲置资金并向全球价值链高处攀升，中国期望通过向发达经济体进行投资来获取实现，但是以美欧为首的发达经济体于近年来普遍加强了对外国直接投资的审查和监管，动辄以"窃取技术、盗取数据、妨碍国内市场公平竞争"等理由，对外国投资者进行不合理调查并实施准入限制。美国与诸多国家的贸易摩擦以及地缘政治冲突所带来的不确定性、全球宏观经济持续下行的趋势等打击了中国企业对发达经济体进行直接投资的信心。在这种情况下，中国对"一带一路"沿线国家的投资不但能够为国内富余的资金寻找出口，也可以为发展中国家解决资金短缺的燃眉之急，是能够实现合作共赢的举措，对"一带一路"基础设施建设的投资是非常好的切入点。

与"一带一路"沿线国家共建基础设施能够促进资源优化配置，将沿线各国的相对比较优势发挥充分，有助于实现多方共赢：一是沿线各国能够得到建设基础设施所用的资金，改善沿线国家的投资环境，倒逼其国内的工业化改革并促进国内经济结构转型，中国也可以实现国内富余资金与过剩产能的海外利用；二是中国劳动密集型的产业可以转移至周边仍然具有劳动力成本优势的国家，沿线国家低成本的劳动力也可以由此进入全球市场参与国际分工；三是沿线国家可以通过服务外包、许可经营等方式更加方便地承接中国转移的制造环节，嵌入全球价值链，毕竟，对于全球市场参与度较小的国家而言，通过基础设施建设参与区域经济一体化将是其产品得到国际认可的有力跳板；四是将为中国以及沿线国家的经贸合作疏通海陆通道，中国可以通过"一带一路"平台与沿线国家进行能源等方面的合作，能够共同抵御或将有的能源危机所带来的风险。

尽管从当前甚至未来的很长时间来看，无论是实现"一带一路"沿线基础设施的互联互通，还是实现区域经济一体化，均路途遥远困难重重，但是"一带一路"基础设施建设使沿线国家的互联互通、经济增长、规则趋同甚至是经济一体化成为可能，是一件功在千秋的事情，本书提出以下建议。

第一，着力推动"一带一路"沿线国际铁路通道建设。中国的对外开放是由沿海到内地依次推进的，中国在海洋贸易方面拥有较大的优势。因此，在"一带一路"国际通道建设方面，中国理应以既有的沿海经济带为支撑，推动共建三大蓝色经济通道维持传统优势，还应开辟依托陆地的国际铁路通道，挖掘新的优势。国际铁路通道的建设不但能够使中国的内陆和沿边地区成为对外开放的前沿，连接欧亚非大陆上的众多国家，还能够将活跃的亚太经济圈与发达的欧洲经济圈紧密地联系在一起，为中国新一轮的对外开放提供新的方向。铁路运输业与海运相比，速度快、运量大，货物到达时间的确定性强，铁路末端的目的地城市通常是交通枢纽，更加方便货物到达以后的"尾程派送"，在"一带一路"中蒙俄、新亚欧大陆桥、中国—中亚—西亚、中巴、中国—中南半岛、孟中印缅六大经济走廊建设中，国际铁路通道应该先行建设。

第二，积极推动"一带一路"数字基础设施互联互通。随着数字化、网络化与信息化的迅速发展，数字经济已经成为当前各国发展的新动能，也将成为后疫情时代世界经济推动世界经济向前发展的新引擎，近年来，数字基础设施建设引起越来越多的关注。2015 年《推动共建丝绸之路经济带和21 世纪海上丝绸之路的愿景与行动》中便提出，要共同推进"一带一路"跨境光缆等通信干线网络建设，畅通信息丝绸之路。2020 年中国提出的"新基建"本质上便是数字基础设施建设，"数字丝绸之路"建设恰逢其时。"一带一路"沿线国家数字基础设施建设的发展水平与发达国家差距较大，内部发展非常不平衡。①"数字丝绸之路"如若建设不好将无力应对由黑客、恐怖分子、发起网络战的主权国家或者情报机构等造成的网络威胁；"一带一路"沿线数字基础设施建设的需求很大，如若建设得当，将有助于弥合沿线国家的"数字鸿沟"，为沿线国家的经济增长挖掘出更大的潜力。

当前"一带一路"沿线的捷克、斯洛伐克、匈牙利等欧盟国家需遵守欧盟的《通用数据保护条例》（GDPR）；印度于 2019 年 12 月通过的《个人数据保护法案》要求互联网公司在印度收集的关键个人数据在脱敏后才可转至国外处理，否则必须存储在印境内；新加坡等 CPTPP 协议签署国必须遵守"通过电子方式跨境转移信息"条款。中国目前尚未与"一带一路"沿线国家达成任何有关数据跨境流通的协议，"一带一路"沿线国家在数字基础设施建设方面尚缺乏完善的协调机制。虽然 2019 年 G20 大阪峰会上 24个国家签署了《大阪数字经济宣言》，但是"一带一路"沿线的印度、印度尼西亚等国家并未签字，认为数据跨国间的分隔会使发展中国家从数字贸易中受益。除此之外，美国于 2020 年 2 月批准了《安全和可信电信网络法》，将被其视为威胁国家安全的行为进行了限制，如果被更多国家仿效，对数字经济的投资将变得困难。可以预见，推动"一带一路"数字基础设施的互

---

① 彭德雷，郑珺."一带一路"数字基础设施投资：困境与实施［J］. 兰州学刊，2020（7）：98－111.

联互通将很艰难，但是将有助于在此领域内形成新的规则体系，将为全球投资治理的"数字基础设施"部分提供范例。

第三，在基础设施互联互通中促进投资规则渐进统一。实现"一带一路"沿线基础设施的互联互通并非易事，一是"一带一路"覆盖区域广泛，基础设施建设投入资金巨大，建设周期长；二是"一带一路"基础设施建设需要处理政府之间、政企之间、投资者与运营机构之间的复杂关系。但是对基础设施建设的投资是所有对外直接投资项目中的一个特例，所需构建的PPP模式、BOT模式等投资运营模式也是跨国公司对外进行直接投资时需考虑的共同关系、需面临的共性问题，对于其他投资项目的开展具有启示和示范意义。不妨认为，服务于基础设施建设的营商环境的改善，融资模式的拓展与融资平台的构建，甚至是基础设施的局部设计和技术标准的对接等，都能够或直接或间接地对区域国家的投资规则产生影响。因此，基础设施领域内的规则的统一，对于区域投资规则的趋同能够起到事半功倍的效果，在实践过程中应注意两者之间的相互促进。

第四，推动成立中立的国际经济组织进行居中协调。"一带一路"沿线国家众多，各国的经济发展水平较为悬殊、地缘政治复杂、宗教文化各异，这与欧盟成员国在政治、经济、宗教文化等各方面具有较多的相似性有很大的不同。"一带一路"基础设施建设过程中必然会涉及国家主权、国家安全、基础设施建设的整体规划、技术标准体系的对接等一系列问题，需要尊重沿线各个国家的实际情况，照顾各方的利益来统筹规划。中国在对外进行投资时的国有企业比重过大，欧盟委员会就表现出来对外来投资者，特别是中国的国有企业收购欧洲拥有关键技术的公司的担忧。因此，沿线各国共建"一带一路"基础设施的过程中，不但需要重视公私合营模式中民营企业占比过低的问题，还需要有一个类似欧盟委员会的国际组织来承担组织与协调工作。中国不是一个霸权国家，不会用霸权来制定仅维护自身利益的条款，但是中国是发展中国家中最大的一个，可以充分发挥亚洲基础设施投资银行等既有国际经济组织的作用来就分歧进行协调。甚至，作为"一带一路"倡议的发起国，中国还可以主导成立专门的国际经济组织来服务于"一带一路"基础设施的互联互通。

二、通过营造良好的营商环境推动"一带一路"沿线投资便利化，在高标准与国内政策空间之间谋求平衡

营商环境是制度的有机组合，是一种兼具物质形态和制度形态的特殊的

公共产品,前者如基础设施,后者如法规政策。全球将近 2/3 以上的贸易是由跨国公司通过全球价值链带来的,跨国公司的国际直接投资可以被看成是国际贸易与全球价值链增长的引擎。① 因此,营商环境本质上是关于是否设置投资壁垒的问题,通常情况下,各国都致力于消除投资壁垒来改善营商环境。良好的营商环境可以降低创业成本,是吸引跨国公司进行直接投资的重要因素,良好的营商环境也是国家治理现代化的重要标志之一,是全球经济治理的重要方向和内容。目前来看,发展中经济体的营商便利程度正在追赶上发达经济体,但是差距仍然较大,中国应通过"一带一路"建设与沿线经济体共同努力,改善自身和区域的整体营商环境。

(一)发达经济体通过改变营商环境来影响跨国投资

世界银行专门构建了全球营商环境评价指标体系,主要设置了 12 个一级指标,分别为开办企业、办理施工许可、获得电力供应、登记财产、获得信贷、保护中小投资者、纳税、跨境贸易、执行合同、办理破产、雇佣员工、政府采购。根据该指标体系,世界银行《2020 年全球营商环境报告》将全球营商环境排名前十位的经济体确定为新西兰、新加坡、中国香港、丹麦、韩国、美国、格鲁吉亚、英国、挪威与瑞典。可以看出,排名前十位的经济体均为发达经济体和开放经济体,在这些国家或地区创办企业时间短并且花费小,其经济发展水平与良好的营商环境正向相关。《2020 年全球营商环境报告》中显示:低收入经济体的企业家通常会花费该国人均收入的50% 来创办公司,高收入经济体的企业家仅需花费 4.2%。在排名垫底的全球 50 个经济体中,创业所需的平均时间是排名前 20 位经济体的近 6 倍。②

尽管发达经济体相对于发展中经济体而言拥有更加完善的投资环境,但是正如近年来以美国为代表的发达经济体的贸易政策由自由主义转向了保护主义一样,美国的投资政策也转向了保护主义:美国为本国企业的对外投资、其他国家企业对美国的投资都设置了壁垒。换而言之,近年来以美国为代表的发达经济体的营商环境设定是遵循双重标准的,即制定政策吸引本国的制造业回流,同时又为以中国为代表的企业进入美国进行投资设置障碍:一是通过降低国内税收来吸引制造业回流,又通过增加边境关税人为干预本国制造业向境外投资,倒逼本国制造业回流;二是动用行政影响力为本国制

---

① 詹晓宁,欧阳永福.《G20 全球投资政策指导原则》与全球投资治理——从"中国方案"到"中国范式"[J].世界经济研究,2017(4):3-13.

② World Bank Group. Doing Business 2020 [R]. Washington,DC:The World Bank,2019-10-24.

造业融资提供宽松的法规环境、设置对关键技术的出口管制、对本国传统能源产业的发展进行环境规制方面的松绑；三是对中国高技术产业进行重点关注等。上述投资保护主义的举措使全球 FDI 流量大幅度地下降。

以美国为代表的发达经济体近年来的经济政策，固然在客观上改善了国内的营商环境，但是受益者仅限于美国的本土企业。即使是对美国的本土企业来说，诸如降低国内税收之类的财政政策也会存在一些问题：一是减税虽然能够降低企业的运行成本、促进部分制造业回流，但是实施效果究竟如何还要看制造业回流所带来的盈利是否能够弥补因减税而愈发巨大的财政赤字；二是对于已经在全球布局生产和销售环节的高科技公司来说，受制于配套供应链等因素，减税政策并不会降低跨国公司将生产线搬回美国的成本。从实际执行效果来看，美国国内减税政策的吸引力并不如预期般强大。但是在美国的带动下，日本、德国等国政府也表示支持本国企业转移或回迁产业链并加强本国的产业保护，这些举措势必给全球产业链及全球投资规则体系带来重要影响。

近年来，美国在国际贸易与投资领域对中兴与华为进行了频繁打压，美国参议院通过《外国公司问责法案》（Holding Foreign Companies Accountable Act，HFCA）允许美国证监会对中国的审计机构进行长臂管辖，这种"证券监管政治化"的行为使得中资科技股在美国的融资环境会因中美关系的演变而发生变化，变得愈发不确定。"有选择的干预"倾向还体现在美国与其他经济体进行的 BIT 谈判中，美国的谈判代表倾向于在谈判文本中制定一系列的投资保护主义条款，例如：限制本国企业对外投资的保护性规定、削弱发展中国家优势企业竞争力的国有企业竞争中立条款、针对发展中国家制造业升级的禁止技术当地化条款。虽然不少国家可能会因为美国的强势而签署带有投资保护主义色彩的协议，但是这种做法必然会使贸易领域内以邻为壑的影响传导至投资领域，国际投资将变成零和游戏。

（二）"一带一路"与中国的应对思路

营商环境与制度是互动发展的，新中国成立 70 余年，中国已经形成了非常稳定的制度，这为中国的经济发展与营商环境的建设提供了很好的保障。中国的营商环境是随改革开放之后的招商引资活动逐步改善的。与发达经济体近年来实施的投资保护主义相比，中国致力于推动投资自由化与便利化，中国可以填补发达经济体向发展中经济体投资不足的空缺，增加对"一带一路"沿线国家的投资，在此过程中，中国可以推动沿线国家营商环境的改善。中国关于营商环境的改革与中国参与国际直接投资的三个阶段相互对应，对其进行梳理或许可为"一带一路"沿线广大发展中国家营商环境的改善提供借鉴。

第一阶段：1979—1991 年的探索阶段。这一时期，中国的经济发展水平相对薄弱，政府热衷于推动招商引资活动，1980 年深圳经济特区的成立可以被视为是中国招商引资的"破冰"之举。随着招商引资力度的加大，深圳特区的营商环境得到极大的提升，再加上深圳特区享受的特殊优惠政策，经济发展水平呈现出超高速发展的趋势。值得注意的是，出于保护本国重点领域、弱势领域、敏感领域的目的，长期以来中国的农业、金融等领域是不对外资开放的。

第二阶段：1992—2008 年的快速发展阶段。1992 年邓小平"南方谈话"之后，关于招商引资的理论进入政府视野，各级政府为了增加对外资的吸引力，通常会对外资给予超国民待遇。中国政府对外资的超国民待遇在这一时期拉动了中国 GDP 的快速增长，但是以当前的视角来看，超国民待遇并不意味着就是好的营商环境，因为按照市场经济所要求的公平竞争原则，对外资给予超国民待遇，客观上伤害了本国企业的利益，弱化了本国企业在国内外市场的竞争力。

第三阶段：2009 年至今的优化调整阶段。这一时期，受以美国为代表的发达国家推行的保护主义政策影响，中国更加注重改善国内的营商环境，美国当前抑制跨境投资的外部冲击对于中国而言既是挑战，也是对自身制度进行改革的契机。当发达国家在投资领域推行保护主义政策的时候，中国同步推行了对内的制度改革和对外的开放政策：2013 年上海自由贸易试验区的设立是中国国内制度改革的试验；同年"一带一路"倡议的提出，是中国对外提出的更加开放宣言。

面对愈演愈烈的投资保护主义，中国期望通过对国内局部区域的试验，稳妥渐进地与更高水平的国际营商环境对接，在高标准与国内政策空间之间谋求最佳平衡。"营商环境就是生产力"，不但能够推动创业、促进投资、倒逼企业竞争力的提升，还能够向全球贸易与投资伙伴发出中国政府致力于进一步开放国内市场的信号。中国近年来进行了许多营造良好营商环境的改革，主要体现在以下几个方面。

首先，自由贸易试验区与自由港建设。与改革开放初期设立的经济特区、经济园区不同，自贸试验区并不是政策洼地，区内并无任何特殊优惠政策，自贸试验区是中国对接国际高标准、引领对外开放的制度高地。自上海自由贸易试验区成立至今，对外资的"准入前国民待遇＋负面清单"管理模式已覆盖至更广区域，中国形成了东西南北中协调、陆海统筹发展的开放态势。中国还在积极推进高水平的自由贸易港建设，把"境内关外"这一概念作为重中之重，将把"一线放开、二线安全高效管住、区内自由"制度在自由贸易港内落实。自由贸易试验区与自由港是开放层次更高、营商环境更优、辐射带动作用更强的开放新高地，能够让跨国公司更加高效地从事跨境经济活动，能够更加有效率地推动国际贸易与投资的发展。

其次，对外资进行规范化与法制化管理。过去为吸引外资进入常常给跨国企业提供"超国民待遇"，当前正在逐步将对外资的"超国民待遇"变为平等的"国民待遇"，即按照市场经济原则，在合理的范围内，既不给予外资超国民待遇，也不对其施加歧视性政策。2020年1月1日《中华人民共和国外商投资法》的施行标志着中国正在通过立法的形式给予外资"国民待遇"，《外商投资法》取消了对证券、基金、保险、期货、汽车等敏感行业外资控股权限制，外商既可以在合资企业中取得控股地位，也可以设立独资子公司。甚至在原先被保护的、更为敏感的农业领域，中国也正在尝试进行一些更加开放的探索。面对企业税赋较重的问题，2019年3月，最高法院公布了对《中华人民共和国企业破产法》的司法解释，简化了破产程序并增加了透明度、澄清了债权、加强了总体破产管理框架。

最后，转变政府职能推动"放管服"改革。为优化营商环境、激发市场活力，中国通过"简政放权、放管结合、优化服务"来推动政府职能转变。2016年海关总署会同24个关联政府机构，启动国际贸易"单一窗口"标准版建设；当前，联通25个部门的数据、16个功能模块、覆盖全国各个港口约600种跨境贸易的国际贸易"单一窗口"已经在全国范围内实施。[①]2020年1月，国务院颁布的《优化营商环境条例》（以下简称《条例》）正式生效，《条例》中对削减繁文缛节、精简行政审批、健全监管、健全行政执法等作了规定。北京、上海等城市随后也在国务院颁布的《条例》的基础上，出台了地方性的、更加细化的《优化营商环境条例》。为了改革被有效实施，中国在中央和地方层面均建立了激励与问责机制，对改革进展进行定期检测和评估。

上述措施及政策的实施意味着中国如今更加自信、更加开放，中国市场变得更加自由，中国企业已能够有足够的勇气与外企进行公平的竞争。自

---

① 世界银行.中国优化营商环境的成功经验：改革驱动力及未来机遇［R］.华盛顿特区：世界银行，2020－07－27.

2013 年"一带一路"倡议被提出以来,中国在几乎所有《营商环境报告》的指标中都取得了进步。截至 2019 年,中国的营商环境排名全球第 31 位,累计上升 65 位,被列入全球营商环境改善幅度最多的十大经济体。2019 年中国的营商环境得分为 77.9 分,低于 OECD 国家平均得分 78.62 分,但是在"一带一路"沿线国家中处于相对不错的位置。"一带一路"沿线国家营商环境的平均得分为 71.46 分,高于世界平均水平的 58 分。其中,有超过 50% 的"一带一路"沿线国家得分超过 70 分,只有极少数国家得分低于 55 分。如果中国的营商环境能够与国际营商环境完全一致,那么在投资壁垒方面,中国就实现了零壁垒。彼时,中国的市场经济地位将会被完全承认,不会再因这个原因成为少数发达国家的攻击对象。中国的改革经验还可以复制推广至"一带一路"沿线,促进"一带一路"沿线的贸易与投资自由化与便利化。

优化营商环境是增强一个国家核心竞争力的关键所在,尽管中国在营商环境的优化提升方面已经取得了较大的进步,但仍然有较大的提升空间。"一带一路"沿线国家的营商环境也需要进一步提升,中国可以进行以下方面的努力。

第一,复制并推广中国迅速提升营商环境的成功经验。尽管中国在构建营商环境方面起步晚,起点较低,但是自"一带一路"倡议提出之后,中国仅用短短的 6 年时间,全球排名就提升名次累计 65 位,已经十分接近高收入国家的平均标准。世界银行《2019 年营商环境报告》中对中国 7 个领域内的改革进行了认可;《2020 年营商环境报告》中对中国 8 个领域内的改革进行了认可。实践已经证明,中国国内开展的一系列改革措施是成功的,中国的开放政策也是正确的,只有中国自己把营商环境改良,其对外所提出的建议才能够被其他国家认可并且接纳,中国参与投资治理的方案才能够具备说服力。中国当前成功的经验,既可以自上海自由贸易试验区辐射影响至全国范围,也可以推广至"一带一路"沿线、带动落后国家继续追赶国际高标准。

第二,学习并总结"一带一路"沿线国家的经验与教训。中国是世界上最大的发展中国家,中国提出"一带一路"倡议,并不是要建立"发展中国家俱乐部",而是期望与"一带一路"沿线众多的发展中国家一起,实现整个区域经济实力的提升。"一带一路"的沿线不仅有发展中国家,也有营商环境远远高于中国的发达国家,比如新加坡。中国应立足国情,借鉴新加坡等国家的成功经验进行,建立起与国际接轨的更高标准的营商规则体系。事实上，近几年《营商环境报告》发布之后，中国都会联合世界银行举办优化营商环境高级别国际会议，已与新加坡等全球营商环境改革成功者进行了经验交流。不但如此，中国还应从营商条件相对落后国家的失败教训中找出原因，总结出一般性的规律，为其提供各种支持帮助其发展，并鞭策自己更上一层楼。

第三，结合实际在国际高标准与国内政策空间之间谋求平衡。当前的中国不但自身需要对标世界银行全球营商环境评价指标体系等国际标准，打造国际化、法制化、市场化、便利化的营商环境，也要带领"一带一路"沿线的众多发展中国家朝这一目标迈进。只是各国的发展阶段并不一致，并不能够在短时间内实现这样的高标准，这就需要允许这些国家结合自身实际，为国内政策预留适当的政策空间。对于中国自己而言，在特定的历史发展阶段也实施了一些的保留政策，经历了 40 多年的发展才能拥有今天的良好局面。甚至是当前，中国出于国情考虑，在某些领域内的开放度仍然是有所保留的，只是这种保留正在随中国的强大以及对全球化的深度参与而日趋减少。由于国家的营商环境与经济发达程度正向相关，提升自己的经济实力是中国与沿线国家的首要任务。

三、将"一带一路"沿线的区域与双边投资协定向全球推进，促进形成全球投资规则的多边框架

由于不同类型国家的分歧较大，全球范围内迟迟未能建立起投资规则的多边框架。当前区域国家之间最新签订或者修订的自由贸易协定中都会有与投资有关的条款，投资规则还会以区域和 BIT 的形式出现，BIT 是近二三十年来增长最多的国际经济规则。投资规则过度碎片化的弊端是非常明显的，不但使全球投资治理变得低效，还加剧了国家间的对立。因此，如果能够促进"一带一路"沿线的区域与双边投资协议的融合，在规则融合的过程中促进形成跨区域的、甚至是全球投资规则的多边框架，将是中国及"一带一路"沿线各国对全球投资治理的贡献。

（一）发达经济体制定投资协议的思路

2008 年的全球性金融危机使发达经济体的贸易与投资政策趋于保守，2020 年的新冠肺炎疫情又强化了各国的保护主义政策，这些都使得全球对外直接投资的增速放缓。自 20 世纪 90 年代全球投资快速发展之后，BIT 数量剧增，但是随着全球投资环境的较大改变，以及大量双边投资协定的到

期，近年来很多国家对 BIT 协定进行重新谈判与修订。其中，最具代表性的便是 2012 年 4 月美国政府公布的《双边投资协定》的示范文本。美国《双边投资协定》范本最早一版于 1982 年制定，1994 年与 2004 年分别推出第二版与第三版。2012 年的版本则是在 2004 年版的基础上修订而成，因此 2012 版继承了 2004 版的核心条款，最主要关注的仍然是东道国如何实行准入前国民待遇、东道国如何在面临金融危机时实施审慎监管措施的问题。[①]

2012 年版的美国 BIT，是非常严格的双边投资协定范本，该 BIT 范本具有保护投资的最高标准，其涵盖的深度与广度对全球投资规则带来了巨大冲击。这种更高标准的全球投资规则也体现在对外国投资的筛查机制上，联合国贸易与发展会议发布的《世界投资报告 2019》中的数据显示，2011 年以来，至少有 11 个国家引入了新的筛查框架，延长了筛查程序的法定时限，增加了受筛查的部门或活动，扩大了外国投资者的披露义务，对不遵守通知义务的行为引入了新的处罚规则；2018 年全年，约有 55 个经济体出台了至少 112 项影响外国投资的政策措施，主要关注点在基础设施建设、核心技术、国家安全等方面，至少有 22 项大型并购交易或因监管或因政治原因被撤销或冻结。这些数据表明了世界各国尤其是发达国家对外国投资更为严苛的立场。

由于美国是世界第一大经济体，其对于世界有巨大的影响力，美国的 BIT 版本不但会被美国复制应用至任何与其建立双边投资关系的经济体中，还会被其他的发达经济体效仿，有可能逐步成为世界各国签署 BIT 的范本。例如，《北美自由贸易协定》中与投资有关条款便是依据美国 BIT 范本，如今已成为当前 NAFTA 的升级版《美国—墨西哥—加拿大协定》的投资条款的重要来源，这说明美国的 BIT 版本不仅适用于双边协议，也适用于区域协议。自美国 2012 年 BIT 协定范本被公布以来，追求高投资待遇、高度自由化，但又强化投资保护的美国模式的 BIT 协定便因成为各国效仿的范本而变成新的发展趋势。追求高水平的投资标准本身并无不可，只是过高的投资标准还有被过度使用之嫌，例如，在 2012 版的 BIT 范本中，对"被授予政府职权的国有企业及其他人"进行定义；[②] 规定不得有技术本地化的履行要求；[③] 要求东道国允许外国人适当参加技术标准制定，[④] 许多条款被普遍认

---

① 崔凡. 美国 2012 年双边投资协定范本与中美双边投资协定谈判 [J]. 国际贸易问题，2013 (2)：123 – 131.

② 美国 2012 年 BIT 范本第二条第 2 款脚注 8。

③ 美国 2012 年 BIT 范本第八条第 1 款（h）段及脚注 12。

④ 美国 2012 年 BIT 范本新增内容为第十一条第 8 款。

为是特别针对中国而设定的。

　　与更高标准的 BIT 协议相应的便是投资领域的保护主义大行其道，表现为以美国和欧盟为首的发达经济体对外国直接投资的审查与监管更加趋于严格。近年来美国外资投资委员会（The Committee on Foreign Investment in the United States，CFIUS）常常以"国家安全"为由阻碍外国投资者进入美国市场，其中，中国受审查案例数已接近20%。[①] 2018 年 8 月，特朗普总统签署了《外国投资风险审查现代化法》，愈发强化了对在美外国企业的审查。在美国的带动下，欧盟于 2019 年 4 月出台了《关于建立欧盟外国直接投资审查框架的条例》，以安全和公共秩序为由强化了对外资的审查范围与力度。[②] 2020 年 3 月欧盟委员会颁布了《有关外商直接投资和资本自由流动、保护欧盟战略性资产收购指南》，2020 年 4 月德国宣布修改《对外经济法》，目的在于在对非欧盟国家投资实施更加严格的审核，德国政府通过这次法律修订对外资并购德国企业的审查进一步升级。

　　上述保守主义的做法，严重打击了跨国公司对外直接投资的积极性，一些特别针对中国的做法，严重影响了发达经济体与中国之间的关系。从人类的长期发展趋势角度考虑，对立总是会被合作所取代，从技术层面来看，这些新增加的苛刻条款，并不构成中美 BIT 谈判的实质性障碍。如果中国与美国以高标准的美国 BIT 范本为基础进行谈判，主要障碍将出现在准入前国民待遇、金融安全等问题上。事实上，"负面清单 + 准入前国民待遇"的外资管理模式已经被上海自由贸易试验区先行先试，这些限制投资的障碍正在被逐个清除，当前中国在与国际投资高标准的对接方面已经取得了很大的进步。尽管 2008 年正式启动的中美 BIT 谈判自美国特朗普总统上台之后便陷入停滞，但是无论中美关系走向何方，中国总是会结合自身国情，渐进地向高标准的方向进行努力；无论中美之间是否能够开展合作，中美之间的合作将会对于构建全球投资领域内的多边框架起到巨大的促进作用，也将对世界经济的发展起到巨大的提振作用。

（二）"一带一路"与中国的应对思路

　　中国当前已与世界上 130 多个国家或地区签订了 BIT，签约数量之多，

---

　　① 潘圆圆，张明. 中国对美投资快速增长背景下的美国外国投资委员会改革［J］. 国际经济评论，2018（5）：32 - 48.
　　② 裴长洪，刘洪愧. 中国外贸高质量发展：基于习近平百年大变局重要论断的思考［J］. 经济研究，2020，55（5）：4 - 20.

仅次于德国。中国的 BIT 实践起始于改革开放,协议的标准从高到低再到高,主要经历了以下三个阶段。第一阶段的标准相对较高。改革开放之初的中国需要积极引进发达国家的资本,较多与欧洲发达国家进行合作,中国的第一个 BIT 协定便是 1982 年与欧洲国家瑞典签订的。由于资本输出国需要用较高的标准来保护其投资利益,此时的 BIT 协定标准较高,内容较为保守与谨慎。第二阶段的标准相对较低。20 世纪 90 年代以后,中国开始与发展中国家进行投资合作,这一期间中国对外签署了大量 BIT 协定,因合作的主要对象发生了变化,投资合作的政治意图大于合作的经济意义,标准自然有所降低。第三阶段的标准有所提高。21 世纪以来,中国积极参与全球经济合作,企业开始大规模"走出去"对外进行投资,需要较高的 BIT 标准来保障中国企业的境外投资利益,因此,这一时期中国对外签署的 BIT 协定标准较前一时期有所提高。2012 年中国与主要发达国家加拿大签署了内容广泛的 BIT 协定,中加 BIT 可被看成是中国接受投资高标准的开始。

由上述中国进行 BIT 实践的历程可以看出,随着中国对外开放水平的不断扩大,中国对外签署 BIT 协议的主要目的已从"引进来"转向"引进来 +走出去",BIT 的主要功能也从保护外资转向吸引外资与保护本国企业的投资利益,BIT 的标准正在逐步提高。① 众所周知,过于繁多的 BIT 协定不仅降低 FDI 的效率,也不利于多边投资框架的形成,在这种情况下,2016 年 G20 杭州峰会上中国推动制定的《G20 全球投资政策指导原则》被普遍认为是全球投资治理领域内的历史性突破。中国还应以双边投资协定为切入点,通过与"一带一路"沿线国家的经济合作,推动形成区域甚至是全球投资规则的多边框架,本书提出以下建议。

第一,立足既有 BIT,整合形成不同标准的 BIT 模板体系。"一带一路"沿线国家的经济发展水平参差不齐,发达经济体之外,还有经济发展水平相对较高的新兴经济体、经济发展水平一般的发展中国家和至今尚未参与国际分工的落后国家。这些国家由于经济发展水平的差异,相互之间开展国际投资时,不可能适用于同一标准,往往会根据国情的不同而选择不同的 BIT 协议。发达国家倾向于选择有利于自己的较高标准,新兴经济体则能够对国际高标准进行接轨,但需要做一些例外保留;对于经济发展水平一般甚至是较差的发展中国家而言,则是需要为自己的国内政策预留较大空间的。事实上,即使是发达国家,也会对自己的敏感领域采取保护性措施。各类型国家

---

① 王光,卢进勇. 中国双边投资协定:历史演进与发展趋势 [J]. 国际经济合作,2019 (2):52 - 59.

在维护自身利益方面的初衷并无太大的不同，因此，在推动多边投资规则体系构建的过程中，应该尊重这种差异，渐进地促进投资规则的趋同。

众所周知，单个与单个国家进行 BIT 谈判费时费力，所产生出来更加繁多的 BIT 协议还会增加跨国公司进行国际投资的学习成本，造成低效率。因此，将如此众多的 BIT 协议进行整合，应该是符合绝大多数国家利益的。该愿望之所以迟迟不能够实现，是由于无法就统一的标准形成共识，应当认识到，并不需要对所有的国家实施同样的标准，也可以构建标准体系。具体来说，可以将"一带一路"沿线众多 BIT 协议按照标准的高低进行分类整理，整理出代表高、中、低的不同标准模板。鼓励"一带一路"沿线国家在进行 BIT 谈判时，根据自己的实际情况选择不同的标准模板进行套用，并在所选用模板的基础上，制定适用于自身的例外规定。例如，对发展中国家而言，为抵制发达国家过于宽泛的国民待遇要求，可在有关领域继续实行有限制的国民待遇。通过这种方式，高、中、低不同标准的模板将在实践中得到完善，这种做法能够大幅度减少 BIT 协议的数量，是有利于多边框架形成的。

第二，逐步促使双边投资协定与区域自由贸易协定走向融合。从投资与贸易的关系来看，正在发生着深刻的变化：投资正替代贸易、投资正创造贸易、投资正改变贸易。因此，签订 BIT 只是投资治理的一个方面，在实践中，很多与投资有关的条款已经被包含在双边或者区域贸易协议中，贸易政策体现出很强的"多功能性"，不再仅是贸易问题，还包括能源、环境、技术标准、劳工等诸多方面。因此便不难理解为何近年来各国间签署以及修订的双边或区域自由贸易协定中，会出现大量单独列出的与投资有关的章节，对跨国投资活动进行规范；为何当前的投资规则体系中会出现 BIT 协定与区域自由贸易协定两种形式并存的现象。这种在双边或区域自由贸易协议中出现的投资规则章节，实质上是双边或多边投资协定的另外一种表现形式。

不妨认为，投资规则的制定是当前双边或区域自由贸易协定的重要内容。从自由贸易协定的发展趋势来看，除传统的双边模式，即"1＋1"模式之外还在不断涌现出新的"1＋N"模式，例如中国—东盟自由贸易协定、中国—东盟自由贸易协定、全面经济伙伴关系协定 RCEP 等。这些自由贸易协议的升级均是在原有的自由贸易协议基础上，增减新的条款，并增加新的与投资有关的模块。这些新达成的贸易与投资综合协议，将随"N"的增大而覆盖更加广泛的范围，成为区域范围内的诸边协议。中国在与其他国家共建"一带一路"的过程中，应有意识地进行引导，努力促进沿线国家贸易与投资规则的趋同,努力推动投资协定与自由贸易协定走向融合。这种努力将在事实上有助于推定全球贸易与投资领域内的多边规则的形成。

第三,深度对接经济一体化程度高的区域性组织及其成员经济体。经济一体化程度高的区域性组织内部的联系广泛,成员经济体之间都签订有与贸易和投资有关的协议,中国如果能够与这样的区域性组织深度对接,可以产生以下经济效益:一是能够充分发挥各方的相对比较优势,为中国打开更大的区域市场,为区域性组织带来新的发展空间,推动各方在投资与贸易活动中实现共赢;二是能够产生更大的影响力,以整体的形象对外进行谈判将会拥有更大的优势;三是能够对协议双方与其他国家的贸易与投资合作产生重要的示范效应,有利于促进多边贸易与投资标准的形成。退而求其次,如果因标准的差异过大,尚不具备深度对接的条件,可以尝试与这些组织的单个或者数个成员经济体进行对接,应该能够促进中国与这些区域性组织的合作。在众多区域性组织中,东盟与欧盟无疑是最为出色的代表,也是中国最为重要的投资与贸易伙伴,它们分别处于"一带一路"的东西两端,中国与这两个组织的合作将会带动"一带一路"区域的发展。

东盟是中国推动共建"一带一路"成果最为显著的地区之一,中国对东盟的投资是在世界各个地区中最多的,东盟当前已经超越美国成为中国的第二大贸易伙伴。这种良好的局面得益于中国与东盟深度对接,这种对接是循序渐进的,由经济合作框架逐步具体到货物贸易、服务贸易和投资领域。2012年中国、东盟及澳大利亚等国启动RCEP谈判,2020年成功签署RCEP。中国与东盟这种循序渐进的合作方式如果能够推广到与欧盟的合作中去,将对世界经济产生无可估量的积极影响。欧洲也是中国对外直接投资的主要流向目的地,2019年中国对外直接投资中的7.7%便流向了欧洲市场。① 2020年12月底,中欧领导人共同宣布如期完成《中欧投资协定》谈判,《中欧投资协定》一旦签订,将通过有效的制度性安排将"一带一路"两端的中欧两个大市场更加紧密结合起来,其意义不仅是"中国地缘政治的大胜利",对全球投资治理和经济全球化的意义也将不可限量。

第四,探索"一带一路"国际争端解决的多元化路径。国际投资争端解决中心(ICSID)下设的投资者—东道国争端解决机制为投资者和东道国之间发生的投资争端提供了解决的途径,但是随着各国间的投资往来日益密切,全球投资的多边规则体系却难以达成。各国对于是否需要在国际投资仲

---

① 中国对外投资合作发展报告编写组. 中国对外投资合作发展报告2020 [R]. 北京:中华人民共和国商务部,2021 – 02 – 02.

裁程序中设置上诉机制至今无法形成共识是一个重要的原因。就是否设立国际投资仲裁上诉机制通常持有完全相反的两种意见：一是以美国为代表的赞成意见，美国2004年和2012年版的 BIT 协定中均将上诉机制纳入其中；二是反对的意见，认为上诉机制的设置与国际仲裁"一裁终局"的效率优势不相兼容，增加了国际仲裁的成本。欧盟提议建立投资法庭体系 ICS 来对 ISDS 机制进行改革，还进一步提出多边投资法院 MIC 的构想，欧盟认为，改革的最终目的是构建常设性的多边国际投资法院，该法院将被广泛地应用于国际社会。[①]

随着对"一带一路"沿线投资的增多，"一带一路"国际争端多元解决机制的构建显得较为迫切。[②] 2018年1月国务院发布了《关于建立"一带一路"国际商事争端解决机制和机构的意见》（以下简称《意见》），可以被看成是解决国际投资争端的"中国方案"。《意见》提出：成立国际商事法庭、建立"三位一体"的纠纷解决机制、成立国际商事专家委员会。《意见》体现出共商、共建、共享的原则和理念，体现出纠纷解决方式多元化的特点，即"选择什么方式解决商事争端，由当事人意思自治，选择适用哪国法律由当事人意思自治"。[③] 近年越来越多的国际投资协议中将"调解"作为争端解决机制纳入其中，2019年8月，包括中国在内的首批46个国家和地区签署了《联合国关于调解所产生的国际和解协议公约》（以下简称《公约》），解决和解协议的跨境执行问题，《公约》的达成有利于调解在国际投资争端解决中的推广。中国正在努力尝试构建包括"调解"在内的多元化争端解决机制，这些包容性的机制在实践中能够与更多的投资规则对接，有利于推动多边投资规则体系的构建。

---

① 李佳，吴思柳. 双边到多边：欧盟投资争端解决机制的改革和中国选择 [J]. 国际贸易，2020（9）：46-53.

② 黄健昀. 国际投资仲裁：有条件的上诉机制——从"尤科斯案"到"一带一路"投资争端解决 [J]. 西部法学评论，2020（5）：104-115.

③ 国务院新闻办公室. 新闻办就《关于建立"一带一路"国际商事争端解决机制和机构的意见》举行发布会 [EB/OL]. （2018-06-28）[2021-03-15]. http：//www. gov. cn/xinwen/2018-06/28/content_5301832. htm#1.

第五章 "一带一路"与中国参与全球金融治理

　　全球金融治理是全球经济治理在金融领域的具体化，是世界各国共同促进全球金融系统稳定并有序发展的合作方式。[①] 2008 年的全球性金融危机首先爆发于发达经济体的金融领域，引发了世界经济的巨大动荡，因此，此后全球金融治理的主要目标便被定为致力于维护全球金融体系的稳定。在世界各国的通力合作下，当前的全球金融治理体系已经发展成为一个涵盖货币、银行、证券、保险、金融市场基础设施、会计准则等诸多领域的国际规则的体制复合体。中国自改革开放以来便融入全球金融治理体系中，中国与沿线国家共建"一带一路"的过程中也积极贡献金融治理的"中国方案"。

第一节　金融全球化与全球金融治理的发展历程

　　金融全球化为世界各国的投融资活动提供了便利，推动了金融创新与金融业的发展，但是金融全球化本身也蕴含了巨大的风险，可以使发端于某一个国家的危机迅速传播至世界的各个角落，这增加了全球金融治理的难度。当前金融全球化已经发展成为不可阻挡的趋势，各国的金融周期益发趋于同步，任何单个的国家、甚至是国际经济组织在与市场力量相抗衡时均处于弱势地位，世界各国在金融领域内的合作与政策协调变得很有必要。当下的全球金融治理体系主要是在第二次世界大战之后建立起来的，是由国际货币体系、国际金融机构与全球金融监管体系等组成的框架结

---

　　① 上海发展研究基金会全球金融治理课题组，乔依德，祝望. 全球金融治理：挑战、目标和改革——关于 2016 年 G20 峰会议题的研究报告 [J]. 国际经济评论，2016（3）：26 - 40，4.

构，本书将首先对金融全球化与全球金融治理主要组成部分的发展情况进行介绍。

一、金融全球化发展经历的阶段

金融全球化因国际贸易而兴起，随着金融创新而得到极大发展，但是金融风险总是与金融创新相伴而生，在这个过程中，金融全球化在自由主义与政府干预的博弈中向前发展，经历了以下几个阶段。

（一）自由主义向政府干预的过渡阶段：19 世纪至第二次世界大战之前

国际贸易的发展促进了资本的跨国流动，英镑于 19 世纪逐步成为全球流通的主要货币，伦敦发展成为全球金融中心，金融全球化随之兴起。金融风险与金融全球化相伴而生，为对跨国资本流动进行管理，19 世纪由私人信贷机构发展而成的大型金融集团通过自我管理、相互合作、寻求与中央银行合作等方式主导了全球金融治理，发展成为全球金融治理的最初形态。20 世纪初的第一次世界大战中断了由大型金融集团主导的跨境资本流动，在大型金融集团影响力被弱化的同时，中央银行的职能由于战争融资的需求得到强化。第一次世界大战之后，主要发达国家开始尝试以官方的形式建立全球性的金融治理体系，这一期间，国际联盟经济委员会、国际清算银行、同盟国赔偿委员会等国际性的金融机构被建立起来，只是这些努力因第二次世界大战的爆发而被迫中断，金融全球化的进程也被打断。

（二）新自由主义迅速发展阶段：第二次世界大战之后至全球性金融危机爆发之前

第二次世界大战之后，主张政府干预市场的凯恩斯主义使无序的世界经济回归到有序的状态。然而，自由主义并未消失，20 世纪 60 年代全球范围内的金融创新风起云涌，70 年代全球范围内掀起金融自由化的浪潮，80 年代以后，电子技术被引入金融业，为金融业的飞速发展铺平了道路，金融工具、金融方式、金融机构、金融市场等都有了明显的变革。在麦金农与肖等金融深化理论的影响下，不少发展中国家打破"金融抑制"，着手推进本国金融的自由化和国际化。90 年代，金融创新已成为全球性的趋势，金融在全球范围内得到迅速发展，全球金融市场一体化的程度也逐步提高，资源在全球的配置效率得到极大提高。继英国伦敦之后，美国纽约、中国香港、新加坡、日本东京、德国法兰克福、法国巴黎、瑞士苏黎世、卢森堡等大量的金融中心在全球范围内涌现，为世界各国的投融资活动提供了便利，极大促进了世界各国经济与金融的发展。

在新自由主义理念的倡导下，各国逐步放松资本管制，推行资本账户的自由化，资本在全球流动的障碍进一步减少，“国内金融”和“国际金融”的界限变得模糊。金融全球化的弊端和蕴含的风险逐渐暴露出来：一是投机性资本短期内大规模的异常流动，会对特定国家和地区的经济与金融系统造成冲击，使其经济发生动荡；二是发生在某个国家或地区的经济或金融危机会迅速蔓延，传播至世界的各个角落引发全球性的金融危机；三是发达国家经济与金融市场发生的动荡会产生强烈的外溢效应，会使其他国家的宏观经济政策失去部分独立性。20 世纪 90 年代世界的局部地区便爆发了一系列金融危机：1994—1995 年爆发了墨西哥及拉美金融危机、1997—1998 年爆发了东南亚金融危机等。只是这些金融危机大都发端于发展中国家，影响控制在局部区域，尚未能够引发全球市场的动荡，但是金融稳定与安全问题已经引起学界与业界的广泛关注。

（三）强调金融稳定的发展阶段：全球性金融危机爆发之后至今

2008 年的全球性金融危机与以往所有危机不同的是，其发端于世界经济体量最大的国家美国，危机不仅因美国的巨大影响力迅速蔓延至全球，引发全球金融系统的震荡，还扩散至实体经济，破坏力极为惊人。尽管美国立即采用了非传统的货币政策与大规模的财政刺激手段来提振经济，其他国家也纷纷效仿，收效却颇为甚微。在如此大规模的危机面前，IMF 与世界银行等富有经验的国际金融机构也束手无策。此时，为挽救世界经济，主要经济体的央行就货币政策进行了协调，证明了全球金融治理可以通过世界各国的通力合作而有所作为。全球性金融危机的爆发不但对新自由主义进行了冲击，还在全球范围内掀起了保护主义浪潮，这种浪潮尽管较多地体现在贸易与投资领域内，近年来随中美贸易摩擦的升级和新冠肺炎疫情的全球蔓延，金融领域内的保护主义也渐露端倪。

二、全球金融治理主要组成部分的发展概况

全球金融治理的对象较为广泛，大体上可以划分为国际货币体系、国际金融机构和全球金融监管体系三个组成部分。

（一）国际货币体系的发展情况

国际货币体系是全球金融治理的核心，是各国政府为适应国际贸易与国际结算的需要，对货币的兑换、国际收支的调节等作出的安排或确定的原则，以及为此而建立的组织形式等的总称。为维持汇率稳定并促进战后经济恢复，1944年西方主要国家的代表在联合国货币金融会议上对战后国际货币体系等问题进行了讨论。会议上确立的布雷顿森林体系实行了美元与黄金挂钩、其他会员国的货币与美元挂钩的"双挂钩"机制，这一机制取代了英国主导的金本位制度，使美元取代英镑成为被世界认可的主导性货币。1945年正式签署《布雷顿森林协定》，IMF与世界银行同时成立，这两个机构于1947年成为联合国常设专门机构。布雷顿森林体系是第一个带有"正式性约束"的国际货币制度，客观上维护了战后的国际秩序以及全球金融体系的稳定，也为美元的国际化提供了制度上的保障，决定了美国在全球金融体系中的主导地位。

布雷顿森林体系运行不久，便被发现其设计上存在难以为继的问题，即为了满足世界各国对美元的需求，美元必须在海外沉淀，这要求美国的经常账户必须是逆差；但为了保持美元与黄金、美元与其他国家货币的固定比价，美国的经常账户必须保持顺差，才能够维持人们对美元的信心。如此两难的处境被称为"特里芬困境"，从理论上表明了布雷顿森林体系注定是不可持续的。事实也同样证明了双挂钩制度的缺陷：在布雷顿森林体系运行十多年后，黄金的官方定价与市场价格出现分离，1959—1968年的短短十年间，全球分别爆发了两次美元危机。为缓解危机，1971年8月，美国政府单方面宣布关闭美元与黄金自由兑换的窗口，国际货币体系进入事实上的无政府状态。1971年12月，西方十国在华盛顿达成《史密森协议》，宣布将黄金官方定价从每盎司35美元调整为每盎司38美元，其他国家的货币相应对美元进行升值。

尽管西方国家进行了努力，但是《史密森协议》的签署仍然无法遏制美元危机的蔓延，1973年3月，欧共体国家宣布其货币对美元联合浮动、英国与意大利等国宣布其货币对美元单独浮动，运行近30年的布雷顿森林体系宣告瓦解。布雷顿森林体系崩溃后，1976年国际货币基金组织临时委员会在牙买加首都金斯敦会议上达成了牙买加协议，建立了以牙买加协定为基础的当代国际货币体系。牙买加体系使黄金与货币彻底脱钩，确立了以储备货币多元化、浮动汇率合法化为主要特征的现行货币体系，缓解了"特里芬困境"。牙买加体系还强调了特别提款权（Special Drawing Right，SDR）的作用。当前的国际货币体系即以牙买加协议为基础，实行以美元为主导的浮动汇率制。尽管布雷顿森林体系最终因为解决不了"特里芬困境"而瓦解，但是美元的霸权地位并没有随布雷顿森林体系的瓦解而终结。十多年前的全球性金融危机首发于美国，但是美元在国际贸易与国际投资计价结算中仍然占据主导地位、在全球官方储备和全球金融资产中仍然占据领先地位、在全球信用周转体系中仍然占据核心地位。[①]

（二）国际金融机构的发展情况

国际金融机构是全球金融治理的重要支撑，是全球金融治理最为重要的行为主体。在第二次世界大战之后建立的布雷顿森林体系中，代表性国际金融机构由国际货币基金组织、世界银行及其派生出来的众多区域性多边开发金融机构构成，行使全球金融治理职能。IMF 依据《国际货币基金协定》建立，是全球金融治理的中坚力量。在布雷顿森林体系下，国际货币基金组织肩负三大重要职能：一是维持固定汇率制度；二是监督成员国的国际收支情况；三是协助建立多边支付体系、消除妨碍国际贸易发展的汇兑限制。因此，当成员国发生长期的国际收支不平衡时，国际货币基金组织将向其提供贷款以维护该国汇率的稳定；当成员国为了维持汇率稳定而耗尽外汇储备时，国际货币基金组织将扮演最后贷款人的角色，向其提供援助。

布雷顿森林体系解体之后，美元钉住黄金、各国货币钉住美元的固定汇率制度被放弃，汇率管理不再属于国际货币基金组织的管理范围，而成为主权国家自己的事情。国际货币基金组织的前两项职能不复存在，其稳定汇率的作用在弱化，但是 IMF 仍然延续了维护国际货币体系稳定的使命，并将职能拓展到维护全球金融体系的稳定。受制于资金的约束，国际货币基金组织难以满足逐渐增多的国际收支逆差国的资金需求，但是 IMF 的确有资源救助陷入金融危机的国家，也有能力对成员国是否执行国际准则进行评估，因此，IMF 开始致力于为发展中国家提供宏观经济政策建议。在 20 世纪 80年代石油危机引发全球债务危机之后，IMF 更加致力于为危机管理提供服务。2008 年全球性金融危机影响巨大，国际货币基金组织对包括贷款职能在内的多项职能进行了改革，仍然对全球金融治理发挥着重要的作用。

---

① 李晓. 美元体系的金融逻辑与权力——中美贸易争端的货币金融背景及其思考 [J]. 国际经济评论，2018（6）：52 – 71.

　　世界银行与国际货币基金组织同一时期成立，也是布雷顿森林体系的产物，世界银行奠定了国际开发金融体系的基础。与专注于为宏观经济政策提供建议的国际货币基金组织相区别的是，世界银行专注于为微观经济活动提供帮助，世界银行的业务重点会随全球发展议题的变化而不断演进，具有鲜明的时代特征。世界银行成立之初名为国际复兴开发银行，主要目的是帮助第二次世界大战中遭受破坏的欧洲发达国家进行战后重建，为它们的企业提供重建贷款，为生产性项目提供长期融资。20 世纪 60 年代，减少贫困成为世界银行的重点业务，提供给发展中国家的贷款开始大幅增加；20 世纪 70 年代以后，世界银行关注社会发展，为发展中国家提供信贷资金与专业咨询，帮助发展中国家建设水坝、电网、灌溉系统、道路等基础设施；20 世纪 80 年代以后，世界银行与国际货币基金组织均将发展中国家作为主要关注对象，它们会参照彼此对发展中国家宏观经济政策的分析来进行决策。如今的世界银行集团是一个由国际复兴开发银行（IBRD）、国际开发协会（IDA）、国际金融公司（IFC）、多边投资担保机构（MIGA）、国际投资争端解决中心（ICSID）这五个国际组织组成的大家庭。消除极端贫困与推动共同繁荣是当前世界银行的两大目标。

　　传统上以正式性、硬法性、广泛多边性为主要特征的国际金融机构在布雷顿森林体系解体之后，因无法适应世界经济格局的变化力量有所削弱；七国集团主导的，具有非正式性、软法性、弱官僚性、次多边性等特征的金融治理体系日渐成形。尽管在七国集团的治理之下，全球并未发生大规模的金融危机，但是发端于发展中国家的拉美债务危机、墨西哥金融危机、东南亚金融危机等区域性的金融危机持续不断。尽管七国集团曾经吸纳俄罗斯加入以增强代表性，只是俄罗斯常被排除在七国财长和央行行长等核心会议机制之外，并未拥有太大的话语权，七国集团中并没有发展中国家的代表。在七国集团的治理下，巴塞尔银行监管委员会（BCBS）、金融稳定理事会（FSB）、国际支付与结算系统委员会、全球金融市场协会等众多国际金融组织相继诞生。除上述国际金融机构之外，《清迈倡议多边化协议》下的东盟与中日韩宏观经济研究办公室（AMRO）、亚洲开发银行（Asian Development Bank，ADB）、非洲开发银行（African Development Bank，ADB）、欧洲复兴开发银行（EBRD）、泛美开发银行集团（IADB）等区域性国际金融机构，国际证监会组织（IOSCO）、国际保险监督官协会（IAIS）、国际清算银行（BIS）等金融监管机构也在为全球金融治理发挥着积极的作用。可以看出，在全球金融治理领域缺少的并不是国际金融机构，缺少的是能够扮演协调者的权威性机构,① 这是全球金融治理效率低下的重要原因。

(三) 全球金融监管体系的发展情况

全球金融监管是全球金融治理的重要组成部分,每一次危机的爆发都会引起学界与业界对金融监管的反思,全球金融监管框架也会相应调整。在全球金融监管领域内,第二次世界大战之后建立起布雷顿森林体系及成立国际货币基金组织的主要目标是维护汇率稳定,但是汇率稳定目标随着牙买加体系的开始而失去意义,IMF 更多地扮演最后贷款人角色。随着金融全球化的持续发展,各国金融市场的联动效应日益明显,为适应这个趋势,越来越多的行业标准或者区域标准逐步成为全球广泛认可的标准。例如,国际互换与衍生工具协会制定的标准成为国际金融衍生产品交易的基本依据;巴塞尔委员会制定的银行业的监管标准为大部分国家所接受。种种迹象均表明,全球金融监管系统的内在联系已经越来越紧密。

在全球金融监管体系中,"巴塞尔进程"无疑是最不能够被忽视的,"巴塞尔进程"为金融领域内的监管协调与合作提供了独特的制度安排。②"巴塞尔进程"的全球协调层次主要包括 G20 财长和央行行长联席会议、金融稳定理事会 (FSB)、国际货币与金融委员会 (IMFC)、国际金融协会 (IIF)。G20 财长和央行行长联席会议是"巴塞尔进程"的最高领导层,金融稳定理事会是除 G20 财长和央行行长联席会议之外具有最高领导地位的实体组织;国际货币与金融委员会是国际货币基金组织事实上的最高决策机构;国际金融协会由全球主要商业银行、投资银行和共同基金组成,代表国际行业组织与国际金融组织、各国的金融监管机构进行协调。

当今世界,银行业所采用的监管理念和监管标准的主要蓝本是巴塞尔委员会出台制定的各个版本的《巴塞尔协议》。20 世纪 70 年代,受金融自由化浪潮的推动,银行间的不良竞争加剧,信用风险不断积累,为了防范1974 年联邦德国赫斯塔特 (Herstatt) 银行与美国富兰克林国民银行 (Franklin National Bank) 倒闭或将引起的银行业危机,世界各国开始全面审视拥有广泛国际业务的银行的监管问题。面对国际性银行监管主体缺位的现实,1974 年年底,在国际清算银行的发起下,美、英、法等十大工业国的中央银行共同创办了巴塞尔银行监管委员会这个"巴塞尔进程"的核心机

---

① 谭小芬, 李兴申. 跨境资本流动管理与全球金融治理 [J]. 国际经济评论, 2019 (5): 57 - 79.
② 谢世清, 黄嘉俊. 巴塞尔进程与全球金融治理 [J]. 上海金融, 2010 (11): 54 - 58.

构。次年9月，基于微观审慎监管理念的《巴塞尔协议 I》的雏形正式诞生，1988年《巴塞尔协议 I》被正式通过。

1988年出台的《巴塞尔协议 I》，目的是降低因对商业银行监管不足而导致的破产风险，因此，《巴塞尔协议 I》的核心在于"资本充足率"：商业银行的资本充足率不得低于8%，核心资本充足率不得低于4%。自《巴塞尔协议 I》推动之后，"资本充足率"被各国中央银行广泛接受，被IMF和世界银行用来对各国银行体系的稳定性进行评估，《巴塞尔协议 I》也是《巴塞尔协议 II》的首要核心内容。受1997年东南亚金融危机的影响，世界各国对金融风险进行了深入的思考，巴塞尔委员会重新制定了新的资本协议框架，于2004年发布了《巴塞尔协议 II》。《巴塞尔协议 II》对《巴塞尔协议 I》进行了全面修改，制定了最低监管资本要求、监督检查、市场约束三大支柱，形成了完整的资本充足率监管框架。《巴塞尔协议 II》首先在十国集团的成员国实施，随后迅速在全球范围内被广泛接受。值得一提的是，无论是《巴塞尔协议 I》还是《巴塞尔协议 II》，所采用的均为关注单个银行的微观审慎监管模式，宏观审慎的监管理念在全球性金融危机之后才被普遍重视，并在《巴塞尔协议 III》当中得到体现。

第二节　金融全球化与全球金融治理面临的新情况

2008年的全球性金融危机起源于美国这个国际金融中心，由于美国对世界的巨大影响力，危机在全球范围内迅速蔓延，既有全球金融体系的脆弱性被暴露无遗。金融危机期间发达经济体的短期利率下降为零，常规的货币政策失效，为稳定市场，美欧等国家出台了量化宽松、负利率等"非常规"的货币政策，这些宽松的政策措施为经济注入的天量流动性缓解了危机或可带来的负面影响。在美元占据主导地位的国际货币体系下，全球的流动性与美国的国内经济政策息息相关，美国国内的宽松政策不仅使流动性在全球泛滥，还导致了全球金融领域内投机行为的盛行。这一系列问题使人们认识到，当前的全球金融监管理论与实践并没有建立起对危机即将发生的预警机制，没有建立起对各国货币发行的限制机制，更没有建立起对资本流动的监管机制，这些都成为金融危机从单个国家演化成全球金融动荡的根源，全球金融治理领域内出现了许多新的问题。

一、国际货币体系难以稳定世界经济

尽管有学者认为当前的牙买加体系下各国自行其是，并没有规范管理机制与调节机制，是"无体系的体系"。①② 但是学界普遍认为当前的国际货币体系是美元占据主导地位的美元体系，是以美元为核心的"中心—外围"模式：③ 一是美国国内商品价格是全世界的"名义锚"；④ 二是国际上大宗商品交易等主要以美元计价与支付；三是国际储备以美元为主导。这使美国经济与世界经济牢牢绑定，其一举一动对世界都有极为重要的影响。对美国而言，在现行货币体系下，美国并没有义务维持美元汇率的稳定，不受国际货币制度的约束，也不受其他国家货币的制衡，不需要履行储备货币发行国的国际法义务，美国无须考虑对外经济失衡问题，可以自主决定国内经济政策，美国可以获得美元独大的国际货币地位。⑤

第一，世界各国的汇率被美元绑定。由于当前美元是世界清算货币、世界结算货币以及主要资本市场的交易货币，美国的国债因而成为世界各国的重要投资产品。在这种情况下，美元贬值不但会引起美国国债购买国的资产缩水，还会增加美国国债购买国对外出口的难度。因此，各国通常会被动维持本国货币与美元汇率的稳定，防范本国因购买美元资产而引起的资产缩水。更进一步，各国对美国债券的购买将使美元回流至美国国内的资本市场，这一行为是对美国国际收支账户的弥补，这使美国更加无须在意自身长期的经常项目逆差，无须通过调整汇率来弥补经常项目差额。

第二，美国会将国内的危机传递给其他国家。在当前国际货币制度安排下，美元与黄金脱钩，不再有维持美元汇率稳定的义务，因此，美国在制定国内货币政策时，只需考虑自身的需求，并不需要考虑其他国家的经济情况。在危机发生之时，美联储为防止本国经济出现断崖式下滑，可以通过量化宽松政策，即大规模资产购买计划来为经济提供大量的流动性。由于美元

① Gilpin R. *The Political Economy of International Relations* [M]. Princeton：Princeton University Press，2016.

② Mundell R. Currency areas，exchange rate systems and international monetary reform [J]. *Journal of Applied Economics*，2000，3（2）：217 – 256.

③ Dooley M P，Folkerts – Landau D，Garber P. *An essay on the revived Bretton Woods system* [R]. National Bureau of Economic Research，2003.

④ McKinnon R I. The international dollar standard and the sustainability of the US current account deficit [J]. *Brookings Papers on Economic Activity*，2001（1）：227 – 239.

⑤ 李巍. 制衡美元的政治基础——经济崛起国应对美国货币霸权 [J]. 世界经济与政治，2012（5）：97 – 119.

国际主导地位的存在，量化宽松政策释放出来的大部分流动性将在海外流通，必然引起跨境资本流动的剧烈波动，造成全球流动性管理失控。这也意味着因美国而起的危机所造成的影响，将会被世界各国共同承担。

第三，美元主导的国际清算体系使美国能够对其他国家进行单边金融制裁。当前跨境美元资金的清算是通过环球银行金融电信协会（Society for Worldwide Interbank Financial Telecommunication，SWIFT）、纽约清算所银行间支付系统（Clearing House Interbank Payment System，CHIPS）与美联储转移大额付款的系统（Fedwire）所组成的金融交易网络来实施的。由于世界上绝大多数的金融机构都会使用该网络进行美元的支付与清算，美国在跨境美元清算领域也处于垄断位置。一旦美国与其他国家发生经济摩擦，美国可以通过切断清算通道的方式对制裁对象进行制裁，受到制裁的国家相当于被隔绝于全球金融市场之外，国际交易将寸步难行。

很显然，国际储备货币是一种特殊的公共产品，仅依靠一个国家的货币作为国际货币储备，并以此来确保国际货币体系的运行，这样的体系是非常不稳定的。在当前国际货币体系的制度性安排下，世界各国与美国的地位并不对等：美国可以轻松地将国内的经济波动传递给其他国家，但是一旦某个国家与美国发生"脱钩"，将会对该国造成无可估量的损失。对"美元本位制"的国际货币体系进行改革和重构是历史必然，新冠肺炎疫情暴发之后美国国家治理出现的乱象打击了世界各国对美元的信心，如果美元的信用基础被动摇，既有的国际货币体系将面临较大的危机，对世界经济也会造成较大打击。国际货币体系多元化发展有利于分散单一货币造成的风险，实际上，现行的国际货币体系已经呈现出多元化的格局，欧元、日元、英镑、人民币，甚至是加元、瑞士法郎、澳元等通过各自的路径参与到国际结算、国际支付、国际投资与国际储备当中，只是这些逐渐国际化的货币尚不能够挑战美元在国际货币体系中的主导的地位，国际货币体系的改革之路不会是坦途。

二、国际金融机构难以进行有效治理

长期以来，国际金融秩序一直是以发达国家为中心，以发展中国家为外围的格局。布雷顿森林体系持续期间，国际金融秩序由发达国家主导的国际货币基金组织来维持，当前仍然是全球较为重要的金融治理机制。全球性金融危机爆发之前，国际货币基金组织在应对发展中国家出现的危机时，可以通过为其提供必要资金支持的方式来帮助发展中国家渡过难关；但是面对发端于美国，并迅速在发达经济体中蔓延的 2008 年的全球性金融危机，国际货币基金组织则显得无能为力。国际货币基金组织大多采用谈判磋商的方式进行决策，但是很多决策内容因涉及成员国国内政治经济的敏感话题，并不对外公开，信息不对称不但影响了国际货币基金组织的决策效率，也降低了决策的公信力。国际货币基金组织治理效果低下更加重要的原因是，其治理结构的改革落后于经济全球化发展的需要，最为突出的表现便是发达经济体在其中的份额被严重高估，发展中经济体的投票权没有得到合理体现。

国际货币基金和世界银行的决策机制遵循"投票表决"制度和"协商一致"原则，由投票权的分配比例来看，发达国家占据绝对优势。在 2010年 IMF 改革方案出台前，美国一国拥有国际货币基金组织 16.77% 的投票权，85% 的"特别多数"通过机制使美国拥有了一票否决权。在世界银行，美国拥有 16.36% 的投票权，也拥有一票否决权。这样的分配比例与决策方案无疑会损害其他成员国对此类国际金融机构决策公平性的信心。虽然美国并未真正行使过否决权，但是美国会通过其经济地位对 IMF 和世界银行等机构施加影响，对全球金融治理拥有较大的话语权。2010 年 IMF 出台了一揽子改革方案，将 IMF 总份额规模增加一倍，份额与投票权也出现了转移，中国的投票权得到提升，达到 6.07%，略低于日本的 6.14%。[①] IMF 还修订了执行董事会制度使之更具代表性，并降低了对新借款的借款保障要求。同年，在世界银行通过的投票权改革方案中，发达国家向发展中国家转移3.13% 的投票权，发展中国家整体投票权提高至 47.19%，其中，中国从2.77% 提高至 4.42%，排名第三。尽管国际金融机构作出来诸多改革，美国在其中拥有一票否决权的事实并未发生改变。

由于有新兴经济体的参与，在 G20 的推动之下，国际货币基金组织、世界银行等全球性金融治理机构进行了一些改革，从实际效果来看改革的进展较为缓慢，治理效果也较为有限，主要体现在以下几个方面：一是人事安排方面，由欧洲人执掌国际货币基金组织、由美国人执掌世界银行，欧美分享两个机构领导权的传统至今仍牢不可破；二是由于发达国家占据主导地位，国际金融机构长期以来以"华盛顿共识"为指导思想，过于强调市场化、私有化与自由化，对发展中国家的救助往往附加许多不适应发展中国家的国情的苛刻条件；三是全球性金融危机之后需要救助的对象增多，不但有

---

① 黄薇. 国际组织中的权力计算——以 IMF 份额与投票权改革为例的分析 [J]. 中国社会科学，2016（12）：181 – 198.

发展中国家还有希腊等发达国家，申请的贷款项目众多，国际货币基金组织可用的资源相对有限，影响了治理效果；四是国际货币基金组织对于金融危机的预警能力有待加强。尽管对国际金融机构的改革并不是一蹴而就的，但是放弃"华盛顿共识"已经成为近年来国际货币基金组织顺应发展中国家需要的最为重要的改革。①

三、微观审慎的监管理念难以独立化解金融风险

在全球性金融危机之前，金融全球化便已盛行，金融监管从一个国家内部的问题变成国际性问题，发达经济体主导建立起了全球金融监管体系：巴塞尔银行监管委员会、国际证监会组织、国际保险监督官协会等国际组织均为金融监管体系中的重要组成部分，负责制定与金融相关的各领域的国际监管标准；国际货币基金组织、世界银行等机构则对各国金融监管的有效性进行评估。只是这种全球金融监管体系的碎片化特征较为明显，不同金融领域的监管标准并不统一，也缺乏权威机构对各国的执行情况进行实质性约束。2008年全球金融危机不但将既有全球金融监管的低效充分展现，还暴露出一些新问题：一是针对单个金融机构的监管无法确保整个金融体系的稳健；二是国际金融机构无力应对发端于发达经济体并在全球范围迅速爆发的金融危机。

上述问题说明，既有的金融监管理念难以化解规模如此巨大的危机，《巴塞尔协议》第一版、第二版中的微观审慎监管理念认为，将单个银行监管好、风险控制住，整个银行系统就不会有风险，此时宏观审慎监管仅仅是微观审慎监管的有益补充，并未引起较大重视。事实证明，随着金融领域内放任自由原则的泛滥，催生出来的各种金融衍生工具增加了经济的系统性风险，金融体系的顺周期性又放大了金融风险的传染性，发生于局部的金融危机能够迅速演变为全球性的金融危机。人们开始认识到微观金融机构健康的总和并不等于宏观整体的健康，针对单个金融机构的微观审慎性监管并不能够确保金融系统的安全。在当前全球金融机构普遍采用混业经营模式的背景之下，金融机构存在较高的同质性以及高度相似的风险敞口，单个金融机构的微观审慎行为从宏观层面来看反而会影响金融系统的整体稳定。因此，势必要对既有的全球金融监管理念进行修正，仅仅强调微观审慎的监管原则需

---

① 高海红. 布雷顿森林遗产与国际金融体系重建［J］. 世界经济与政治，2015（3）：4-29.

要完善，宏观审慎政策对金融稳定的作用需要得到进一步重视，[①] 成为全球金融治理的核心目标。[②]

尽管金融危机之后各国对宏观审慎监管理念给予了高度重视，但是在宏观审慎监管领域内尚需面临巨大挑战。一是难以决定运用哪种宏观审慎工具进行市场干预。基于既定制度和规则的干预具有更高的透明度和公信力，能够避免监管套利的风险；基于相机抉择的方式灵活性更高，威慑力更大，但是对监管主体的专业度和决策能力要求较高，也容易引发权力寻租。二是难以避免监管套利。由于各个国家的差异性较大，各国的宏观审慎监管标准很难实现统一，这为监管对象提供了跨国套利的空间。三是难以在监管成本与监管效果之间做好平衡。要想实现好的监管效果，需要投入巨大的人力物力，平衡好经济主体与金融机构、金融市场之间的利益关系，甚至还要开展国际协调，随着金融创新的不断发展，监管难度也会不断攀升，如何平衡好监管的成本与收益，将极大地考验监管者的智慧。

第三节　共建"一带一路"对全球金融治理的意义

近十多年来，新兴经济体与发达经济体一起为修复全球金融秩序进行了一系列协调合作，在维护全球金融稳定方面起到了较好的效果。只是当前世界经济尚未完全复苏，新冠肺炎疫情又在世界各地先后暴发，全球范围内经济与金融的风险仍然在积聚，单个经济体无法独自承担全球金融进行治理的重任早已成为各国的普遍共识。中国是第二次世界大战之后世界上唯一没有发生过金融危机的国家，不仅如此，中国在其他国家出现金融危机时，还对它们的经济稳定与复苏作出了贡献，中国的金融治理应该是有非常大的可取之处的。"一带一路"是中国参与全球经济治理的平台，中国将在此平台上提出金融领域内的"中国方案"，提升自己的国际金融权力。

一、中国金融开放与参与全球金融治理概况

在改革开放之前，中国处于计划经济时代，金融的运行靠国家计划，中

---

① 李义举，冯乾. 宏观审慎政策框架能否有效抑制金融风险？[J]. 金融论坛，2018（9）：9－20.
② 张发林. 全球金融治理体系的演进：美国霸权与中国方案[J]. 国际政治研究，2018，39（4）：9－36.

国的金融机构与金融业务形式非常的单一，中国人民银行在金融业拥有高度的垄断地位，金融的发展处于高度抑制状态。改革开放之前，中国游离于国际金融体系之外。改革开放之后，中国的金融业拉开了对外开放的序幕，尽管起步较晚，但是节奏把握得当，中国循序渐进、稳中求进地将金融领域的对外开放不断向纵深推进，中国还以积极的姿态参与全球金融治理。

（一）中国金融开放的历史阶段

中国的金融开放相较于发达国家来说较为保守，较长时期来还带有计划经济的烙印。在改革开放之初，中国还没有成立商业银行，中国人民银行既是金融领域内的行政管理机关，又是经营银行业务的经济实体，是政权机构和金融企业的混合体。1984 年 1 月 1 日起，中国人民银行不再兼办信贷和储蓄业务，开始专门行使中央银行职能。中国银行、中国农业银行、中国人民保险公司开始从中国人民银行分离出来，金融机构与金融业务的形式变得丰富多样。中国的金融开放在这样的背景下发展起来，是立足于中国自身的实际情况循序渐进推进的，可以划分为以下阶段。

1. 起步开放阶段：1979—1993 年

一是开放银行业。银行业是中国最早开放的金融领域，1979 年日本输出入银行作为第一家外资银行在北京设立代表处，拉开了外资银行进入中国的序幕。此后，汇丰银行、花旗银行等国际知名银行相继在中国登陆。二是试水资本市场。1982 年中国国际信托投资公司在日本发行日元私募债券，启动了中国证券融资的国际化进程。三是保护外资在中国的合法权益。1983 年颁布《中国人民银行关于侨资外资金融机构在中国设立常驻代表机构的管理办法》，基本解决了外资金融机构进入中国的后顾之忧。四是开放保险业。1992 年友邦保险公司在上海设立了分公司，中国保险市场的对外开放起步，发展至今日，保险业已经成为中国开放程度最高的金融领域。

2. 提速开放阶段：1994—2007 年

一是出台金融开放的顶层设计。1993 年国务院颁布了《关于金融体制改革的决定》；1994 年实行以市场供求为基础的、单一的、有管理的浮动汇率制度，人民币汇率并轨；1996 年实现人民币经常项目完全可兑换；2005 年在上一次汇率改革基础上，建立参考一篮子货币进行调节，有管理的浮动汇率制度。二是开放资本市场。与银行业和保险业不同的是，中国对于外资进入证券、基金与期货等资本市场一直持有谨慎态度，2002 年《合格境外机构投资者境内证券投资管理暂行办法》的颁布，标志着中国的资本市场已经开始对外开放。三是金融开放政策由"引进来"向"走出去与引进来"转变。除合格境外机构投资者 QFII 制度之外,中国于 2006 年开始推行合格境内机构投资者 QDII 制度,允许合格的境内投资者向境外的金融市场进行投资。同 QFII 制度一样,QDII 制度也是以限制额度、有序开放的方式在进行。

3. 扩大开放阶段:2008 年至今

一是推动人民币国际化。为加快金融市场的进一步开放、推进人民币国际化的进程,中国于 2011 年在 QFII 基础上,推出了人民币合格境外投资者 RQFII 制度。2014 年,在 QDII 的基础上推出人民币合格境内投资者 RQDII 制度,2015 年中国推出新一轮汇率制度改革。二是推动资本市场开放。2014 年,沪港通的开通意味着跨境交易有了更多的选择。继股票市场开放之后,2015 开始债券市场、外汇市场也相继开放。2018 年期货市场也正式启动对外开放。2019 年 7 月,国务院金融稳定发展委员会宣布了金融业进一步对外开放的系列政策措施;2019 年 11 月,国务院印发《关于进一步做好利用外资工作的意见》(以下简称《意见》),《意见》中提到将全面取消在华外资证券公司的业务范围限制,允许境外金融机构投资设立、参股养老金管理公司等。即使在新冠肺炎疫情影响全球时,中国金融业开放的步伐也并未放缓,2020 年以来,中国先后取消了期货公司、寿险公司、证券公司、证券投资基金管理公司的外资股比限制,摩根大通期货、友邦人寿等纷纷进入中国开设外资独资公司。外资金融机构引进来之余,越来越多的中国金融机构也在进行海外布局,2020 年可以被称为是中国金融业全面开放之元年。

(二) 中国参与全球金融治理概况

尽管中国是国际金融机构 IMF 和世界银行的创始成员国,但是直到 1980 年才得以恢复在 IMF 和世界银行中的代表权,20 世纪 80 年代至中国加入 WTO 之前,中国与全球金融规则体系的接触较为谨慎和有限,在全球金融治理体系内主要致力于熟悉和学习国际规则与标准。这一阶段,中国在国际舞台较少发声,但是中国通过各种渠道参与各类国际金融机构的活动,主要参照国际规则与国际标准来推动中国国内的货币与金融体制改革。经过不懈的努力,中国在渐进推动开放的基础上维持了国内的金融稳定,原本十分单一的中国金融市场得到了极大的丰富,这些努力为当前中国金融领域的全面开放打下了坚实的基础。加入 WTO 之后尤其是全球性金融危机之后,中国在世界经济中的贡献度与日俱增,与全球金融治理的关系由被动转为主动,具体表现在以下几个方面。

其一,国际货币体系改革方面。国际货币体系的改革方向之一便是货币多元化,人民币走向国际是历史的必然。为配合人民币的国际化,中国于 2012 年 4 月开始建设人民币跨境支付系统(Cross – border Interbank Payment System,CIPS),该系统于 2015 年 10 月正式启动,CIPS 系统的建设将满足全球用户对人民币业务的需求。2016 年 10 月,由于中国国际影响力的增强,在中国尚未开放资本项目的情况下,人民币被正式纳入 SDR 货币篮子,权重确定为 10.92%,超过日元和英镑。人民币"入篮"是国际货币体系改革进程中的里程碑事件,打破了 SDR 由发达经济体货币主导的局面,自此以后,人民币便拥有了与美元、欧元、日元、英镑相同的国际储备货币的地位。2017 年 3 月,IMF 发布的"官方外汇储备货币构成"报告中,首次扩展了货币范围,单独将人民币外汇储备列出。

其二,国际金融机构改革方面。如果说在全球性金融危机爆发之前,中国一直游离于全球金融治理的核心组织之外。[①] 那么,在全球性金融危机爆发之后,中国则致力于推动国际金融机构的"民主化改革",致力于提升新兴经济体的地位,中国是 IMF 与世界银行份额与投票权改革的重要推动者。当前中国在 IMF 中的份额占比提升至 6.39%,在世界银行中的份额上升至 4.42%,已经成为这两大金融机构中仅次于美国与日本的第三大股东。不仅如此,中国于 2012 年创设了世界信用评级集团,于 2014 年创设了亚洲基础设施投资银行。中国还与金砖国家于 2014 年创设了金砖国家新开发银行、共同签署了《关于建立金砖国家应急储备安排的条约》,使金砖国家领导人会晤机制拥有了相对务实的运作载体。应急储备库是自我管理的应急储备安排,金砖国家银行设置的应急储备安排(CRA)对既有全球金融机构的危机救助职能具有重要意义。

这些均表明,新兴经济体已经开始将参与全球金融治理的意愿转化为实际行动。也应该注意到,近年来中国在全球金融领域内的话语权受到很大抑制,例如,2019 年 IMF 第 15 次份额审查的结论表明,被新兴经济体寄予厚望的份额调整并没有能够如期实现。时至今日,中国并没有成为全球金融治理核心议程的设置者,话语权和影响力依然相对较弱。

其三,国际金融监管改革方面。中国全面接纳《巴塞尔协议》中关于微观审慎与宏观审慎的监管理念,"十三五"规划中明确提出"加强金融宏

---

① 张发林. 全球金融治理议程设置与中国国际话语权 [J]. 世界经济与政治,2020(6):106 – 131.

观审慎管理制度建设"。中国积极参与金融稳定理事会的各项活动,在 2016 年担任 G20 轮值主席国期间,中国主导重启了国际金融架构工作组,就主权债务重组与债务可持续性、资本流动、全球金融安全网等涉及金融安全的议题与会员国进行了充分的讨论。中国还致力于与 G20 国家共同完善全球公共债务管理规则,并多次参与推动 IMF 与世界银行就《公共债务管理指南》与成员国进行充分沟通。

中国在全球金融治理领域内已经变得非常重要,开始不断有中国公民被国际金融机构任命担任重要职务:2008 年林毅夫获任世界银行高级副行长兼首席经济学家,成为发展中国家第一个担任这一职位的高管;2010 年朱民被任命为 IMF 的特别顾问,之后升任 IMF 副总裁;2012 年林建海被任命为 IMF 秘书长,成为 IMF 成立以来首位担任该职位的中国人;2016 年杨少林被任命为世界银行常务副行长兼首席执行官。此后还有中国面孔出现在中国或主导或参与创建的国际金融机构中:2015 年,祝宪被任命为金砖国家新开发银行中国籍副行长;金立群 2016 年被任命为亚投行首任行长,又于 2020 年被选为第二任行长,2021 年 1 月上任。

二、共建"一带一路"对全球金融治理的意义

中国参与经济全球化初期,"中国道路"与"华盛顿共识"在很多地方存在矛盾,形成了一种竞争并存的局面,20 世纪 80 年代到 90 年代,中国被视为是"华盛顿共识的异端"。[①] 20 世纪 90 年代之后,美国与英国共同提出了"巴塞尔协议 Ⅱ + 金融自由化理念",并将之制度化,[②] 全球金融治理的网络体系初步形成,七国集团的作用变得非常重要。中国积极参与全球金融治理的制度化建设,成为 G20 部长级会议、国际证监会组织、国际保险监督官协会等国际经济组织的重要成员;但是在新自由主义思想层面,中国依然是保守的。全球性金融危机之后,中国的经济实力跃居世界第二,中国的货币成为国际储备货币,中国在全球金融治理领域从"韬光养晦"向有所作为转变,开始主动引领全球金融治理的核心议程。客观来看,尽管中国多次推动国际货币基金组织与世界银行的改革,但是中国在主要国际金融机构中的地位并未发生实质性改变,当前的中国尚无足够实力引领全球金融

---

① 卢荻. 中国作为华盛顿共识的异端 [J]. 当代经济研究,2009 (12):11 – 15.
② 钟震,董小君,郑联盛,董梦雅. 国际金融监管规则演变的逻辑演绎及我国应对之策 [J]. 宏观经济研究,2017 (1):31 – 41.

治理改革。①

新冠肺炎疫情之后，世界经济下行的压力仍然巨大，与许多西方国家深陷疫情"泥潭"形成鲜明对比的是，中国率先复工复产并使经济出现反弹，可以预见，中国对世界经济的贡献率将持续上升，影响力也将上升。在这种情况下，中美之间的竞争逐步加剧，"脱钩"言论时有产生，这意味着中国提升国际金融话语权的过程不可能一帆风顺，不可避免地会面临来自发达国家的打压。"一带一路"建设是中国积极参与全球金融事务的平台，将从以下几个方面对全球金融治理产生积极的作用。

第一，可以倒逼中国国内金融体制改革，提升中国的金融治理能力。尽管中国已经在全球金融治理体系中拥有了位置，但是与发达经济体相比仍然存在较大差距：一是中国目前仅在经常项目内实现了可兑换，资本账户尚不能够充分自由兑换，这意味着人民币跨境使用将产生较大的交易成本。因此，即使人民币已经纳入 SDR 货币篮子，并在各国储备货币中拥有了位置，但是人民币经常项目使用占比较低、国际支付比例较低、在海外市场可获得性较低、境外机构持有人民币股票和债券比例较低；二是中国的金融体系是以银行为主导的间接融资体系，债券市场与股票市场还不够发达，更加市场化的直接融资方式尚未形成主流，资源优化配置的效率有待进一步提高；三是中国在跨境交易便利程度、金融市场开放等领域，与西方发达国家相比尚存在较大差距。

现在以及未来的经济增长，应该是高附加值的经济增长，体现在金融体系的建设上，便是需要建设充满活力、与世界同步、有国际竞争力的开放的富有弹性的现代金融体系。美国高度成熟并且发达的金融市场为其带来了极大的便利，使美元能够在与黄金脱钩后仍然在国际货币体系中占据主导地位。不仅如此，当美国、欧洲与日本的中央银行为应对危机都实施了量化宽松政策时，唯有美国的宽松政策效果最好，这与美国发达的金融市场不无相关。中国国内的金融体制改革，不但有利于建成能够促进中国自身经济增长的现代金融体系，还有利于通过提升人民币交易的便捷性来提升中国国际贸易与国际投资的竞争力。中国在金融体制方面的改革方案，唯有首先对自身生效才能够对其他国家产生借鉴意义，在此过程中，中国的区域金融治理能力将得到极大的提升，这将为中国更好地参与全球金融治理增加经验。

第二，可以带动沿线国家金融体制建设，回应全球金融治理新需求。

---

① 郭周明，田云华，王凌峰."逆全球化"下建设国际金融新体制的中国方案——基于"一带一路"研究视角 [J]. 国际金融研究，2020（1）：44–53.

"一带一路"沿线包含的不仅仅是发展中国家,也有发达国家,如果能够通过共建"一带一路",探索货币金融合作模式,例如,探索"一带一路"沿线国家的投融资机制、风险控制机制、汇率协调机制、货币互换机制等,无疑将为全球金融治理提供新的样本与范式,有利于世界经济与全球金融的稳定。中国本身是发展中国家,"一带一路"沿线大都是发展中国家,这些国家国内的金融体制与发达国家相比都不够成熟发达,反倒有利于相互之间开展货币与金融合作。发展中国家的金融市场环境更加相似,尽管中国尚未建立起成熟发达的金融市场,但是中国的金融体系一直都很稳健,中国模式必然拥有可取之处;中国国内的金融体制改革,更加易于被"一带一路"沿线的发展中国家学习与模仿,因此,中国国内金融体制改革的经验将有可能带动"一带一路"沿线国家的金融体制建设。

近年来,中国金融体制改革与金融创新齐头并进的双轨策略日益明显,参与国际金融机构改革的进程也在明显加快。[①] 只是在现有的全球金融治理体系下,无论是 IMF、世界银行还是其他国际金融机构,都有对发展中国家提供帮助的贷款援助,这些援助附带的帮助发展中国家进行国内经济改革的政策主张往往并不符合发展中国家的国情。可以预见,除非全球金融治理体系发生颠覆性变革,美国及其领导的全球金融治理机制仍然将发挥支柱性的作用,发展中国家的利益将很难得到彻底保障。与 IMF 和世界银行等传统的国际金融机构相比,中国参与创设的为"一带一路"沿线国家提供服务的金砖国家银行、亚投行等新机制具有较高的灵活性、较低的制度惰性、较低的行政协调成本等特点。从这个角度而言,"一带一路"建设无疑会为全球金融治理提供新的视角,不但有利于维护自身及广大发展中国家的利益,还能够回应全球金融治理新需求。

第三,可以对抗发达国家的金融制裁,提升整体金融风险防范能力。"一带一路"沿线的金融风险较大,主要是由于以下原因:一是各国经济水平、政治体制、宗教信仰、文化历史差异较大,部分国家处于国际地缘政治冲突的热点地带,战火频发、冲突不绝,在区域内开展货币金融合作需要防范政治风险;二是"一带一路"沿线的发展中国家和落后国家国内风险防范机制不健全,金融体制不完善,对其进行投资还会面临汇率不稳等经济风险。更为重要的是,"一带一路"沿线发展中国家还面临被发达国家金融制裁的风险。金融制裁与贸易制裁的不同之处在于,金融制裁具有不对称性:

---

① 杨天宇. 中国参与国际金融机制变革的进展及问题 [J]. 现代国际关系, 2020 (3): 40 – 48.

发展中国家大都资金短缺，处于资金链的下游，如果受到资金链上游国家的制裁，将无法采取有效措施进行反制裁；发达国家处于资金链上游，一旦对其他国家进行金融制裁，被制裁的国家通常并无还手之力，也无从通过国际经济组织或者国际争端解决机制获得救济手段。①

近年来便有不少美国对其他国家实施金融制裁的事件发生：美国多次对伊朗进行金融制裁，切断其获得美元的渠道，限制其他国家与伊朗进行贸易、投资与金融交易；2014 年克里米亚事件后，美国及其盟国便对俄罗斯金融机构进行制裁、限制其他国家与俄罗斯进行金融交易；2020 年美国通过所谓的《香港自治法案》干预中国香港内部事务，企图对其认为是"破坏"香港自治的人员进行金融制裁。发达国家在资金链上游的优势使其拥有非对称的权力，如果不受制约地使用，将给其他国家带来灾难。中国的经济体量巨大、金融市场规模巨大，中国经济的持续发展本身便是对抗金融制裁的"稳定器"；沿线国家在共建"一带一路"过程中，不但可以采取联合起来的力量来对抗因发达国家发动金融制裁可能带来的巨大风险，还可以通过构建发展中国家主导的金融机构、货币清算体系等对发达国家的金融制裁行为进行约束。

第四节 "一带一路"是中国参与
全球金融治理的方案

2008 年全球金融危机之后，主要经济体在金融领域内进行了通力合作、取得了良好的效果，即使当前新冠肺炎疫情对世界经济造成了巨大的冲击，全球金融系统从整体上来看都是稳定的。只是逆全球化的呼声持续不断，全球金融治理领域内存在的问题无法得到彻底解决。货币与金融合作是"一带一路"沿线国家贸易与投资互联互通的重要基础，中国以"一带一路"建设为契机，主导构建"一带一路"区域金融新体制。中国金融市场的成熟程度与发达国家尚有差距，但是中国的金融体系却较为安全并且稳健，在金融治理方面有独特的优势，可以与其他国家的金融治理相互参照。中国可以通过"一带一路"区域金融治理维持区域经济的稳定与发展，并积累经验来参与全球金融治理，维护世界经济的稳定与发展，本书提出以下建议。

---

① 沈伟. 论金融制裁的非对称性和对称性——中美金融"脱钩"的法律冲突和特质 [J].
上海对外经贸大学学报，2020，27（5）：35-51.

一、通过"一带一路"沿线国家货币金融合作推动人民币国际化，促进国际货币体系改革

尽管美元在国际货币体系中的主导地位至今无法被撼动，但是 2008 年的全球性金融危机已经将以美元为主导的国际货币体系的弊端充分暴露出来，降低对美元的依赖，使国际货币向多元化方向发展是国际货币体系改革的一个方向。国际储备与结算不能够仅依靠某一个国家的货币，只有通过广泛的国际合作，建立基础更加广泛的国际货币体系才能够解决当前世界所面临的问题。货币国际化需要一国的货币实现从国际交易货币，到国际结算货币，到国际储备货币，再到作为投资工具的避险资产，道路漫长，人民币国际化对于中国这个需要完成"现代化和平崛起"的国家而言，是一个内含的必然诉求，中国应通过与"一带一路"沿线国家的货币金融合作来进行推动。

（一）货币国际化的各种模式

现行的国际货币体系中，美元无疑占据绝对主导，但是欧盟、日本等经济体的货币也通过各自的路径参与国际支付、国际结算与国际储备之中，甚至非洲一些发展中国家的货币，也在区域范围内被广泛使用，这些货币走向国家化的道路，为人民币的国际化和中国参与国际货币体系改革提供了参考与借鉴。由于美元、欧元、日元等货币化的模式各不相同、各有机缘与特色，本书将分别对其进行简单介绍。

1. 美元模式

众所周知，美元走向国际化主要得益于第二次世界大战之后布雷顿森林体系之下的汇率制度安排。在美国与英国讨论战后世界经济重建问题时，美国提供了"怀特计划"，而英国则提出了设立"超主权货币"班柯（Bancor）的"凯恩斯计划"。最终被采纳的美国"怀特计划"使美元得以与黄金挂钩、其他国家的货币与美元挂钩，这种"双挂钩"的制度安排使美元获得了国际结算货币与国际储备货币的主导地位。[①] 随后，美国推行"马歇尔计划"帮助欧洲国家战后重建，"马歇尔计划"在客观上使美元得以在欧洲被广泛接受、使用并且沉淀下来。

美元除了在美国和欧洲被广泛接纳之外，在美洲的发展中国家当中也得

---

① 李巍. 伙伴、制度与国际货币——人民币崛起的国际政治基础 [J]. 中国社会科学，2016（5）：79 - 100.

到广泛认可，许多国家的货币呈现出美元化的发展趋势。自 1999 年阿根廷政府宣布考虑让美元取代阿根廷货币比索之后，厄瓜多尔、萨尔瓦多等多个国家则实现了完全的美元化，秘鲁、玻利维亚等国家通过立法的形式允许美元与本国货币同时流动，实行了不完全的美元化。与完全美元化的国家相比，秘鲁等国家货币美元化的表现主要侧重于与美元进行汇率方面的合作，并没有严密的组织体系与完善的制度安排。当前国际货币体系的客观现实便是，世界上很多经济体的货币都与美元绑定，这进一步强化了美元世界货币的地位。

通过对美元国际化模式的观察，可以认为美元的国际化最初受益于全球性汇率协作制度的安排。这固然可以看作是英美之间博弈所得结果的历史偶然，从根本上来看，却是战后美国经济实力相对强大而造成的历史必然。"双挂钩"的汇率制度退出历史舞台之后，美元依然能够占据主导地位，固然得益于"双挂钩"制度所形成的惯性，更与美国世界第一的经济实力不无相关。因此，中国在推动人民币走向国际化的过程中，抓住机遇固然重要，更加重要的是应当增强自身的经济实力，如此才能够使人民币成为被"一带一路"沿线国家甚至更多国家普遍接受的国际货币。

2. 欧元模式

欧元诞生于 1999 年，于 2002 年开始正式流通，诞生之初便打破了美元一家独大的局面，现在已经成为仅次于美元的全球第二大国际储备货币与流通货币，是当今世界最为成功的"超主权货币"。欧元的形成起初并不是刻意安排，是由欧盟国家在基础设施建设合作、经贸合作中发展起来的，频繁的经贸往来使欧盟各国渐进式地走向了货币合作。欧元走向国际化是集体一致的行为，不依赖于黄金也不依赖于某个强势国家的推动，合作理念在其中起到了非常重要的作用。二十年的实践，证明了欧元的创设为欧元区国家经济的发展起到了积极的作用，但是也暴露出欧元区在制度设计上存在的一些问题。

第一，欧元区的财政政策无法与货币政策相配合，降低了货币政策的有效性。欧元区在设计上仅是一个货币联盟，区域内施行统一的货币政策，但欧元区的成员国均为主权国家，较难形成财政联盟，各国在财政政策方面无法实现统一。这种设计的结果便是，当欧元区受到外部冲击时，成员国的财政政策各自为政，经济情况相对较好的国家无法向经济情况相对较差的国家进行财政转移支付，统一货币政策的效果将大打折扣。更进一步，宽松货币政策所释放出来的流动性出于避险的目的，通常会流入财政状况相对健康、经济实力相对较强的成员国，财政状况不佳、经济实力较差的成员国的经济状况将随危机的蔓延而雪上加霜，这使欧元区各国的经济发展水平加速分化。

第二，欧元区成员国在货币政策的制定上并不总是能够形成一致意见。究其原因，主要有二：一是欧元区成员国的经济发展水平并不一致。从国际收支的角度来看，德国等国家的经常账户呈现顺差，而南欧国家的经常账户普遍呈现逆差，国际收支不平衡的状况随经济的持续低迷而日趋显著。通常情况下，顺差国倾向于维持汇率稳定，而逆差国为改善国际收支情况更倾向于使货币贬值。但在各国使用共同货币的情况下，欧元的汇率并不能够随成员国的意愿而改变，成员国更多关注的是本国的利益，这必将造成成员国在货币政策制定时发生分歧。二是欧洲央行的决策机制容易陷入民主决策的误区。这主要是因为欧洲央行行长理事会政策决策的设计是采取一人一票的简单多数制原则，目的在于防止大国操纵货币政策决策。但随着成员国的数量增多，欧洲央行的决策权力并不能够由主要国家主导，而是趋于分散，这将造成集体决策的短视化。①

除去上述制度设计上的问题之外，欧元区近年来还面临一系列外部环境的挑战：主权债务危机、难民潮、民粹主义抬头、英国"脱欧"危机，尽管英国并不是欧元区成员国，但其"脱欧"行为很有可能成为欧元区缩水的诱因。当前的欧元区还面临新冠肺炎疫情危机。尽管如此，欧元的出现使欧元区成员国在单个实力相对不足的情况下，能够以一个整体的形象在世界舞台上扮演重要的角色，其创设"超主权货币"的有益尝试，被认为是国际货币体系演变的一个重要方向。欧元是否能够进一步发展，不但依赖于与欧元有关的制度是否能够进一步优化，更依赖于欧元区的经济是否能够进一步发展。如若欧元区的经济不能尽快复苏，将会动摇世界各国对欧元的信心。

通过对欧元国际化模式的观察，可以认为欧元的国际化起源于经贸合作，得益于严密的区域性制度安排，欧元的诞生打破了既有的秩序，标志着世界走向了多极、多元的货币体系。欧元的国际化为人民币借助"一带一路"建设走向国际化提供了丰富的经验：中国在与"一带一路"国家开展货币与金融合作时，应和投资与贸易合作齐头并进共同发展，应使合作理念贯穿始终，应设计严密的区域性制度安排。与欧元区国家不同的是，"一带

---

① 周茂华．欧债危机的现状、根源、演变趋势及其对发展中国家的影响 ［J］．经济学动态，2014（3）：138–153.

一路"沿线国家政治、经济、文化各方面差异较大，货币与金融合作的难度应当更大，因此，在探讨制度建设时应遵循循序渐进的原则徐步推进。

3. 日元模式

日元走向国际化是日本国内实体经济迅速发展的结果。20世纪60年代，日元随着日本贸易的迅速发展被许多国家使用，日本于1964年便实现了经常项目下的可自由兑换。之后，随着日本经济的起飞，日元取得了国际硬通货的地位。[①] 但是，作为典型的贸易国家，日本政府有"日元升值恐惧"，即担心日元的升值会对日本的出口造成负面影响；日本政府还担心日元国际化之后会打乱国内的金融秩序，降低货币政策的有效性。因此，日本对日元国际化在相当长时间内都持谨慎态度。然而在美国的推动下，日本于1980年起开始实施资本项目可兑换。1984年，日本发布《金融自由化与日元国际化的现状与展望》报告，从政策上推动日元国际化的进程。

通过对日元国际化模式的观察，可以认为日元的国际化与美元和欧元相比较为被动。日元的国际化是随着日本经济尤其是贸易的发展、美国的推动、金融改革的深化以及对外开放程度的提高而逐步发展的。日元在国际化的过程中，并没有借助区域货币合作的力量继续发展，影响力较为有限，这也是日元被动发展国家化的一个表现。日元的国际化给人民币的国际化带来几点启发，即人民币的国际化应是随着中国国内经济的发展、贸易的持续、金融改革的深化和对外开放程度的提高才能够真正实现的；人民币的国际化应借助区域货币合作的力量主动推进，才能够获得较大的影响力。

4. 非洲法郎模式

如果说欧元是欧洲国家在经贸合作过程中进行区域性制度合作而产生的，非洲法郎（FCFA）这个区域性的"超主权货币"的诞生则与之完全不同。非洲法郎诞生于1945年，彼时中非和西非的大部分领土是法国的殖民地，法国在其中非地区的6个殖民地使用中非法郎，在西非地区的8个殖民地使用西非法郎，在其殖民地岛国科摩罗使用科摩罗法郎。非洲法郎是历史殖民的结果。尽管法国在非洲的殖民体系于1960年随非洲独立运动兴起而瓦解，非洲法郎却仍然存在。1994年，原法属中非的6个国家成立中非经济与货币共同体，原法属西非的8个国家成立西非经济货币联盟，这两个区域性组织所使用的非洲法郎与欧元挂钩，并长期保持稳定。

通过对非洲法郎国际化模式的观察，可以认为非洲法郎的诞生更多是历

---

① 李晓. "日元国际化"的困境及其战略调整 [J]. 世界经济，2005 (6)：3–18.

史因素的延续，非洲法郎目前尚不具备能够在国际上普遍流动的性质，只是区域货币的一体化与国际化。非洲法郎的模式也为人民币的国际化提供了思路，即一些经济发展水平相对较弱的国家，为了维护自己的货币稳定，是有意愿相互间进行货币合作的，其货币作为一个整体也是有意愿与周边的强势货币进行挂钩的。这就为人民币走向国际化提供了一个思路，即人民币可以努力发展成为那个"周边的强势货币"。

（二）"一带一路"与中国的应对思路

尽管不同经济体货币国际化的道路各有不同，但是仍然可以看到以下共同的特点：一是需要拥有强大的经济实力，美、欧、日无不是经济实力强劲的经济体；二是货币的国际化要么是基于特定的历史机缘，如第二次世界大战后国际货币体系重建中的美元，独立运动之后的非洲法郎，要么是在经贸合作的基础之上渐进实现的，如欧元和日元；三是货币走向国际化应借助区域性的制度安排，这一点欧元做得很好，而日元则由于较为保守而错失了最好机遇。对于中国而言，当前的经济体量已居世界第二，满足了第一条特征；国际货币体系面临改革，2020 年新冠肺炎疫情使世界经济的不确定性升级，如果人民币能够保持稳定将成为全球避险货币，当前是推行人民币国际化的战略机遇期，而"一带一路"建设所期望实现的沿线国家投资与贸易方面的互联互通，将为人民币国际化提供基础。中国应当在与沿线国家共建"一带一路"的过程中使人民币通过区域性的制度安排走向国际化，本书提出以下建议。

1. 借助粤港澳大湾区建设，探索建立中国内部的最优货币区

人民币走向国际化应该是扎实推进、循序渐进的，可按照周边化、区域化与国际化的顺序分阶段开展进行。因此，人民币国际化的第一步就是在中国内部建设最优货币区。中国的货币体系对于全世界来说都是极为独特的存在，在中国这样一个主权国家内部共有四种货币：人民币、港币、澳门币与台币。出于政治因素考虑，在讨论最优货币区建设时可以先在中国台湾地区发展好人民币离岸市场业务。港币与澳门币则有所不同，如今与人民币共同流通于粤港澳大湾区，随着海峡两岸暨香港、澳门经贸往来的日益频繁，粤港澳大湾区有望成为中国内部的最优货币区，最优货币区建设将为人民币国际化奠定基础。

粤港澳大湾区战略由学界探讨到战略提出历时二十余年，是与京津冀、长江经济带并列的国家级区域发展战略，大湾区有区别于京津冀与长江经济

带的独特之处，即实行"一个国家、两种制度"。作为特殊的经济区域，粤港澳大湾区是内地与香港、澳门深度合作的窗口，在制度创新方面有巨大的探索空间，大湾区可以被视为一国之内的国际经济合作大平台，也是中国在"一带一路"建设中提出的关于区域合作的新概念。① 在货币金融领域内，粤港澳大湾区实行三种货币与金融制度，流通人民币、港币、澳门币三种货币，这些差异如若利用不当，将对大湾区内部各要素的自由流动形成制约，降低大湾区的经济效率；如若应用得当，将使大湾区既享"一国"之利，又享"两制"之便。更为重要的是，大湾区的货币金融合作可以节约中国的国际储备与外汇交易成本，使人民币拥有更加庞大的在岸市场，增强人民币的国际竞争力以及中国的国际影响力。

从最优货币区的制度安排上，固然有欧元这样的单一货币形式，但是单一货币并不是唯一的形式，中国可以巩固香港与澳门的传统优势，维持既有的三种货币。香港与澳门的经济体量不大，但是开放度很高，均是被国际广泛认可的中立的自由港与最为开放的经济体，贸易、投资与金融标准与国际更为接轨。中国香港与英国、中国澳门与葡萄牙有很深的经贸合作历史，在政治、经济等许多领域均保持中西兼容的特点，长期以来一直是中国与西方来往的桥梁与通道。中国应充分利用香港成熟的金融制度资源、人民币离岸市场地位、与伦敦金融中心便利的金融联系、为全球提供金融服务的宽广网络，获得人民币资金并在全球范围内进行配置；还应充分利用中国澳门与葡萄牙的历史关系，在澳门建立中葡人民币结算与清算中心建设，丰富当前较为单一的金融业结构。

汇率协调是货币金融合作的高级形式，澳门币长期以来采用与港币挂钩的联系汇率制，香港与澳门之间并无利率、外汇与资本流动，甚至是金融行业准入等方面的管制，港币在澳门的流通性极高，港币与澳门币有非常明显的货币替代现象。因此，港币与澳门币的计价与结算十分简单，非常有利于人民币业务在香港与澳门同步开展。尽管内地、香港、澳门的汇率形成机制并不相同，但是并不妨碍他们进行汇率协调机制方面的探索。近年来人民币汇率形成机制改革已经成为中国金融体制改革的重点推进领域，2015 年"8·11"汇改，完善了人民币对美元汇率中间价的报价机制，推进了人民币汇率市场化的步伐。香港是人民币离岸市场的源头，如若能使人民币在岸市场与离岸市场的定价机制所决定的价格趋同，两个市场的价格差异将会缩

---

① 钟韵，胡晓华. 粤港澳大湾区的构建与制度创新：理论基础与实施机制 [J]. 经济学家，2017（12）：50 – 57.

小，将有利于人民币汇率的稳定并促进汇率间的更好协调。

自回归以来，港澳地区的经济已日渐融入内地，它们有相似的历史文化传统、相通的价值观取向、相近的经济发展水平，具有成为最优货币区的天然条件。但值得注意的是，香港回归之后，虽然在法理上与内地实现了统一，但是近年来在政治改革问题上与内地分歧巨大，这增加了在粤港澳大湾区建立最优货币区的难度。当前新冠肺炎疫情的冲击使香港经济雪上加霜，香港经济对内地的依赖程度加大，特区政府在疫情防控方面应对得当，中央政府也给予了巨大支持。在粤港澳大湾区更多开展货币金融合作并建立最优货币区，并将其成功经验复制到"一带一路"区域范围内，将对推动人民币国家化起到事半功倍的效果。

2. 依托"一带一路"平台，与沿线国家开展货币金融合作

相较于投资与贸易合作而言，"一带一路"沿线国家的货币与金融合作是严重滞后的。聚焦于亚洲地区来看，从 2000 年达成《清迈倡议》算起，亚洲地区在推进货币与金融合作方面已进行了近二十年的努力，但是国家间的货币金融合作仍然停留在防范金融危机的领域。这主要受两个方面的制约：一是"一带一路"沿线国家国内的金融体制差异较大，彼此之间较难形成中长期的共同利益；二是"一带一路"沿线国家缺乏汇率的直接形成机制，国家与国家之间的汇率，需要依赖美元作为中间价格套算出来。这两个因素使各国均摆脱不了对美元的依赖，仍然保有选择美元作为国际结算与清算货币的惯性。在当前美元主导的浮动汇率制度下，各国都需要规避美元汇率波动所带来的风险，这就使在"一带一路"区域范围内更多展开货币与金融合作具备了必要性，可以通过以下方式实现。

一是与沿线国家签署货币互换协议。在贸易投资结算与支付时，通过美元来套算汇率的机制存在以下不足：成本较高、效率较低，不利于贸易与投资的便利化；美元的中心位置不断被强化，各国货币被美元所绑架，需要承担因美国国内经济政策的不确定性而产生的汇率风险。双边货币互换指两国央行以固定汇率互换货币，到期时再按照相同汇率反向交换，货币互换可以降低交易成本、提高交易效率、防范汇率风险。因此，在"一带一路"建设过程中，可以以货币互换为起点进行更深层次的货币金融合作。在当前以人民币为主的货币互换协议中，签约对象国不但有马来西亚、印度尼西亚这类的发展中国家、有俄罗斯这类的转型经济体，还有日本、韩国这类的发达经济体。尽管由于历史与现实的原因，中日两国之间存在种种竞争，但日本与中国同为当今世界举足轻重的经济体，2018 年 10 月，中日两国签署了三

年期的货币互换协议，规模高达 2 000 亿元，两国之间开展货币与金融合作有利于东亚地区甚至更广区域内金融环境的稳定，意义极为深远。

二是与沿线国家共建人民币国际清算体系。随着中国与"一带一路"沿线国家经贸往来的深入发展，人民币跨境支付结算需求将迅速增长。当前在全球银行清算体系中居于核心地位的是美国的银行清算体系：纽约清算所银行同业支付系统（CHIPS）与美联储转移大额付款的系统，两者共同维系了美元的国际货币地位。在代理行和境外清算行模式下，则需要通过 SWIFT 报文系统传递跨境清算信息，但是 SWIFT 系统不支持中文，且费率较高，很难服务于金融设施尚不完善的国家和地区。近年来美国利用 SWIFT 和美元清算系统对他国实施制裁已趋常态化，为预防制裁所带来的严重后果，中国在与沿线国家共建"一带一路"时，应积极完善人民币跨境支付系统（CIPS），实现"哪里有人民币，哪里就有 CIPS 服务"。中国还应给予以人民币计价并结算的海外项目以政策倾斜：一方面，可以为中国企业走出去使用人民币直接在境外进行投资提供基础支撑；另一方面，有利于培育"一带一路"沿线国家持有人民币、使用人民币结算与清算的行为和习惯。

三是在沿线国家布点建设发展人民币离岸市场。中国跨境贸易额很大，但是大部分结算并不发生在中国内地，这主要是由于以下原因：实体经济部门出于节约成本角度考虑，更加愿意选择自由港作为结算地，比如中国香港、新加坡、爱尔兰等；人民币的直接清算渠道并不通畅，需要依托境外的离岸金融市场来获得清算服务。离岸市场建设是在岸市场并未完全开放的情况下，推动人民币走向国际化的务实选择。在"一带一路"沿线国家发展人民币离岸市场可以为中国带来以下利好：金融结算会产生税收、专利、版税等高附加值的服务贸易，在全球价值链中处于高端位置，人民币离岸市场有助于中国向全球价值链高端攀升，还能够帮助中国掌控国际贸易的结算点；有助于银行在离岸市场吸纳人民币存款、发行人民币贷款、发行人民币债券，方便人民币沉淀与回流，可以推动中国的金融机构至离岸市场所在地扮演清算行角色。当前世界经济仍然充满较大不确定性，中国经济的持续向好使人民币成为重要的避险货币，在沿线国家建设人民币离岸市场有助于企业实现跨境资本投资，能够方便沿线国家持有人民币并使用人民币进行交易。

3. 拓展人民币国际化的数字维度，推动国际货币体系改革

全球性金融危机使银行系统面临了前所未有的信任危机，国际社会开始重新对货币体系进行思考，数字货币在此背景下应运而生。2009 年，中本

聪在《比特币:一种点对点的电子现金系统》文章中勾勒了比特币的基本系统构造,加密数字货币开始频繁进入公众的视野。此后,莱特币、瑞波币、以太坊等数字货币纷至沓来,颠覆了货币的形态。这些基于区块链技术和分布式记账方式的货币新形态天然具有国际化的属性,且因"技术可信"而摆脱了国家信用,给国际货币体系带来了冲击。2019 年 6 月,脸书(Facebook)宣布将于 2020 年发行数字货币 Libra,这种非主权货币的发布迅速成为全球金融领域内新的热点话题。Libra 1.0 将 Libra 设计为由美元、欧元、英镑、日元等法定货币组成的一篮子法定货币的代币,但因无法对其进行监管而备受质疑。Libra 2.0 在多币种代币的基础上,增加了单币种代币 LBR,强化了美元的主导地位。Libra 本质上是平行于法定货币的新货币,尽管不是美国官方发行的,但是 Libra 会体现美国利益。

各种创新的数字货币自发布以来便引起广泛关注,为各国的主权货币带来了压力,全球央行正在以积极的态度拥抱数字货币所带来的新潮流与新趋势,中国也概莫能外。可以预料,未来的国际货币体系不是仅有主权货币的体系,而应该是由数字货币与主权货币共生共存的体系,国际货币体系面临新一轮的重塑与革新。在金融科技的发展与数字货币浪潮的冲击下,央行数字货币(CBDC)开始成为国际热点问题。中国人民银行在全球法定数字货币的研发竞争中,已经取得了先发优势,2019 年基本完成数字人民币(DC/EP)的顶层设计、标准制定、功能研发和联调测试等工作;2020 年 4 月,DC/EP 先行在深圳、苏州、雄安、成都进行内部封闭试点测试。① DC/EP 当前主要是面对零售市场的,其出现有助于对抗 Libra 等数字货币给中国带来的冲击,DC/EP 天然具有有利于跨境支付的特点,必然将对人民币国际化产生深远的影响。如今人民币的国际化必将是注入数字元素的国际化,需要兼顾数字货币的发展,人民币应当与其对应的数字货币一起走向国际。

DC/EP 跨境支付可以不依赖于 SWIFT 对跨境支付信息的处理,有助于维护我国的货币主权,必然是未来的发展方向。发挥 DC/EP 对人民币国际化的助推作用,需要在技术上进一步完善,使之更加可靠、稳定、风险可控。为应对跨境支付数字化转型的需要,2019 年 6 月,SWIFT 在华注册成立全资子公司,2021 年 1 月 SWIFT 联手中国人民银行,体现了世界对人民币国际地位的认可,也将推动 SWIFT 内部改革和技术创新,推动人民币跨境支付系统(CIPS)的技术进步。中国人民银行在与"一带一路"沿线国

---

① 高德胜. SWIFT 牵手央行数字货币,意味着什么?[EB/OL].(2021 – 02 – 16)[2021 – 03 – 16]. https: //mp. weixin. qq. com/s/rSixtG5XoTsjGW1uf0FINQ.

家的中央银行开展合作时,应尊重对方的货币主权;在商业银行层面,中资银行可以与"一带一路"沿线国家或地区的银行建立银行联盟,并在市场机制的推动下逐步扩大联盟的范围。中国人民银行还应增加 DC/EP 的应用场景,这需要在实践中不断摸索,也可以借鉴其他国家的经验。在制度设计上,需要配套推动中国金融业的进一步对外开放,如实现货币可自由兑换、形成市场主导的人民币汇率形成机制等。唯有在满足上述条件的情况下,人民币才可以通过市场的力量维持对内与对外价值的稳定,其作为国际货币的条件才会得到巩固。

二、推动既有国际金融机构改革,与"一带一路"沿线国家共建新型多边国际金融机构

国际金融机构是全球金融治理的执行主体,传统的代表性机构为 IMF、世界银行以及由日本和美国双轮驱动的亚洲开发银行等,在"华盛顿共识"下,这些国际金融机构的主要运行模式以富国帮助穷国的"南北合作"为主。但是全球性金融危机削弱了发达经济体的实力,改变了旧有的力量对比,在新的全球经济格局下,探索更多的合作模式成为历史必然。当前,"去华盛顿共识"的"南南合作"模式正在积极开展,发达经济体意识到需要适度让渡权力,需要对旧有的国际金融机构进行改革,需要与新兴经济体开展更多的合作。

(一) 发达经济体对国际金融机构进行的改革

2008 年全球性金融危机之后,发达经济体以开放的姿态邀请新兴经济体参与维护国际金融公众秩序,2008 年 11 月 15 日在华盛顿召开的首次 G20 首脑级峰会拉开了改革的序幕。G20 是由发达经济体与新兴经济体就全球经济问题进行有效沟通的平台,第一次将新兴经济体吸纳成为全球金融治理的主体,G20 使新兴经济体成为应对危机的重要力量,对世界经济的发展具有长远的意义。G20 如今已经被国际社会普遍认可,是全球金融治理最为核心、最为主要的制度形式。遗憾的是,G20 至今还只是一个非正式对话机制,并不是一个基于投票的决策实体,不仅如此,新兴经济体并不能够将其占据多数席位的优势转化为对 G20 的更大影响力,因此,G20 目前可以被理解为是新兴经济体和发达经济体相互示好的平台。IMF 和 FSB 是在 G20 的领导下就全球金融问题进行协调的重要支柱,因此,可以从 IMF 和 FSB 两个方面来看待发达经济体对国际金融机构的改革。

1. IMF 的改革

尽管 IMF 的日常工作具有相对独立性，但是它在重大问题的决策方面取决于成员国的投票，使用的是一种依据份额决定投票权的加权表决制度。在这种制度下，IMF 的决议较多反映欧美发达国家的意志，尤其是美国，因其份额较多，拥有事实上的一票否决权。这种决策机制，不能充分反映新兴经济体与发展中国家的意愿，如果不对其进行改革，将会削弱新兴经济体对它的信任，将不利于全球金融治理的顺利推进。在 2010 年针对 IMF 的改革中，发达经济体向新兴经济体和发展中国家转移了超过 6% 的份额，降低了七国集团的决策权力。欧洲国家还让出 IMF 执行董事会的两个席位给发展中国家，这成为 IMF 成立以来最为重要的治理改革方案。此外，针对国际金融机构代表性不足、效率低下等问题，G20 达成了取消 IMF 总干事与世界银行行长必须是欧美人的意向性共识，开始吸纳新兴经济体的公民担任高管。

令人遗憾的是，新兴经济体在 IMF 中的地位并未发生实质性转变，截至 2021 年 3 月，中国在 IMF 中拥有 6.41% 的份额和 6.08% 的投票权，金砖国家在 IMF 中份额之和为 14.84%，投票权之和为 14.15%；美国在 IMF 拥有 17.44% 的份额和 16.51% 的投票权，远远大于中国并超过金砖国家。[①] 近年来，随着保护主义思潮的兴起，发达国家对新兴经济体进行了打压，IMF 第 15 次份额改革受到美国的坚决抵制。2019 年 10 月完成的 IMF 第 15 次份额审查结果显示，IMF 并未进行份额调整，第 16 次审查也将被推迟至 2023 年年底，参照 IMF 提供的新的份额计算公式，第 16 次份额调整对新兴经济体来说较为不利。

2. FSB 的改革

由于金融稳定论坛（FSF）在促进全球金融稳定方面表现得不尽如人意，2009 年 4 月 G20 伦敦峰会宣布将新兴经济体成员吸纳至这个国际金融监管机构，并将金融稳定论坛（FSF）更名为金融稳定理事会（FSB）。2012 年 FSB 的章程被修订，被授予了更多的合法性和自主性，当前的 FSB 具有正式的国际法人资格，其职责是推动全球金融监管改革，建设一个安全并富有弹性的全球金融体系。FSB 不仅首次将对冲基金、影子银行、场外衍生产品、信用评级机构纳入金融监管的范围，还增强了对欧美大银行的监管、对所有金融中心的监管。FSB 通过建立联合监管机制来改善监管部门之间的交流与合作；通过建立危机管理跨境合作机制来以建立反应迅速的跨境

---

① IMF. IMF Members' Quotas and Voting Power, and IMF Board of Governors［EB/OL］.（2021 - 03 - 16）［2021 - 03 - 16］. https：//www. imf. org/external/np/sec/memdir/members. aspx.

救助安排。由于当前成立以条约为基础的国际政府组织的时机尚不成熟，FSB 主张采取渐进、温和的方式推进机构化建设，FSB 的种种努力已经逐步颠覆了发达国家金融市场一直推崇的"金融自由放任主义"。[①] 如今，FSB 已经成为全球公认的促进全球金融标准制定与执行的核心机构。

（二）"一带一路"与中国的应对思路

为在国际金融机构中争取话语权，发展中国家并无太多选择，一是团结起来积极参加国际金融机构的改革，通过增资和份额提升的方式扩大发展中国家的群体话语权。二是创设能够由自己主导的国际金融机构。中国在推动国际金融机构改革中的积极作用主要体现在推动 2010 年 IMF 与世界银行的增资计划和份额改革，中国及新兴经济体获得了成功。在 2018 年世界银行的增资方案中，中国的投票份额得到进一步提升，但是作为交换，中国接受了世界银行新的贷款政策，即在五年缓冲期之后，中国将按照中高收入发展中国家的利率标准向国际复兴开发银行贷款，贷款规模也将被缩减。换句话说，中国在世界银行中投票份额的提升是以增加贷款成本为代价的。这符合世界银行出资国的身份认定，表明了中国的大国担当。然而，在 2019 年 IMF 的份额审查中，中国却未能实现份额增加，这固然是美国对中国的抑制，但也从侧面反映出了中国令守成国家忌惮的增长速度和国际影响力。

在国际金融机构中提升话语权不仅取决于发展中国家自身的努力，还取决于发达经济体是否愿意进行份额让渡。当前来看，走通这条道路的时间较长、成本较高，此时，成立由发展中国家自己主导的国际金融机构来满足发展中国家自身的融资需求也能够实现帕累托改进。尽管对中国来说资金并不缺乏，但是大多数发展中国家常常会面临资金缺乏的困境，尤其是在当前新冠肺炎疫情的冲击下，部分国家资金缺乏的问题会表现得更加明显。发展中国家可以选择的传统方式是向 IMF 或者世界银行等国际金融机构申请贷款，只是这些国际金融机构所提供的贷款援助通常带有附加条件。这些附加条件是依据华盛顿共识的"民主政治＋市场经济"的要求来设定的，会要求发展中国家进行开放市场、放松政府管制、利率市场化、汇率市场化等"结构调整计划"，这些经济政策本身或许并无恶意，但却是依据发达经济体的理念来设定的，并不一定适合发展中国家的国情，甚至这些经济政策对发展中国家经济的发展会起到相反的作用。

[①] 朱杰进. 金砖国家合作机制的转型 [J]. 国际观察，2014（3）：59 – 73.

中国主导创设的亚洲基础设施投资银行（AIIB）、中国与金砖国家合作创设的金砖国家新开发银行（NDB）均是能够服务于"一带一路"建设的新型国际金融机构。AIIB 与 NDB 避开了 IMF 与世界银行"附加条件"的做法，更加符合发展中国家的利益，从创设起便被认为是 IMF 和世界银行的替代者，颇受世界瞩目。中国或主导或参与创设的新型国际金融机构与推动既有国际金融机构改革并不冲突，完全可以同步开展、相互促进，两条道路的齐头并进，不但能够大大提升发展中国家在全球金融治理体系中的话语权，还能够使国际金融秩序向更加公平的方向发展。以下将对亚洲基础设施投资银行和金砖国家新开发银行进行介绍。

1. 亚洲基础设施投资银行

亚洲基础设施投资银行（AIIB）于 2013 年被中国提出，是中国首次以大股东和主导方的身份，与其他国家共同筹建的独立的、以实体形式存在的国际金融机构。AIIB 初期的意向创始国为亚洲国家，自 2015 年 3 月英国宣布以意向创始成员国的身份加入之后，AIIB 在世界范围内引起了广泛关注，创始成员国迅速由最初的 21 个扩大至 57 个，遍布全球五大洲。2017 年 3 月，AIIB 首次扩容后成员国增至 70 个，AIIB 当前已经超越亚洲开发银行成为仅次于世界银行的全球第二大多边开发金融机构，这个亚洲区域性的金融治理平台由此具备了全球化的视野，反映出世界各国对国际金融秩序进行改革的愿望。需要注意，发达国家对待 AIIB 的态度是有所分歧的，在七国集团中，欧洲的英国、德国、法国、意大利选择加入了 AIIB，北美的美国与加拿大、亚洲的日本则并未加入。无论如何，为加强亚洲各国互联互通的 AIIB 的设立，无疑将国际金融经验并不丰富的中国推至了改善全球金融治理的前台。①

2. 金砖国家新开发银行

金砖国家合作机制最初由俄罗斯发起，创设于 2006 年，是一种跨区域的多边治理模式；2009 年，金砖国家论坛由部长级升级为首脑级，并由政治领域向经济领域拓展。金砖国家新开发银行（NDB）的创设于 2012 年金砖国家被提出，2015 年 7 月正式开业。创设 NDB 的目的在于在金砖国家之间构筑共同的金融安全网，一旦金砖国家的货币不稳，可以借助"应急储备基金"这个资金池来进行救助。对金砖国家基础设施建设的支持是 NDB 的优先考虑项目，但是 NDB 的业务不只面向金砖国家，还面向全部发展中

---

① 王达，项卫星. 亚投行的全球金融治理意义、挑战与中国的应对［J］. 国际观察，2015（5）：71 - 81.

国家，NDB 的设立将简化国家间的结算与贷款业务，减少各国对美元和欧元的依赖。2020 年新冠肺炎疫情暴发，NDB 为抗击疫情、恢复经济进行了努力，2020 年 3 月 NDB 向中国提供 70 亿元人民币的紧急援助贷款。近年来，金砖国家机制正在通过"金砖国家＋"合作为扩容创造条件。

AIIB、NDB、丝路基金、上海合作组织开发银行被称为"一带一路四大资金池"①。四大资金池有许多相似之处：从投资领域来看，主要致力于基础设施的建设；从股东构成来看，都有中国的参与，融资模式也较为类似；从运营方式来看，业务内容比较相似。这些同质性的特征使这几家由发展中国家主导的机构之间具有了竞争关系，因此在今后的发展过程中应在加强合作的同时明确各自的重点领域。四大资金池也有所区别：上海合作组织开发银行尚在筹建，丝路基金由中国全资，AIIB 与 NDB 则由中国与其他国家合资建立，后两种最引人关注；从投资对象国来看，AIIB 主要投资于域内国家，NDB 主要投资于金砖国家，丝路基金主要投资于"一带一路"沿线国家，上合组织开发银行主要投资于上合组织成员国，但都能够服务于"一带一路"建设。中国在与沿线国家共建多边金融机构的过程中，还应注意以下两点。

第一，在"高标准"与"接地气"之间寻求平衡。多年以来，世界银行、亚洲开发银行等先驱性的国际金融机构因由发达国家主导，对接受援助的发展中国家的实际情况并不太了解，在对外贷款时往往会附加深受发展中国家诟病的苛刻条件。尽管世界银行等多边开发性银行当前在进行金融治理时面临较大局限性，但是在稳定世界经济、促进发展中国家经济发展与扶贫济困等方面作出过巨大的贡献，发展中国家组建的新型国际金融机构应该遵守既有的有利于防范金融风险的国际规则，应该是对既有国际金融机构的补充而不是替代。中国或主导或参与的新型国际金融机构，应该是能够与既有的国际金融机构沟通兼容的，应该是能够在"高标准"与"接地气"之间寻求平衡的，也应该是能够推动"南""北"国家进行更多沟通的。

举例来说，中国主导创设 AIIB，立足于服务亚洲地区的基础设施建设，自然会更多关注发展中国家的融资需求，关注于为发展中国家提供适合其国情的贷款安排，但是因成员国的广泛性和据此形成的巨大影响力，AIIB 具备了与 IMF 和世界银行等世界主要国际金融机构开展对话合作的条件。自成立以来，AIIB 与世界银行、亚开行、欧洲复兴开发银行等就多个项目进

---

① 刘欣. "一带一路"四大资金池的战略及运营比较研究 [J]. 当代经济，2016（28）：49－51.

行了联合投资，开创了国际开发金融机构进行联合融资的新模式。应清醒地认识到，发展中国家的实力虽然已经增强，但是尚不具备单独提供全球公共产品的能力，发展中国家主导的国际金融机构应与发达国家开展更多互动，不但有利于提高治理效率，也能够促进区域经济的融合与稳定，可以提升发展中国家在全球金融体系中的影响力，有利于全球金融体系的稳定。

第二，推动发展中国家开展更多的集体行动。发展中国家除了应该与发达国家开展合作之外，内部应该更加团结，应该采取有利于整体利益的集体行动为自身争取更多的利益。虽然金砖国家的应急储备安排可以被看成是金砖国家团结一致维护金融稳定的范例，金砖国家也有因利益分歧而使整体利益受损的例子：在 IMF 总裁与世界银行行长的提名中，尽管金砖国家发表了联合声明，称要打破欧洲人担任总裁和美国人担任行长的传统，但是因并未能够提出五国统一认可的候选人，而在谈判中处于被动。因此，发展中国家在面临全球金融治理改革的重大机遇面前，应该首先沟通协调，平衡好短期利益与长期利益、自身利益与整体利益，唯有采取集体行动才能争取更多的话语权。在这个过程中，中国应该发挥大国担当、从大局出发，起到主导性的作用。

三、将微观审慎与宏观审慎监管理念相结合，降低"一带一路"沿线国家的整体金融风险

全球性金融危机使世界各国的中央银行认识到，金融领域内过于放任自由的创新、金融机构的过度扩张会加速金融泡沫的积累，金融体系更为发达的发达经济体也有可能成为危机的源头。在金融全球化的时代，金融风险传染力与破坏力惊人：一旦某个国家发生系统性金融风险，这种风险将迅速蔓延至其他国家，使多个国家的金融体系遭遇重创并对实体经济造成重创。世界各国逐步达成共识：对于金融的风险管理不应仅是针对个别银行或者金融机构的，而应是面向整个金融体系的；金融监管不应仅针对某个特定国家的金融体系，而应面向全球的金融体系。人们已经普遍认识到，基于微观审慎的金融监管理念难以防范系统性金融风险，应对金融监管提出更为严格的要求，强调逆周期调节的宏观审慎监管政策逐步引起重视：世界各国不仅提高了微观审慎监管的标准，还在微观审慎监管的基础上强化了宏观审慎监管，并致力于丰富宏观审慎政策工具。

（一）国际社会致力于完善宏观审慎政策框架

宏观审慎政策框架是一个动态发展的框架，主要目标是维护金融稳定、

防范系统性金融风险。① 宏观审慎政策主要利用资本充足率、流动性覆盖率、风险权重等系列工具对金融机构过于激进的投资行为进行控制，利用银行外汇头寸敞口限制对外汇进行控制，目的是提高整个金融系统的风险防范能力。当某个单个的国家实施宏观审慎政策时，是不能够同时实现国内金融监管政策独立、金融稳定和金融全球化的，但是当各国的金融监管机构之间进行国际宏观审慎政策协调时，是可以缓解"金融三元悖论"问题的。② 全球金融治理的目的应是维护金融稳定，防范系统性金融风险，并在此基础上促进经济增长，因此，通过金融监管来维护金融稳定非常重要，全球性金融危机之后，主要国家开展了金融监管的国际协调，G20 取代七国集团着手主导全球金融监管改革的方向，全球金融监管架构发生了明显的变化：一是金融稳定理事会成为全球金融监管改革的重要平台；二是巴塞尔银行监管委员会在全球金融监管机构中的地位明显上升。③

其一，金融稳定理事会在宏观审慎监管方面的努力。金融稳定理事会（FSB）自成立以来，便是 G20 制定全球金融治理标准的核心机构，在宏观审慎管理方面作出了巨大努力：当前绝大多数 FSB 成员经济体已经成立专门的宏观审慎管理部门；所有 FSB 成员经济体都建立了针对信用评级机构 CRAs 的注册和监管机制，逐步减少在法律法规与监管标准中使用 CRAs 的评级结果，降低了对 CRAs 的依赖；FSB 发布了《降低全球系统重要性金融机构道德风险》（G – SIFI）的报告，定期公布并更新全球系统重要性银行（G – SIBs）名单；推动金融机构有效处置机制建设；对影子银行体系进行持续监测；推动场外衍生品市场改革；致力于防范不当行为风险。在金融稳定理事会的带动下，国际会计准则理事会发布、并于 2018 年 1 月正式生效的《国际财务报告准则第 9 号——金融工具》中，正式建立了贷款损失准备的"预期损失模型"。④ 尽管金融稳定理事会取得了较大的成绩，但也存在以下不足：一是许多重要的新兴经济体被排除在外，FSB 因代表性不足而面临合法性问题；二是 FSB 并不是国际协议的产物，而是个国际协调者，其发布的报告、制定的标准对成员国并无太大的约束力，或将面临执行力不

---

① 周小川. 金融政策对金融危机的响应——宏观审慎政策框架的形成背景、内在逻辑和主要内容 [J]. 金融研究，2011（1）：1 – 14.

② 谭小芬，李兴申. 跨境资本流动管理与全球金融治理 [J]. 国际经济评论，2019（5）：57 – 79.

③ 王胜邦，俞靓. 后危机时期的全球金融监管新变化 [J]. 人民论坛·学术前沿，2015（16）：42 – 51.

④ 中国人民银行金融稳定分析小组. 中国金融稳定报告 2019 [R]. 北京：中国人民银行，2019 – 11 – 25.

足的问题。

其二,巴塞尔银行监管委员会在宏观审慎监管方面的努力。《巴塞尔协议Ⅲ》在强化风险资本监管的基础之上,将资本覆盖风险的范围发展到经济的系统性风险和周期性风险,首次在全球范围内引入杠杆率、流动性覆盖率、净稳定融资比例、大额风险暴露限额等一系列量化监管标准,《巴塞尔协议Ⅲ》构建了多重约束审慎监管框架,实现了宏观审慎监管与微观审慎监管的有机融合。[①] 2017 年,BCBS 发布《巴塞尔Ⅲ:危机后改革的最终方案》,对风险加权资产(Risk – Weighted Assets,RWA)进行大刀阔斧的改革,希望通过降低监管资本计量的差异性来防止监管资本套利,确保资本监管要求在全球范围内的统一与透明。2018 年,BCBS 对《巴塞尔协议Ⅲ》再次进行完善,修订了市场风险框架。由于《巴塞尔协议》具有极强的示范与引导作用,各经济体都着手完善宏观审慎管理,定期进行系统性风险监测与评估:美国对金融机构进行多德—弗兰克压力测试(DFAST)、出台规定对金融机构的信用风险敞口集中度进行限制;欧洲系统性风险委员会(ESRB)发布欧盟的年度宏观审慎政策报告、欧盟影子银行监测报告;英格兰银行开展对银行业的压力测试等。

(二)"一带一路"与中国的应对思路

近十多年来,中国的金融市场处于超高速发展阶段,债券市场、股票市场、期货市场都发展得日渐成熟。与发达经济体相比,中国的金融风险一直以来都控制得相对较好,从未仿效美欧等发达经济体推崇的"金融自由放任主义",中国国内也从未出现过"金融危机"。这主要是因为金融危机的传染性主要通过对外贸易与资本流动两种渠道进行传播,[②] 中国常年以来货物贸易都处于顺差状态,对资本账户又采取了一定管制措施,客观上保护了国内的金融部门,中国国内的金融市场并未受到全球性金融危机的直接冲击。尽管如此,全球性金融危机的爆发也为中国敲响了警钟,转型阶段的中国正面临着一系列周期性与结构性问题,金融体系与实体经济面临的风险也在逐步上升。

当前和未来,中国的金融市场还将进一步扩大开放,为保证中国国内金融秩序的稳定,中国于 2017 年 11 月设立了金融稳定发展委员会,建立了

---

① 彭俞超. 习近平金融治理思想研究 [J]. 马克思主义理论学科研究,2017,3(5):102 – 111.
② 江洁,陈杰,何海鹰,冯黎黎. 金融危机传染实证分析研究 [J]. 中国人民银行工作论文,2020(1):1 – 15.

"一委一行两会"的金融监管体制新格局，将宏观审慎监管与微观审慎监管进行了有机结合。"一委一行两会"中：金融稳定发展委员会负责宏观审慎监控；中国人民银行负责制定与执行货币政策，这也是宏观审慎监控的一个方面；银保监会与证监会负责保障消费者权益，属于微观审慎保障的范畴。中国于2015年提出的"供给侧结构性改革"中的"去杠杆"，便是为化解金融与实体经济风险所提出的要求。唯有中国国内金融体系稳定，才能将经验复制推广至"一带一路"沿线国家，才能与沿线国家深化金融合作，才能对世界产生意义。

随着中国与"一带一路"沿线国家投资与贸易合作的深入，金融领域的合作也应深度进行。与投资、贸易领域不同的是，单个国家金融领域内一旦发展系统性风险，将会迅速跨境传染，单个国家的金融风险将成为区域国家需要面临的共同问题，因此，"一带一路"沿线的金融监管问题对沿线各国来说意义都非常重大。当前来看，"一带一路"沿线国家的金融监管主要采用以下形式：一是签署以双边谅解合作备忘录（MOU）为核心的金融监管合作协议，但是MOU并不具备国际法意义上的强制约束力，产生的效果较为有限；二是在自由贸易区（FTA）协议中增加关于金融监管合作的条款，只是这种方式通常缺乏系统性、覆盖层面较低；三是在亚投行和金砖国家银行中涉及金融监管合作条款，只是这种方式受众面并不广泛。整体来看，当前"一带一路"沿线缺乏统一的金融监管合作标准，因此，中国及沿线国家于此方面作出的种种努力不但能够维护区域金融稳定，也将提高各国参与全球金融治理的能力。

将宏观审慎与微观审慎理念相结合的金融监管思路在"一带一路"中并未普遍成型，中国应当引导"一带一路"沿线国家积极加入金融领域内的国际监管机构、对接金融领域内的国际标准，将金融风险防患于未然。由于微观审慎的监管理念通过单个国家的努力就可以贯彻实现，宏观审慎政策则需要国家协调才能够发挥更好的作用，"一带一路"沿线国家应该在防范金融风险方面进行更多协调，本书提出以下建议。

第一，建立"一带一路"跨国金融监管协调机构。在国家间金融监管合作的实践中，多数区域都会建立起具有独立国际法人资格的金融监管主体，来推进区域内的跨境金融协议。例如，欧盟内部的金融监管合作协议由欧盟委员会负责统筹制定与执行；《美墨加协议》中的金融服务委员会，负责监督区域内金融服务贸易协议的实施。因此，可以立足既有的亚投行、丝路基金、金砖国家银行，设立"一带一路"国家金融监管协调机构，负责制定区域内的跨境金融监管协议，并与沿线各国的金融监管机构进行政策协调与对接。该机构应具备以下职能：一是制定统一的监管标准，该监管标准既要向国际标准靠拢，又要兼顾"一带一路"广大发展中国家的国情；二是成为"一带一路"沿线国家金融监管信息的共享平台，该平台既要共享单个国家的金融监管信息，又要共享整体的金融监管信息；三是对金融风险进行预警，并对发生危机的国家进行必要的救助，及时阻断金融风险的区域传播。

第二，建立"一带一路"货币与金融政策协调机制。2008 年全球金融危机之后，主要经济体的中央银行进行了货币政策协调，在一定程度上防范了储备货币发行国的国内政策对其他国家产生的不利外溢效应，这种做法缓解了全球金融不平衡带来的负面影响。为缓解金融危机或将带来的世界经济大幅波动，各国牺牲了部分利益，默契配合地实施了宽松的货币政策稀释了美国的通胀压力。不仅如此，金融危机后世界各国不约而同地参照《巴塞尔协议Ⅲ》加紧了对银行业的监管，各国金融监管机构的这些默契行为不但缓解了金融危机给世界经济带来的阵痛，也福泽至今。后疫情时代，世界经济一度陷入重度萧条，但是全球范围内的银行系统却依然稳健便是很好的证明。

"一带一路"沿线区域的中央银行或者是金融管理部门，如若能够建立起高层面的多边协调机制，抑或在"一带一路"的某个次区域内率先建立货币与金融方面的协调机制，都将对区域范围内的金融稳定起到积极的作用。值得注意的是，"一带一路"沿线国家的金融市场化与自由化的程度并不相同，有经济发展水平较高、金融市场成熟的新加坡，也有相对落后的中亚等区域国家。尽管金融市场化与自由化能够提高资源配置的效率，但是过度的放任也会放大金融风险，金融市场化与金融自由化是手段，不是目的，市场化与自由化的程度应与具体国家的经济发展阶段相匹配。"一带一路"沿线国家在开展货币金融合作的过程中，各国实施多大程度的金融市场化与自由化应由各国根据自己的实际情况自主决定。

第三，提升金融监管"软法"对沿线国家的约束力。"一带一路"沿线国家差异较大，欧盟"软法""硬法"兼具的法律适用格局在此区域内并不适用。保持金融监管"软法"适用的格局则需要提升"软法"的约束力，这就需要兼顾各类主体的利益。因此，可以对"一带一路"整体区域按照经贸关系的远近来划分多个小型区域，例如，按照签署自由贸易协定的国家来进行划分：中国—东盟自由贸易区、中—蒙—俄自由贸易区等便是天然的小型区域。① 在此基础上，可以分为三步走来提升金融监管"软法"对沿线国家的约束力：第一步，通过补充自由贸易协议等方式来推进小型区域内部的金融监管合作；第二步，通过深化小型区域间的经贸合作来推进跨区域的金融监管合作；第三步，引导各国参与金融稳定理事会、巴塞尔银行监管委员会的标准制定，并逐步使用统一标准。这种稳步推进的方式可以使金融监管在多层次的区域内具备约束力。

---

① 徐忆斌，马小晴."一带一路"国家间金融监管合作法律问题研究［J］.中国海洋大学学报（社会科学版），2019（3）：106－114.

第六章 "一带一路"、G20 与中国参与全球经济治理

二十国集团（G20）是世界主要国家协调宏观经济政策的重要载体，其作为国际经济合作与大国协调的首要全球性论坛，在引领和完善全球经济治理的实践中发挥着重要的影响力，自成立以来，尚无其他多边主义峰会能够挑战其全球经济治理中心的独特地位。中国是 G20 的重要成员，在 G20 杭州峰会上提出了全球经济治理的中国方案，引起世界的广泛关注。"一带一路"是中国参与全球经济治理的平台，是对 G20 的有益补充，将为全球经济治理提供新的思路。后疫情时代，世界各国应以构建人类命运共同体为指导思想，为维护全球经济秩序提供更多的公共产品，中国也应借助"一带一路"与 G20 平台，在全球经济治理中发挥更大作用。

第一节 G20 的产生与发展

G20 是世界各国为应对金融危机的产物，根据 G20 于 1999 年创设时发布的首份公报，G20 被定义为"布雷顿森林体系内的一种非正式对话的新机制"，这是 G20 与布雷顿森林体系内的 IMF、世界银行、WTO 等正式的国际机制相区别的所在，即 G20 并不是国际法的法人。尽管 G20 不具备国际法法人地位，经过不断的发展演进，G20 无疑已经成为当今全球经济治理的首要平台。客观来看，无论 G20 成立的初衷是源于发达经济体意识到新兴经济体是全球经济治理的重要成员，还是发达经济体为了平衡内部的力量对比，G20 的确使新兴经济体在全球经济治理体系中获得了一席之地。二十国集团的产生与发展大体经历了以下阶段。

一、从七国集团至八国集团

20 世纪 70 年代上半期，世界经济遭遇动荡，发生了很大的变化：布雷顿森林体系崩溃、石油危机、金融危机等相继发生。美国在越南战争中损耗极大，遭遇了重大挫折，西方发达国家意识到应采用联合的力量来应对危机。1975 年法国总统邀请主要发达国家在法国举行会议来对此进行商讨，参会的有美、英、法、德、日、意六国首脑。1976 年六国首脑在美国再次集会，会议还邀请了加拿大总理，至此，七国集团的框架基本形成。1988年多伦多峰会公布了七国轮流主办峰会的制度安排，七国集团峰会成为每年一度的制度化峰会。七国集团的出现并不是完全的陌生事物，可被看成是1818—1914 年表现优秀的会议制度式的全球治理方式的重新回归。①

20 世纪 80 年代开始，七国集团的注意力转向了东方与西方之间的关系，部分充当了美国对苏联冷战的工具。冷战结束之后，七国集团尝试通过“成员扩大、议程增设、机制深化”的方式进行制度改良。一方面，加强与联合国、世界贸易组织、国际货币基金组织、世界银行等重要国际组织的联系，邀请其派代表参加七国集团峰会或工作会议，借助这些国际组织贯彻其决议。另一方面，七国集团邀请俄罗斯参与其政治领域内的议题讨论，1998年伯明翰峰会上，俄罗斯得以开始参与所有议题的讨论，七国集团（G7）发展成为八国集团（G8）。由于俄罗斯在政治经济等各个方面与其他七个国家显示出较强的“异质性”，在八国集团内部一直处于边缘的尴尬位置，该局面一直持续到 2014 年乌克兰危机的爆发，乌克兰危机直接将俄罗斯推向了七国集团的对立面，此后，七国集团暂停了俄罗斯在八国集团中的成员国地位。

七国集团以及后来的八国集团均以领导人峰会为核心，其共识决策程序给予每个成员国以平等的权利。七国集团和八国集团除去由成员国轮流承办的年度首脑峰会之外，还定期召开包括财政部部长和央行行长会议、外长会议在内的部长级会议。此外，还有峰会事务协调人会议，主要协助设置峰会的具体议程、各成员国之间的经常性沟通；有任务小组、工作小组和专家小组，主要用于对工作层面的具体问题进行情报收集和分析，为领导人提供解决方案，落实峰会的成果等。② 20 世纪 90 年代以后，随经济全球化的深入

---

① 约翰·柯顿. 全球治理与世界秩序的百年演变 [J]. 国际观察，2019（1）：67–90.
② 胡勇. 八国集团的现状评估及其未来发展 [J]. 国际观察，2014（6）：104–116.

发展，八国集团意识到了自己的力量边界，加强了与新兴经济体的对话，八国首脑会议开始邀请成员国以外的国家列席，例如，从 2005 年开始，八国集团定期邀请中国、印度、巴西、南非和墨西哥这五个新兴国家参加会议。八国集团发生了从 G8 到"G8 + N"的变化，逐步成为"有效的全球治理中心"。①

无论是七国集团还是八国集团，抑或"G8 + N"模式，均未签订正式的国际条约，未常设秘书处，仅是一种非正式的制度或者论坛。成员国集体议事的制度与联合国安理会的单一否决制度，与 IMF 或世界银行的加权投票制度等有巨大的差别，这种非正式的制度成为日后 G20 运行机制的主要参考。尽管"G8 + N"的模式体现出发达经济体对新兴经济体国际影响力的认可，但是并未从实质上改变"发达经济体主导、新兴经济体从属"的不平等的发展格局，发达经济体并未与新兴经济体分享国际经济事务的治理权，成员经济体的身份并不对等。"G8 + N"模式的弊端逐步显现出来，也为二十国集团的诞生埋下了伏笔。

二、从七国集团至二十国集团

七国集团均为发达的工业化国家，其所制定的规则与标准、主导的治理体系更多体现发达国家的利益，但是爆发于 1997 年的亚洲金融危机，不但极大地打击了新兴经济体与发展中国家的经济，也使美欧等发达国家的经济发展受到波及，发达国家逐步意识到国际金融问题的解决除依赖于发达国家之外，还需要有新兴经济体与发展中国家的参与。为防止亚洲金融危机的重演，发达国家增强了与发展中国家的联系，在 1999 年的七国集团财长会议上，决定邀请世界各地区重要国家的财政部部长和央行行长共同参会，这在客观上建立起了包含发达经济体与新兴经济体在内的非正式对话机制，二十国集团由此诞生。这一时期的二十国集团，仅举办包括财长和央行行长会议在内的部长级会议，被定义为是布雷顿框架内的常态化、连续性的对话机制，此时的二十国集团并未能够在全球经济治理中发挥主导作用。②

与仅由发达国家组成的七国集团不同的是，二十国集团的成员由发达经济体与新兴经济体共同组成，遍布五大洲，国土面积占全球的 60%，人口

---

① 崔志楠，邢悦. 从"G7 时代"到"G20 时代"——国际金融治理机制的变迁 [J]. 世界经济与政治，2011（1）：134 – 154.
② 王文，王鹏. G20 机制 20 年：演进、困境与中国应对 [J]. 现代国际关系，2019（5）：1 – 9.

占世界的 2/3，成员均为具有地区代表性的经济体，分别为：美洲的美国、加拿大、墨西哥、巴西、阿根廷；欧洲的英国、法国、德国、意大利、俄罗斯和欧盟；亚洲的中国、日本、韩国、印度、印度尼西亚、沙特阿拉伯、土耳其；非洲的南非；大洋洲的澳大利亚。G20 由七国集团主导产生，很大程度是复制了七国集团部长级会议的运行机制，成立之初较多地受七国集团的制约，笼罩在七国集团的光环之下。这一时期，七国集团凭借其在 IMF、世界银行、国际清算银行、金融稳定论坛（FSF）执行理事会中的支配定位，左右着二十国集团的议程。七国集团通过二十国集团，将其最关心的问题提上日程，通过制定国际准则等方式将其政策意图传递给全世界。即使在 2008 年全球性金融危机之后，二十国集团因升级为领导人峰会而成为全球经济治理的中心，但是七国集团仍然在发挥作用，与二十国集团共存、合作并竞争。

三、二十国集团：由部长级升级为首脑级

2007 年美国次贷危机爆发并迅速演变为全球性金融危机，发达国家内部的宏观经济政策目标发生了分歧：究竟是应该确保增长目标，还是应该进行财政整顿？究竟是应该冒着经济陷入通缩的风险而放弃干预，还是应该为经济注入流动性并预防未来可能产生的通胀？究竟是应该接受外来援助以渡过难关，还是应该抵制外来援助以免陷入更大的危机？这些分歧使发达国家陷入选择的困难，削弱了宏观经济政策的有效性，也使发达国家意识到需要和以新兴经济体为代表的发展中国家展开对话，共同商讨应对危机的办法。在七国集团的推动下，2008 年 11 月 G20 华盛顿峰会升格为首脑级峰会，正式承认了新兴经济体在全球经济治理体系中的制度性地位。

2009 年 G20 匹兹堡峰会确认：G20 峰会将作为协调国际经济合作的首要论坛在 2011 年之后每年举行一次，这标志着 G20 告别了之前松散的、非正式的形态，逐步开始成熟化与制度化，自此，G20 全球经济治理核心平台的地位被确立。表 6 – 1 为 2008—2021 年 G20 首脑峰会的情况概览。

表 6 – 1　　　　　　　2008—2021 年 G20 首脑峰会情况概览

序号	时间	国家	城市	议题	效果
1	2008.11	美国	华盛顿	国际金融领域监管、全球经济发展、世界经济稳定的举措	挽救金融危机

续表

序号	时间	国家	城市	议题	效果
2	2009.04	英国	伦敦	增资 IMF、防止危机进一步恶化	IMF 成最大赢家
3	2009.09	美国	匹兹堡	确定世界银行和 IMF 两大金融机构的量化改革目标、世界经济均衡发展	发展中国家有望增加投票权
4	2010.06	加拿大	多伦多	经济可持续与平衡增长、金融部门改革、国际金融机构改革、促进全球贸易增长	达成削减赤字的共识
5	2010.11	韩国	首尔	汇率、全球金融安全网、国际金融机构改革和发展	发展问题成为长期议题
6	2011.11	法国	戛纳	欧债危机、增长和就业行动计划	新兴经济体发声
7	2012.06	墨西哥	洛斯卡沃斯	世界经济形势、国际金融体系、国际贸易、就业等	中国增资 IMF
8	2013.9	俄罗斯	圣彼得堡	世界经济增长、金融稳定、就业、投资、国际贸易、反腐败等	向中长期增长和发展全面拓展
9	2014.11	澳大利亚	布里斯班	增长、就业和抗风险	首次承诺全球经济增长目标
10	2015.11	土耳其	安塔利亚	包容性增长、国币体系改革、国际贸易、能源、反腐败等	重视增长与包容
11	2016.09	中国	杭州	创新增长方式、全球经济金融治理、国际贸易和投资、包容和联动式发展	形成包容发展的共识
12	2017.07	德国	汉堡	确保经济稳定性、改善可持续性、负责任地发展	塑造一个相互联通的世界
13	2018.11~12	阿根廷	布宜诺斯艾利斯	世界经济、贸易和投资、数字经济、可持续发展、基础设施和气候变化	为公平和可持续发展凝聚共识
14	2019.06	日本	大阪	世界贸易组织改革、贸易投资政策、环境建设、贸易投资务实合作	促进包容和可持续增长
15	2020.11	沙特阿拉伯	利雅得	保护生命、恢复经济增长,为更美好的未来奠定基石	疫情后重建
		线上视频会议			
16	2021.10	意大利	罗马	全球经济与全球卫生、气候变化和环境、可持续发展	抗疫合作与应对气候变化合作
		线上线下方式相结合			

由表 6 - 1 可以看出，G20 的议题在不同的历史阶段体现出不同的特点。第一阶段：金融危机后不久，G20 议题主要涉及全球经济与金融领域内的重大热点问题，例如，在国际金融体制领域，主要围绕国际金融机构改革和金融监管协作等问题展开讨论；在国际货币体系领域，主要围绕国际本位货币、国际储备货币、国际汇率等问题展开讨论；在宏观经济政策领域，主要围绕债务可持续性和减少赤字等问题展开讨论。[①] 第二阶段：当 G20 的治理效果逐步显现、世界经济逐步恢复之后，G20 的关注点不再局限于创建之初为促进金融稳定的危机应对，开始从"救急性"机制向"预防性"的常规机制转型，G20 关注的领域从一开始的金融领域扩展至投资、贸易等全球经济治理的方方面面，甚至还超越经济领域，最初关注能源、环境、反腐败、就业等问题，2017 年德国汉堡峰会上还就难民、移民、反恐等问题进行了讨论，G20 更加注重包容、公平，更加致力于建立相互联通的世界。

值得一提的是，新兴经济体在 G20 中的分量变重：2009 年的伦敦峰会、匹兹堡峰会使新兴经济体在 IMF 中拥有较多话语权，自 2012 年开始，主持并主导峰会的国家以新兴经济体为多，中国于 2016 年主持了 G20 杭州峰会。不仅如此，G20 还体现出灵活多样、自我革新的能力，针对 2020 年初新冠肺炎疫情全球蔓延、世界经济遭遇冲击的紧张局面，2020 年 3 月 26 日，G20 领导人以视频的形式召开了特别峰会。2020 年 G20 特别峰会声明表示，流行性疾病是人类共同的敌人，G20 将团结一致应对疫情挑战，声明的发表，向市场提供了全球主要经济体通力合作的信号，短期内有利于维护疫情期间世界经济的稳定。2020 年 3 月的特别峰会以及 2020 年 11 月的利雅得视频峰会，表明 G20 关注的领域已经超越单纯的经济领域，人类已经成为命运与共的共同体，世界各国也在向团结一致的方向进行努力。遗憾的是，2020 年，由于美国国内疫情的加重、总统选举暴露出宪政危机等诸多原因，G20 在国际协调中的作用并没有得到充分发挥，全球经济治理领域内的新共识愈发难以达成。

第二节　G20 的优势与困境

G20 的成员经济体是全球经济治理的关键少数，这些成员在贸易、投资

---

① 沈伟. 逆全球化背景下的国际金融治理体系和国际经济秩序新近演化——以二十国集团和"一带一路"为代表的新制度主义 [J]. 当代法学，2018, 32（1）：32 - 49.

与金融等方面有足够的实力并且相互联系，团结起来能够使世界经济免于陷入更深的危机。G20 在金融危机爆发后协调各国共同推出一系列经济刺激计划，阻止了世界经济的进一步恶化。此后，G20 成员经济体达成了携手共同应对全球经济问题的共识，采取了一系列的联合行动来应对增长乏力的世界经济。新冠肺炎疫情期间 G20 也就国际合作进行了沟通、就疫情后的重建进行了协调。G20 在制度设计方面区别于 WTO、IMF 等传统的国际经济组织，有独特的优势，但是 G20 独特的制度设计也使 G20 的发展面临困境。

（一）二十国集团具备的优势

G20 将新兴经济体纳入其中，在代表性方面优于七国集团，在效能方面优于联合国及其他多边国际经济组织，尽管近几年发达经济体对 G20 的重视程度有所降低，但是 G20 作为全球经济治理的中心位置仍然存在，因为，G20 有其他国际组织无法比拟的优势。

第一，非正式性使 G20 具备了处理危机的灵活性。G20 是为应对危机而诞生的，在人类共同的困难面前，世界各国更加倾向于通力合作，此时，包容性更高的非正式的机制能够发挥出更加出色的效果。G20 成员经济体的同质化程度并不高，G20 非制度化的较为松散的论坛式的形式使其能够免于陷入细枝末节的规则、标准的讨论，G20 更加关注全局性的政策协调问题，满足了多数成员的制度偏好。尽管 G20 是一个非正式的对话机制，但是由于 G20 峰会由地区有影响力经济体的领导人亲自参加，在此平台上进行沟通交流并充分表达意见，达成的共识、作出的承诺以及峰会之后可能采取的一致行动能够对世界经济产生较大影响。

第二，弱约束性使 G20 的主张更加容易被接受。在全球经济治理的各种协商中，实力强大的国家通常会因为不用担心被侵犯主权而更加关注治理的效果；实力较弱的国家通常会担心制度性合作对其主权的损害，因此对于参加授权程度高、约束性强的国际经济组织充满警惕。各方关注点的不同往往会使协议难以达成。从这个角度来看，G20 非强制性的执行方式可以降低协商的交易成本，使协议的各方更加能够达成共识，往往比较能够被各方所遵守。事实证明也是如此，G20 成员对承诺的遵守程度从 2012 年墨西哥洛斯卡沃斯峰会开始大量上升，2017 年德国汉堡峰会中飙升至超过 85%。

第三，共识决策机制给予成员经济体相对平等待遇。与 IMF 等国际经济组织不同的是，G20 的决策机制并不是通过投票而产生，因此没有哪个国家可以通过行使一票否决权的方式对决策进行主导。G20 的成员经济体，有发达经济体的代表，也有发展中经济体的代表，它们的力量并不对等；发达经济体内部的不同成员、发展中经济体内部的不同成员力量也不对等，观点并不会完全一致。当成员经济体的观点与立场有出入甚至对立时，通过双边机制往往较难交换意见并解决问题，在 G20 机制中，成员经济体拥有平等的地位，均可以进行充分的意见表达，矛盾双方还能够在第三方经济体的斡旋下以对待合作人的方式平等地对待彼此。G20 为成员经济体提供了交流沟通的平台，能够形成基于共识的决策。

G20 自设立以来便以非正式的峰会为核心，通过多种方式与联合国、国际货币基金组织、世界银行、WTO、国际劳工组织、OECD 等正式的国际组织进行合作，还主导对部分国际经济组织进行改革。例如，G20 向国际货币基金组织补充资金，重建其"最后贷款人"与监管者的职责；要求 IMF 发放贷款时不再附加苛刻条件，重建其在发展中国家中的形象。G20 还对金融稳定论坛进行更名和扩充成员，使其在全球金融监管领域能够发挥更大的作用。G20 对巴塞尔银行监管委员会进行了改革，推动促进《巴塞尔协议Ⅲ》的出台。针对国际"逃避税"的行为，G20 与 OECD 合作推出《实施税收协定相关措施以防止税基侵蚀和利润转移（BEPS）的多边公约》，推动 OECD、IMF、世界银行与联合国联合建立了国际税收合作平台，致力于国际税收改革的项目，成为全球经济治理的典型成功案例。

（二）二十国集团的设计缺陷与面临的困境

世上并无完美的制度，G20 也不能例外，尽管 G20 在国际协调方面拥有其他国际经济组织不具备的优点，但是其制度设计本身存在不少缺陷。

第一，较为松散的制度形式削弱了 G20 的凝聚力。G20 没有设定独立的章程，没有设置秘书处，峰会的议题设置由东道国发挥导向作用，主席采取轮换制。G20 峰会由成员经济体共同参与，采用 G20 协调人和 G20 财金渠道"双轨筹备机制"，此外还有部长级会议和工作组作为辅助，有研讨会和交流会作为配套活动。G20 峰会的筹备工作由"三驾马车"，即由前任主席、现任主席和候任主席共同牵头，这种工作方式可以使 G20 在没有常设秘书处的情况下还能够形成峰会记忆，保证峰会的连续性。松散的制度形式意味着 G20 并没有国际法人地位，不受任何国际法律限制。这种非正式的、软性的制度带来的直接问题便是 G20 凝聚力不足。

G20 的成员一律平等,这也意味着 G20 群龙无首。实际上,G20 内部有三个主要组合:七国集团、金砖国家和代表中等强国的 MITKA 集团(墨西哥、印度尼西亚、土耳其、韩国和澳大利亚),三大组合的权力并不均衡、关注点并不总是相似,结果会使 G20 的效率变得低下。G20 成员群龙无首的现实以及非正式的运作机制逐渐引发了以下问题:一是"三驾马车"制度被边缘化;二是国际组织过度参与其中,出现了过度倾向于安抚外围对话的倾向。自从 2010 年加拿大和韩国主持 G20 峰会时邀请了国际组织参加,这一行为被其后的峰会主持国仿效,现在联合国、国际劳工组织、世界银行、IMF、OECD、WTO 和金融稳定理事会都默认应该得到峰会的邀请。不仅如此,峰会主持国还倾向于邀请更多的嘉宾国领导人参会,G20 的议程逐步出现泛化,使原本仅 20 个成员的多边论坛因参会人员过多而失去效力。

第二,"小圈子 + 软法"的治理模式弱化了 G20 的合法性。G20 是 20 个会员经济体进行议事的论坛,虽然这 20 个精英经济体覆盖到全球 2/3 的人口、80% 的贸易额、90% 的经济总量,但是世界上不仅只有这 20 个经济体,G20 并不能完全代表联合国 193 个成员国的意愿。在 G20 的成员经济体中,欧洲被过度代表,新兴经济体未必能够完全代表发展中国家的利益,发达经济体也未必能够代表全部发达经济体的意愿。因此,G20 议程所设计的议题并不一定是其他国家关心的内容,弱小国家的看法基本无法表达,所形成的成果的合法性不一定能够得到非会员经济体的认可。不仅如此,G20 的政策效力来自成员的道德义务性,本身无法对成员经济体在多大程度上实现了自己的承诺形成约束,对全球经济的治理呈现出鲜明的"软法治理"的特征。与传统的国际组织相比,G20 没有公约、没有宪章,G20 峰会是一个基于协商一致的论坛,并不是基于投票来进行决策的实体,因此,通过协商达成的成果并不具国际"硬法"的地位。①

由于上述设计上的缺陷,G20 的运行必然会面临阻碍,事实上,近年来 G20 在全球经济治理方面的作用已经无法与十多年前相比。除去制度设计上的问题以外,发达经济体对 G20 的重视程度降低是一个重要因素,这主要是基于以下原因:一是部分发达经济体的国内出现了秩序危机。以美国为代表的发达经济体近年来国内问题不断,种族危机、民族主义、民粹主义高涨,这些经济体为处理国家内部事务已渐露疲态,对全球经济治理无力顾及。二是发达经济体内部发生了分裂。且不说英国的"脱欧"使欧洲的分

---

① 赵骏,谷向阳. 论全球治理中的 G20 软法治理 [J]. 浙江学刊,2018(5):54 - 60.

裂倾向暴露无遗，即使是欧美之间、美日、日欧之间的利益诉求也并不总是一致。三是七国集团仍然在发挥作用。七国集团的成员均为发达经济体，成员的利益和诉求更加趋于一致，在某些问题上发达经济体倾向于通过七国集团平台来解决。四是近年来中美之间的竞争引起的关注已经超越国际社会对G20 的关注。2018 年中美在 APEC 峰会上的拉锯战导致大会宣言的流产，为同年 G20 阿根廷峰会敲响了警钟，G20 阿根廷峰会因此成为中国摩擦的协调平台。

由于中美是当今世界最有影响力的国家，中美关系的走向无疑会对 G20 的走向产生巨大影响。尽管美国特朗普总统任期内接连退出应对全球气候变化的《巴黎协定》、退出世界卫生组织（WHO），但是并没有退出 G20。特朗普任期内参加了所有 G20 峰会，即使 2020 年的 G20 峰会是在美国大选结果初步出炉后举行，特朗普仍未缺席。这充分说明了 G20 在全球经济治理领域内举足轻重的地位。因此，2020 年 G20 利雅得峰会的召开面临特殊的三重背景：一是新冠肺炎疫情的蔓延使世界经济严重下滑；二是中美竞争持续加剧；三是美国大选战况空前激烈，权力交接面临重重阻力。美国内部斗争与权力转移出现的混乱局面，加上特朗普在峰会期间的"失声"，使即将离任的特朗普无法得到各国的重视，美国在利雅得峰会上的表现较为糟糕，领导力严重缺位。

尽管如此，G20 利雅得峰会还是以更加完善的合作机制向世界展示了G20 为应对疫情进行的努力。G20 顺应国际经济体环境的改变作出的适当调整可由以下方面得到体现：一是 G20 的组织形式更加灵活。出于疫情防控的切实需要，原本计划在沙特阿拉伯首都利雅得召开的 G20 峰会采用视频的方式进行，而早在 11 月峰会正式召开前，为应对疫情危机 G20 还在 3 月以视频的方式召开了特别峰会。二是落实 G20 抗疫主张的渠道更加广泛。除传统上与国际货币基金组织等机构协调调动资源之外，G20 的行动措施还由部长级会议和配套民间社团加以实现：公共卫生领域内的事务由 G20 卫生部长会议加以落实，财经领域内的事务由 G20 财长和央行行长会议加以协调，贸易投资领域内的事务由 G20 贸易投资部长会议加以部署，农业、劳动就业、数字经济、能源领域均召开了应对疫情的部长级特别会议；G20 工商团体 B20、G20 智库团体 T20、G20 劳动团体 L20、G20 妇女团体 W20、G20 青年团体 Y20、G20 民间社会团体 C20 等民间社会团体纷纷回应 G20 峰会发布的声明。

第三节 "一带一路"倡议是 G20 的中国方案

G20 是应对危机的产物，自成立以来在促进南北国家合作，平衡好南北国家的关系方面发挥了巨大作用，它从一个危机的应对机制成长为全球经济的治理机制，离不开中国的参与。但是 G20 的治理模式是大国协调的方式，提供的仅是全球经济治理的顶层设计，发挥基础性作用的应该是各个国家的国内治理和各个区域的区域治理。如果将"美—墨—加协定"看成是 G20 的美国方案、将欧盟看成是 G20 的欧洲方案，那么"一带一路"这个中国参与全球经济治理的顶层设计，可以被看成是 G20 的中国方案。共建"一带一路"无论是对中国、对区域国家还是对 G20 而言，都具有推动建设的重要意义。

一、中国参与 G20 的情况概要

2008 年全球性金融危机之后，中国成为 G20 首脑峰会的正式成员，开始以平等主体的身份积极参与 G20 的各项事务。G20 历次峰会上，习近平在第一阶段会议上发表了引起世界广泛关注的重要讲话：2013 年俄罗斯圣彼得堡峰会，发表讲话《共同维护和发展开放型世界经济》；2014 年澳大利亚布里斯班峰会，发表讲话《推动创新发展、实现联动增长》；2015 年土耳其安塔利亚峰会，发表讲话《创新增长路径、共享发展成果》；2016 年中国杭州峰会，开幕致辞《构建创新、活力、联动、包容的世界经济》；2017 年德国汉堡峰会，发表讲话《坚持开放包容、推动联动增长》；2018 年阿根廷布宜诺斯艾利斯峰会，发表讲话《登高望远，牢牢把握世界经济正确方向》；2019 年日本大阪峰会，发表讲话《携手共进，合力打造高质量世界经济》；2020 年沙特阿拉伯利雅得峰会，发表讲话《戮力战疫、共创未来》。

如果说 2013 年俄罗斯圣彼得堡峰会上，习近平讲话中的很多观点被纳入《二十国集团圣彼得堡峰会领导人宣言》，标志着中国与 G20 的关系由积极参与向主导和引领阶段的转变。那么，G20 杭州峰会的召开可以被看作中国主持和主导全球治理顶层设计的元年。G20 杭州峰会重点围绕创新增长、金融治理、贸易投资、包容发展四个议题进行讨论，峰会领导人出席率达到 95% 的历史高点。习近平在演讲中多次提到实现"共享""共赢"，反对以邻为壑的经济政策，为 G20 的发展融入了中国理念与中国主张。由于 2016 年是落实《联合国 2030 年可持续发展议程》的元年，G20 杭州峰会上制定了《二十国集团落实 2030 年可持续发展议程行动计划》，率先迈出落实联合国可持续发展议程的步伐。不仅如此，G20 杭州峰会实现了 G20 历史上的多个"第一次"：第一次达成投资领域内的全球性指导原则；第一次将发展问题放置于全球宏观政策框架的核心位置；第一次为助力非洲工业化采取集体行动，发起《二十国集团支持非洲和最不发达国家工业化倡议》；第一次发布气候变化问题主席声明等。

尽管杭州峰会上中国提出了全球治理的"中国方案"，在当时得到了广泛认同和关注，但是从近几年的全球经济治理的实践来看，"杭州共识"的推广面临较大阻力。中国在杭州峰会上提出的"贸易部长会议机制化""绿色发展与绿色金融""以基础设施建设促进经济社会发展""发展中国家地位"等带有中国特色的主张与理念正在被逐步淡化。[①] 究其原因主要有二：一是 G20 的峰会主办方通常倾向于将自己所关注的内容设置为核心议程，客观上会削弱"杭州共识"的影响力；二是尽管 G20 凝聚了发达经济体与新兴经济体，但是不得不承认，发达经济体在重大问题的立场上更加趋于一致，近年来还加大了排挤中国的力度。发达经济体通常在 G20 峰会之前，在七国集团框架中首先达成协议，如果立场与中国相左，便会在 G20 峰会上削弱中国的声音。尽管如此，中国仍然致力于通过 G20 为全球经济治理注入新的内容，例如，在 G20 大阪峰会期间，中国与非洲国家领导人创造性地举行了中非领导人小型会晤，夯实了发展中国家间合作的基础。

二、"一带一路"跨区域经济治理是 G20 全球经济治理的重要组成

G20 峰会形成的全球经济治理的顶层设计需要落实到国家、区域和跨区域层面才能够实现，因此，国家治理、区域治理和跨区域治理可以视为是全球治理的基石。"一带一路"倡议可以被看成是由中国主导的，使沿线国家通过跨区域经济治理来参与全球经济治理的重要平台，与 G20 致力于治理全球范围内的经济事务相比，"一带一路"关注的则是沿线国家经济领域内的事务。"一带一路"与 G20 在形式和内容上并不相同，但是在理念与目标上却有许多相通之处，是 G20 的中国方案："一带一路"致力于推动沿线各

---

① 王文，王鹏. G20 机制 20 年：演进、困境与中国应对 [J]. 现代国际关系，2019（5）：1-9.

国的经济发展战略与政策的沟通,与 G20 致力于推动世界各国宏观经济政策协调不谋而合;"一带一路"致力于加强沿线国家的设施联通、贸易畅通、资金融通,与 G20 致力于塑造可联通的世界目标一脉相承;"一带一路"致力于建设开放型的世界经济,落实联合国 2030 年可持续发展议程,与 G20 致力于解决全球发展不平衡问题并挖掘经济增长动力的努力异曲同工。与 G20 致力于从事全球经济治理相比,"一带一路"在区域经济治理方面更加接地气,拥有 G20 无法比拟的天然优势。

第一,"一带一路"能够实现沿线国家更为关切的愿景。"一带一路"沿线有发达国家和经济发展水平较高的新兴经济体,有经济发展水平仍然相对较弱的发展中国家,还有一些在国际舞台上存在感不强的弱小国家。与 G20 成员经济体中发达经济体占据非常重要的位置相比,"一带一路"沿线国家中最大的经济体就是中国这个世界最大的发展中国家,这种成员构成更加有利于发展中国家尤其是发展中国家中的弱小国家发声,能够促进弱小国家与其他国家的充分交流,并帮助发展中国家与发达国家建立起联系。更为重要的是,很多在 G20 当中因各种原因无法被提及的议题可以在中国与沿线国家共建"一带一路"的过程中提出,"绿色发展与绿色金融""以基础设施建设促进经济社会发展"等很多在 G20 中无法实施的愿景,可以在"一带一路"中实施。

第二,共建"一带一路"能够推动古丝绸之路再创辉煌。中国的贸易对象国主要为与中国海运便利的国家,"一带一路"建设通过交通基础设施建设等方式为沿线国家提供了陆路运输的便利,还拓展了更多的海运通道,不但使中国的内陆与沿边地区成为对外开放的前沿,还使沿线各国尤其是内陆国家与中国、内陆国家与内陆国家之间可以进行更加紧密的经贸往来,从而形成欧亚非经济整合的大趋势。"一带一路"是古丝绸之路的沿线,历史上便是由于经贸往来的推动才得以形成。在中国古代与丝绸之路沿线国家的经贸往来中,以波斯商人等外来力量推动为主,如今的"一带一路"借用古丝绸之路的历史符号,依靠中国与沿线国家既有的双边和多边机制,借助既有的区域合作平台,主动地与沿线国家开展经济合作。历史的渊源加上中国的主导以及沿线国家的积极共建,必然将使这条古贸易之路再创新辉煌。

三、中国通过"一带一路"参与 G20 的意义

中国是 G20 的成员国,也是"一带一路"倡议的提出者和主要推动者,

中国如果能够将在"一带一路"平台进行的跨区域经济治理的尝试与 G20
全球经济治理平台进行有机结合，不但能够使这两个平台实现互补和共赢，
还能够在 G20 的支持下，带领命运多舛的世界经济走出困境，将对世界经
济产生深远的影响，也应是世界各国喜闻乐见的。中国通过"一带一路"
参与 G20 应该是能够将经济全球化向前推动的，具有以下意义。

第一，对于中国自身而言，能够在全球经济治理体系中拥有话语权。自
中国 2008 年加入 G20 之后，与 G20 的关系便日益密切，从中国与 G20 成员
经济体的贸易关系来看便能得到印证：加入 G20 之前的 2000 年，中国仅仅
是南非的第九大贸易伙伴，2005 年中国成为印度、阿根廷、韩国、日本这
4 个 G20 成员的第一大贸易伙伴；加入 G20 之后的 2010 年，中国成为印度、
俄罗斯、沙特阿拉伯、巴西、南非、韩国、日本、澳大利亚这 8 个 G20 成
员的第一大贸易伙伴，2015 年中国成为印度、印尼、俄罗斯、沙特阿拉伯、
巴西、南非、韩国、美国、日本、德国、澳大利亚这 11 个国家的第一大贸
易伙伴。① 中国与 G20 成员经济体的经贸往来与日俱增，与世界的联系也更
加紧密，截至 2020 年，中国是全球 130 个国家的头号贸易伙伴，是全球 37
个国家的头号出口对象国。

对于大国而言，应该成为全球经济治理和跨区域经济治理的推动者，成
为国际公共产品的提供者，然而中国这个世界第二大经济体，在全球经济治
理方面经验却较为缺乏。中国可以通过"一带一路"平台，倾听来自发展
中国家的意见与建议，并以 G20 会员国的身份，代表"一带一路"国家在
G20 平台上为发展中国家争取更多利益；中国还可以将与"一带一路"沿
线不同类型国家的合作经验，在 G20 平台上进行介绍和推广，为全球经济
治理提供有价值的案例。更为重要的是，"一带一路"这个全球经济治理的
次级协调机制拥有更大的灵活性，如果一些议题适合"一带一路"沿线国
家的发展需要，但是在 G20 中或不能引起重视、或与 G20 其他成员利益相
冲突、或由于种种原因无法形成共识，可以在共建"一带一路"的过程中
进行实践。中国在全球经济治理体系中话语权的提升，意味着发展中国家话
语权的整体提升。

第二，对于沿线国家而言，能够获得渠道在 G20 平台上表达意愿。"一
带一路"沿线各国，尤其是沿线的发展中国家中的多数，长期以来在世界
舞台上存在感不强，是国际经济规则的被动接受者，它们对全球经济治理的

---

① 胡鞍钢，王洪川. 南北格局与和平崛起：二十国集团综合国力研究 ［J］. 现代国际关系，
2017（11）：42－49.

缺席是全球经济问题频发的原因之一。"一带一路"倡议为相对弱势的经济体提供了安全的、非正式的交流机制,弱势经济体能够在"一带一路"平台中发声并拥有话语权。"一带一路"沿线国家中,中国并不是 G20 的唯一成员,俄罗斯、印度、印度尼西亚、沙特阿拉伯、土耳其均为 G20 的会员经济体,领导人都可以直接在 G20 峰会上表达意见。因此,非 G20 成员的"一带一路"国家,在与"一带一路"沿线的 G20 成员开展经贸合作、交流互动时,其意见表达如若被充分接纳,有可能间接地成为 G20 议题的一部分。

第三,对于 G20 而言,能够获得自我革新的动力从而提高治理有效性。G20 是由 20 个经济体构成的平台,它们又是当今世界经济发展水平最为出色的经济体,必然存在代表性不足的问题。非 G20 成员经济体虽然整体上对世界经济的贡献度远远比不上 G20 经济体,但是代表了类型更为丰富的经济体,也是世界经济不稳定的重要来源。如果长期忽略弱小国家的声音,全球范围内的贫富差距将更加加剧,不利于世界的和平与稳定,经济全球化也无从谈起。发展中国家在共建"一带一路"过程中进行的沟通,将为G20 提供来自发展中国家和落后国家的声音,发展中国家和落后的利益诉求如果能够被纳入 G20 峰会的议题,并通过峰会达成的共识成为国际规则制定的依据,有利于推动 G20 的自我革新,客观上将提高全球经济治理的公平性与有效性。

第四节 共建"一带一路"是 G20 理念的实践

不谋全局者不足谋一域,在孤立主义盛行的当下,中国绝对不能与世界脱钩,应当继续在 G20 中发挥作用。不谋一域者不能谋全局,G20 是国际经济合作的最高平台,关心的是全局性协调问题,并不涉及对具体问题和细枝末节的讨论,因此,G20 对于地区各国来说,未必是最为重要的平台,区域内主要经济体的双边以及区域协调机制或许具有更加基础性的意义。中国可以将重点转移到与"一带一路"沿线国家的合作中来,在与沿线国家共建"一带一路"的实践中践行 G20 的治理理念。"一带一路"应与 G20 相互借鉴,形成良性互动,如果能够从次级协调机制的角度促进全球性协调机制的改革,实现"一带一路"与 G20 的互利共赢,才能够在真正意义上对全球性公共产品形成补充。毕竟,将全球各方面的优势加以组合推动彼此的共同进步，而非单向地向沿线国家提供公共产品，才是共建"一带一路"的真正意义所在。①

一、通过共建"一带一路"的实践为世界提供更多公共产品，带动更多国家实现经济增长

与发达经济体相比，中国作为 G20 最为关键的新兴成员，参与全球经济治理的历史经验却相对不足，中国在联合国、WTO 等多边机制中的活跃程度甚至不如巴西、印度等国家。一个重要原因是中国长期以来秉持"冷静观察、稳住阵脚、沉着应对、韬光养晦、绝不当头、有所作为"的外交方针，以及较长时期以来隔离于国际组织之外形成的惯性。低调内敛的对外策略让中国长期以来将关注点放置于维持国内稳定，保持经济发展势头之上。中国在国际事务中常常会有所保留，有意或无意地避开担任国际或区域领袖的角色，中国在全球经济治理体系中的存在感并没有随经济实力的发展而得到提高。只是这样的局面已经随着经济全球化发展的阶段性变化而发生了改变。全球性金融危机与新冠肺炎疫情对世界经济的冲击，将全球性公共产品供应不足的问题充分暴露出来，全球经济治理出现赤字成为世界各国不得不面对的事实。中国是近十多年来 G20 全面增长战略的最大贡献者，理应积极参与全球经济治理，为世界提供更加丰富的公共产品，"一带一路"便是中国践行 G20 理念，为世界提供公共产品的平台。

在"一带一路"倡议被提出之前，国际社会已经出现"南南"国家之间的合作新范式，即金砖国家论坛，这是中国在国际社会发声的重要舞台。这个在多边框架内开展"南南合作"的平台，已经尝试从"对话论坛"向全方位协调机制转型，2015 年 7 月金砖国家新开发银行开业，这个世界上第一个由非发达国家牵头的国际性金融机构，将致力于为发展中国家提供融资。金砖国家虽然都处于新兴经济体的第一梯队，但是自身的经济发展水平尚有不足，还需要应对国内经济转型的风险，再加上机制设置的原因，无论是金砖国家论坛还是金砖国家银行，都没有居于主导地位的国家来主导决策，这使金砖国家在全球治理方面较难形成共识。在有些情况下，即使五个国家形成共识，但是出于自身利益的考虑，并不一定会将之付诸行动。举例来说，在确定世界银行行长和 IMF 总裁候选人方面，金砖国家都希望改变欧美人担任最高领导人的传统，但是出于各自的利益考虑，又无法提出一致

---

① 杨剑，郑英琴. 产权明晰与"一带一路"公共产品提供——关于纯公共品和分享品组合模式的探讨［J］. 太平洋学报，2019，27（8）：42 – 53.

认可的候选人，在谈判中自然处于被动的位置。

近年来国家间分歧的加大使得国际协调变得益发困难，在这种情况下，中国如若想为世界提供切实可靠的公共产品，就需要有自己能够引领决策的平台，"一带一路"可以成为这样的平台。"一带一路"倡议由中国提出，由沿线国家共建，中国是天然的领导者，这一点无须怀疑。共建"一带一路"不能够仅是当前 G20 模式下的大国协调模式，应将"一带一路"从"务虚为主"的"对话论坛"向"务虚与务实"相结合的"全方位协调机制"转型，才能够为区域提供更多的公共产品，并为全球经济治理贡献更大的价值。"一带一路"沿线国家类型的经济体都是平等的参与者，作为世界上最大的发展中国家，中国应牵头进行"一带一路"机制建设，只有如此，才能够真正从发展中国家的视角出发，提出更加多元化和包容性的政策主张，从而实现政策沟通、设施联通、贸易畅通、资金融通、民心相通，本书提出以下建议。

（一）设计并完善以"一带一路"国际合作高峰论坛为核心的工作机制

"一带一路"倡议提出以来，国际社会对其存在诸多困惑，常有观点认为"一带一路"是中国版的"马歇尔计划"，甚至认为"一带一路"是中国在海外的战略大布局，因此产生对中国的猜忌。为减少国际社会对"一带一路"倡议的疑虑，中国于 2017 年 5 月 14 日至 15 日，在北京主办了首届"一带一路"国际合作高峰论坛。习近平在会议上向与会各方明确了"一带一路"倡议的最终目标："在'一带一路'建设国际合作框架内，各方秉持共商、共建、共享原则，携手应对世界经济面临的挑战，开创发展新机遇，谋求发展新动力，拓展发展新空间，实现优势互补、互利共赢，不断朝着人类命运共同体方向迈进。"会议成果丰富，共达成 5 大类 270 多项具体成果。① 2019 年 4 月 25 日至 27 日，中国在北京主办了第二届"一带一路"国际合作高峰论坛，会议达成 6 大类 283 项具体成果。② 两届论坛的举办，受到了国际社会的广泛关注，提升了中国的整体形象。

"一带一路"国际合作高峰论坛是"一带一路"框架下最高规格的国际合作平台，目前还未能够发展成为每年举办的例会，尚是一种非正式的机制。第二届峰会与第一届峰会相比，有了很大的改进，除高峰论坛开幕式、

---

① 新华社．"一带一路"国际合作高峰论坛成果清单［J］．中国经济周刊，2017（Z2）：89－93.
② 新华社．第二届"一带一路"国际合作高峰论坛成果清单（全文）［EB/OL］．（2019－04－28）［2021－03－16］．https：//baijiahao．baidu．com/s？id＝1631984638829600725&wfr＝spider&for＝pc.

领导人圆桌峰会、高级别会议之外还设立有 12 场分论坛，在规模上有了很大进步，成果也颇为丰富。第二届峰会上首次创建了"企业家大会"这个新论坛机制，为参会各国的工商行业人员提供了专门的交流平台。考虑到 G20 不设秘书处、由成员轮流主办的峰会制度的实施情况并不理想，"三驾马车"制度已经被边缘化，议题的传承无法得到保障，所达成共识的实施情况无法被有效监管；金砖国家论坛也未设秘书处，由成员国轮流主办，同样面临政策实施效果不理想的问题。"一带一路"沿线国家众多，如果采取同样的方式来举办峰会，会场或将被分割为数十个双边的论坛，更遑论达成集体一致的共识。因此，在当前"一带一路"倡议需要进入务实阶段时，建设机制化的论坛才能够更好地发挥协商作用并推动协议和项目的有效落实。中国作为"一带一路"倡议的发起者，应当承担起将"一带一路"国际合作高峰论坛往制度化方向发展的重任。"一带一路"国际合作高峰论坛机制的设置方式可以作以下考虑。

第一，推动高峰论坛常态化。当前"一带一路"国际合作高峰论坛是不定期举办的，可以将其设定为年度举办或隔年举办的高峰论坛，以此使峰会论坛的开设成为一种被国际社会广泛接受的常态化的行为。考虑到"一带一路"沿线国家多为发展中国家、经济实力有限的实际情况，举办方式应以中国主办为主。但是如果有会员国提出愿意承办高峰论坛的意向，也可以考虑由该国来主办，中国可作为协办方提供帮助与指导，以此保证论坛议题与风格的延续性。在特殊时期，也应学习 G20 峰会举办的灵活性，可以举行特别峰会或是视频峰会，保持与"一带一路"国家首脑的联系频率。

第二，推动高峰论坛机制化。由于"一带一路"国家较多，为使高峰论坛更加有效率，可以设立"一带一路"国际合作高峰论坛秘书处，专门负责处理与论坛有关的事务。好的议题能够促进沿线国家的宏观经济政策协调，如果区域的公共议题能够转变为世界各国关心的议题，还将能够促进区域的标准向国际标准转变，因此，秘书处应该于会前在充分沟通的基础上为峰会设定议题。秘书处还应制定一些方案供峰会讨论，由高峰论坛的相应级别会议以表决的方式决定是否通过，会后秘书处还需对会议成果进行跟踪。秘书处主要负责以下工作：筹划开幕式、领导人峰会、部长级会议、高级别会议、专题分论坛等系列活动；对论坛上签署的协议、项目的进展情况进行跟踪，必要时提供协调服务；提供信息贡献、政策咨询等服务。

第三，推动民间力量更多参与。如 G20 峰会有相应的 B20、T20 等民间社团为其服务，"一带一路"工作机制的参与者不应当仅局限于政府机构，更应该鼓励和引导更多的民间机构参与进来。实际上，很多服务于"一带一路"的民间社团正在构建：2019 年 4 月，"一带一路"新闻合作联盟宣布成立，该联盟吸纳了来自 86 个国家的近 200 家媒体，并在人民日报社设立了秘书处。同月，由中国、美国、俄罗斯等 16 个国家相关机构发起的"一带一路"国际智库合作委员会宣布正式运营。11 月，"一带一路"仲裁机构高端圆桌论坛成功举办；12 月，"一带一路"律师联盟发起设立。这些民间机构的设立将有助于"一带一路"国际经济合作的开展，是中国参与全球经济治理的最为基础的力量。

（二）建设并完善"亚投行"等服务于"一带一路"的国际经济组织

"一带一路"倡议要从"务虚为主"走向"务虚与务实"相结合，需要有能够为其提供服务的国际经济组织做支撑，作为"一带一路"国家中经济体量最大的国家，中国理应成为"一带一路"国际经济组织建设的核心主力。为了在既有的国际经济组织中拥有话语权，中国进行过多种尝试，例如，多次选派国内精英到 IMF、世界银行等机构中任职，以此推动有利于中国发展的政策措施；尝试发起或倡导成立发展中国家自己的国际机制，例如，筹建上海合作组织开发银行、成立金砖国家新开发银行、亚洲基础设施建设银行等。这些多边开发银行是中国与新兴经济体参与全球经济治理的深层次制度设计，固然与传统上的国际经济组织在全球市场上形成了竞争，但更多的是互补和合作的关系。

在"一带一路"建设的核心内容中，如果说设计并完善以"一带一路"国际合作高峰论坛为核心的工作机制是在"政策沟通"与"民心相通"方面所做的努力，亚投行则能够发挥"设施联通""贸易畅通"与"资金融通"的作用。"一带一路"沿线国家基础设施的融资缺口巨大，既有的世界银行、亚开行为主的多边融资体系满足不了巨大的资金需求，亚投行的成立填补了这个缺口，满足了亚洲以及"一带一路"区域内迫切希望通过基础设施建设促进经济发展的发展中国家的愿望。尽管亚投行与 IMF 功能相似，但是亚投行遵循商业原则开展业务，不捆绑政治条件和附加条件，亚投行的成立在一定程度上挑战了传统的国际经济组织，在全球范围内产生了较大影响，亚投行的成立可以被认为是中国参与全球经济治理的制度化载体和标志性成果。

与金砖国家银行相比，亚投行还具有以下特点：第一，金砖国家银行主要服务于处于世界不同地区的金砖五国；亚投行则与"一带一路"建设相辅相成。第二，金砖国家银行内部的平权决策机制虽然照顾了公平，但是却无法很好地平衡成员国之间的利益冲突，较难在不损失决策效率的前提下促进合作；① 在亚投行中，中国占最大股份，这种制度安排与金砖国家银行制衡性股权结构安排相比更加有效率，能够降低公司经营活动中的决策成本。第三，金砖国家银行的成员国限于金砖五国；亚投行的成员较为广泛，G20 国家中便有 15 个加入其中，未来亚投行还有更大的扩容空间。第四，金砖国家银行实行的是域内成员 100% 投票比例；亚投行的投票权依据创始成员国的认股比例分配，同时规定亚洲域内国家股份占比为 75%，域外国家股份占比为 25%，这种股份分配方式意味着亚投行是一个更加开放包容的国际金融机构。

值得一提的是，尽管当前中国在亚投行中所占股份比例最高，但由于中国强调的是"共治"，承诺将会随新成员的加入，逐步稀释自己在其中的股权，不追求"一票否决权"，绝对不会搞"一股独大"。② 在共建"一带一路"过程中，不妨以亚投行（AIIB）为牵头单位，与亚洲开发银行、欧亚开发银行、欧洲复兴开发银行、伊斯兰开发银行、非洲开发银行，甚至是与世界银行等在"一带一路"沿线区域内有业务交集的多边银行，建立起包括基础设施投融资在内的合作关系，充分发挥多边开发银行在资金优势互补方面的协同效应。"一带一路"沿线的中国、俄罗斯、印度都是这三家机构的成员，同时也都是 G20 的成员。因此，这些国际经济组织不但可以通过成员之间的联系与"一带一路"对接，为共建"一带一路"提供服务；还可以与 G20 对接，服务于 G20 的实体平台，为全球经济治理提供支持。

（三）与既有的国际组织保持合作，提供丰富的互联互通类公共产品

G20 之所以能够对国际组织施加影响，一个重要的原因是其成员经济体在国际经济组织中拥有份额与投票权，对国际经济组织拥有话语权。为使 G20 峰会上达成的共识被更好执行，G20 一直与国际经济组织保持着密切的合作关系：G20 的峰会都会邀请在世界上具有影响力的国际组织参与其中，如此，G20 设计的议题才能够被国际组织理解并落实。G20 现在已经形成 G20 + IMF、G20 + 世界银行、G20 + WTO、G20 + OECD 等多种治理模式。

---

① 计小青，乔越.金砖银行的平权决策机制：效率损失及其改进［J］.上海金融，2017（2）：37 - 44.

② 陈伟光，王欢，蔡伟宏.多边开发银行体系中的亚投行：一个比较分析框架［J］.当代财经，2017（7）：46 - 57.

G20 与上述国际组织都是全球公共产品的提供者，中国在与沿线国家共建"一带一路"的过程中，理应保持与 G20 这个非正式机制的良好互动，与拥有正式机制的国际组织建立良好的合作关系，与 APEC、上合组织、东亚峰会、海合会等区域性的国际组织开展来往，才能够为世界提供更多的公共产品。

公共产品的获得可以是利用既有的资源，也可以是自主提供的，从这个角度来说，中国应当与沿线国家一起，借助国际经济组织的力量，通过各种方式来为区域国家提供公共产品，诸多公共产品中，能够促进互联互通的公共产品效果或将最为显著，尤以基础设施的互联互通最为关键。当前，包括中国—老挝铁路、中国—泰国铁路、印度尼西亚雅加达—万隆高铁在内的泛亚洲铁路网建设已经成型，公路、输油管线、港口、产业园区等都在建设，这些基础设施建设不但促进了区域的联通，还使中国方案和中国标准得以在"一带一路"沿线推广传播。这个过程中，也要借助包括但不限于国际经济组织在内的第三方的力量，例如，中欧班列的维护工作便是通过中国铁路总公司和德国铁路公司的合作，以第三方市场的形式来完成的。基础设施建设并不限于交通基础设施，人民币跨境支付系统（CIPS）的金融基础设施建设等也应包括其中，是人民币走向国际化的基础支撑。

二、与"一带一路"沿线既有多边合作机制对接，循序渐进开展国际协调、扩大制度性合作范围

从某种角度来看，"一带一路"可以被认为是区域性的 G20，是区域国家进行协调的平台。与 G20 的成员经济体相比，"一带一路"沿线国家的经济发展水平差异更大，各国的利益诉求差异也更大，因此，沿线国家的经济合作根本无法用统一的标准来进行规范。即使是代表了当今世界最强经济发展水平的二十国集团的 20 个成员经济体，也并不能够在每个领域都实施统一标准并进行制度性合作。然而，如果迟迟无法对经济合作标准进行规范，全球经济治理的效率将益发低下，造成的损失最后必然由世界所有国家共同承担。中国应当在 G20 与"一带一路"两个平台同步推动成员经济体的标准趋同与制度性合作，中国在两个平台的齐头并进发展可以产生"1＋1＞2"的效果。尽管近年来由中美经贸摩擦给世界经济带来新的不确定性，降低了公众对 G20 的关注度，但是中国仍然应该在 G20 这个全球经济治理的多边平台上促进多边合作机制的生成。更为重要的是，中国应该更为务实地在"一带一路"平台上与既有的多边合作机制主动对接，并以此为切入点，遵循以点连线、以线带面的路径，循序渐进地推动"一带一路"沿线国家的

制度性合作。该过程中，核心国家与重要经济体应该发挥更加重要的作用，中国可以从以下几个方面入手来促进互动。

（一）推动"一带一路"沿线的区域性大国进行国际协调

"一带一路"沿线的诸多国家中，俄罗斯、印度既是与中国接壤的区域性大国，又同为金砖国家与 G20 成员，都是在世界上具有影响力的重要国家，相互之间的合作不但对于维护区域地缘政治的稳定有着重要的意义，还能够在充分沟通的基础上在 G20 中采用更多的联合行动，推动全球经济治理体系的变革。无论是俄罗斯还是印度，对中国而言都非常重要。实际上，21 世纪以来，中俄关系便走进了快车道，中国和印度之间的经贸合作水平也有所提高，尽管中俄印在"一带一路"空间上存在竞争，2020 年 6 月中旬，印度还挑起了中印边境冲突，但是客观来看，近年来三个国家相互间的关系在不断走近。例如，在乌克兰问题上，中国与印度都没有追随西方对俄罗斯进行抵制，反而加强了与俄罗斯的合作；在亚投行问题上，俄罗斯与印度都给予中国支持，均成为亚投行的创始成员；在上合组织成员国的问题上，中国与俄罗斯都支持了印度。①

在中美博弈日趋"白热化"的当下，中国尤其要处理好与俄罗斯、印度这些区域大国的关系。对美国而言，中国与这两个邻国关系的改善妨碍了其对俄罗斯的制裁，不利于其主导的"印度洋—太平洋"战略，不符合美国的国家利益；对中国而言，和平的国际环境是中国一向期望拥有的；对俄罗斯而言，并不希望被美国打压；对印度而言，并不希望成为美国的附庸、也不希望成为任何国家的附庸。因此，中国应该通过合作的力量与两个重要邻国共同发展，中国的投资对这两个邻国是非常重要的，中国绝对不能将两个重要的邻国推向美国的阵营。中国应当将"一带一路"倡议与俄罗斯、印度以及其分别主导的欧亚经济联盟（Eurasian Economic Union，EEU）、南亚区域合作联盟（South Asian Association for Regional Cooperation，SAARC）等区域经济一体化组织进行充分对接，使"一带一路"与这些机制互联互通、互相配合。2019 年 10 月，《中国与欧亚经济联盟经贸合作协定》已正式生效。

"一带一路"是开放的合作机制，中国不但应该与沿线的区域性大国充分协调，也应与周边的发达国家充分沟通。日本是中国的近邻，也是世界主

---

① 李兴. 论"一带一路"框架下互联互通与实现亚欧发展共同体的建设 [J]. 东北亚论坛，2017，26（4）：42－52.

要的发达国家，尽管中国主导的亚投行让日本主导的亚开行感觉到压力，中国高铁让日本新干线感受到竞争，但是中国和日本在贸易、投资、基础设施、金融、能源等领域还是签署了很多合作协议，中日两国还于 2020 年共同签署了 RCEP 协定，不仅如此，中国正在考虑加入当前由日本主导的 CPTPP，这充分说明中国与主要发达经济体是有巨大的可以拓展的合作空间的。中国在与发达经济体进行政策协调时，可以淡化"一带一路"的说辞，应以谋求合作为出发点，通过具体合作项目的协调逐步拓展到更广范围的宏观经济政策的协调，从双边协调逐步拓展到多边协调。虽然与发达国家相比，发展中国家与中国合作的意愿更加强烈、协调难度相对较低，但在进行大国协调的同时，中国还要处理好与广大发展中国家的关系，毕竟，"一带一路"的建设主体是广大发展中国家。

（二）推动"一带一路"沿线合作与对话机制对接

"一带一路"沿线有许多成熟的合作与对话机制，东盟、上海合作组织、中阿合作论坛、中非合作论坛、南亚区域合作联盟、石油输出国组织（OPEC）、地中海联盟等区域一体化组织等，这些机制构成了"一带一路"国家经济政策协调的基础。中国应积极与这些既有机制展开合作，在合作过程中引导投资与贸易标准、规则、制度趋同。中国还应将更多的国家尤其是在全球经济治理体系中尚不掌握话语权的国家纳入国际经济合作体系中，让合作成果惠及至更广范围。诸多对话机制中，与中国来往最为密切的无疑是东盟，东盟所处的东南亚地区是中国对外经贸往来的重点区域。中国于 1991 年开始与东盟进行对话，1996 年成为东盟的全面对话伙伴国，2010 年启动中国—东盟自由贸易区，该自由贸易区自成立以来便是由发展中国家组成的最大自贸区。东盟十国的经济发展水平并不一致，在政治、宗教、文化等领域存在许多差异，十个国家通过东盟这个区域一体化组织建立起一系列的合作机制，其中的经验是值得中国借鉴并应用与"一带一路"沿线国家的合作机制建设中的。

东盟与 RCEP 是"一带一路"沿线经济合作与对话机制的典型代表，RCEP 由东盟主导创建，是亚洲地区规模最大、也是中国目前参与的最大规模 FTA，是"一带一路"沿线最大的一体化与机制化合作平台。RCEP 力求将分散的 FTA 整合至一个平台，试图"达成一个现代、全面、高质量、互惠的一揽子经济伙伴关系协定"，这无疑为中国"一带一路"建设的推进提供了资源整合方面的范例。在 RCEP 提出之前，东盟分别与中国、日本、韩国、澳大利亚与新西兰、印度签署了 5 个 "10 + 1" 自由贸易协定，RCEP 正是在这 5 个 FTA 基础上形成的。由于各国经济发展水平的差异，5 个 FTA 在货物贸易、服务贸易、投资等领域存在不同：货物贸易领域，东盟—印度 FTA 的平均自由化水平远低于其他 4 个 FTA；服务贸易领域，印度开放的部门较其他国家少；原产地规则方面，东盟—印度 FTA 的规定较为严苛，其他 4 个 FTA 的规定趋同；投资领域，5 个 FTA 的开放领域各不相同。^① 整体来看，东盟—印度 FTA 的标准与其他 4 个 FTA 的标准差距较大，这也为 2019 年 11 月印度缺席 RCEP 文本协议的谈判、2020 年 11 月缺席 RCEP 文本签署埋下了伏笔，尽管如此，其余 15 个国家在联合声明中表示，RCEP 谈判的大门依然向印度敞开。

　　RCEP 达成的意义极为重大，尽管印度的缺席表明 "高质量" 与 "互惠" 之间比较难以达成一致，但中国与 RCEP 的对接必然能够为 "一带一路" 沿线国家合作与对话机制对接打下基础。原因如下：一是 RCEP 的成员既包括日本、新加坡、澳大利亚等发达国家，也包括中国、印度等新兴市场国家，还包括缅甸、老挝等经济发展水平相对较低的发展中国家，RCEP 平台上多种类型国家之间的合作，能够为 "一带一路" 沿线国家的合作带来积极的示范效应；二是尽管 RCEP 的成员日本、韩国等并不是 "一带一路" 沿线国家，但却都是中国最大的贸易伙伴之一，也是 G20 成员，中国与其在 RCEP 平台上的合作有助于与中日韩达成更多的共识并促成中日韩 FTA 的签署，能够促进 RCEP 与 "一带一路" 建设的并行推进，能够为其在 G20 采取联合行动奠定基础；三是 RCEP 成员中的新加坡、马来西亚等既是 "一带一路" 沿线国家，又是 CPTPP 成员国，相较于对发展中国家更加友好的 RCEP 而言，CPTPP 的准入门槛与执行标准更高，更加接近发达经济体的高标准，中国可以充分把握美国退出 TPP 之后留下的战略空间，缩小与 CPTPP 的规则差距。

　　当前中国无论是在贸易、投资领域，还是在金融领域的合作机制建设，大多是从中国的周边区域开始进行的，未来还应注意与距离稍远的中西亚经济合作组织、海湾合作委员会、阿拉伯国家联盟、非洲联盟等更多往来。"一带一路" 是开放的，沿线国家可以参与共建，RCEP 等区域经济一体化平台中的非 "一带一路" 沿线国家可以参与共建，G20 的所有成员都可以参与共建。从另一个角度来看，"一带一路" 沿线所有的机制建设都可以看

---

^① 庄芮，林佳欣. RCEP：进展、挑战与前景［J］. 东南亚研究，2018（4）：87－102.

成是对 G20 机制建设的补充，是对全球经济治理的贡献；G20 的机制建设也可以以"一带一路"机制建设中适合其发展的方面做参照，进行自我革新与完善。

（三）推动"一带一路"双边货币互换机制向多边化方向发展

货币与金融合作是 G20 成员经济体最先开展合作的领域，也应是共建"一带一路"过程中重点推进的领域。20 世纪 90 年代末，受亚洲金融危机的影响，区域相关国家的经济遭受了重创，尽管国际货币基金组织牵头对部分国家给予了贷款援助，但是苛刻的附加条件被普遍认为是使受援国经济久久不能恢复的重要原因。① 东亚各国意识到区域货币与金融合作的重要性，东盟与中日韩财长于 2000 年 5 月在泰国清迈发表了关于区域货币金融合作的联合声明，达成了《清迈倡议》。《清迈倡议》最初的设计存在一些缺陷：一是其货币互换网络的构建以双边互换的方式进行，难以形成合力；二是尽管 2005 年"10 + 3"财长会议上将《清迈倡议》中与 IMF 贷款条件挂钩的双边货币互换比例从 90% 下调为 80%，但这个比例仍然偏高。种种因素导致《清迈倡议》的实际使用率并不高。

依托《清迈倡议》这个区域的货币与金融合作机制，有利于区域金融稳定并能够推动金融领域内的合作向多边化方向发展。早在 2003 年的"10 + 3"领导人会议上，中国便提出应"推动清迈倡议多边化"的倡议，受到与会领导人的支持与赞同，遗憾的是，该倡议并未得到真正落实。全球性金融危机之后，区域国家意识到金融稳定的重要性，将"清迈倡议多边化"向实质性方向发展，不仅增加了货币互换额度，还取消了 IMF 贷款条件的制约。更为关键的是，《清迈倡议》建立起外汇储备库，成为双边货币互换的拓展以及 IMF 贷款便利的补充，这个东亚区域内的多边资金救助机制为区域经济的发展提供了稳定的因素。为保障外汇储备库的顺利运作，东盟与中日韩三国于 2011 年 4 月成立了"10 + 3"宏观经济研究办公室（AMRO），AMRO 是独立的区域宏观经济监测机构。ARMO 成立初始是有限责任公司的性质，2016 年 2 月升级为国际组织，具备了国际组织法律地位，这无疑增强了东亚国家在全球经济治理中的地位。

《清迈倡议》从双边走向多边的历程为"一带一路"多边金融体制建设提供了很好的示范。如果能够在"一带一路"沿线建立起外汇储备库，将

---

① 陈凌岚，沈红芳. 东亚货币金融合作的深化：从"清迈倡议"到"清迈倡议多边化"[J]. 东南亚纵横，2011（5）：36 – 40.

更多国家吸纳成为会员，不但可以建成汇集各币种的资金池，更加能够为成员国以及整个区域的金融安全添加额外的保障。中国有稳居世界首位的外汇储备，人民币的国际认可度也在不断提高，不但可以满足自身抵御外部冲击的需要，还可以与"一带一路"国家共建区域金融安全网络，在这个网络中，央行的货币互换应是最为基础的架构部分。中国可以从以下几个方面来推动"一带一路"国家金融安全网络的构建：一是巩固"清迈倡议多边化"的成果，《清迈倡议》的成员国大部分是"一带一路"沿线国家，《清迈倡议》可被认为是"一带一路"沿线多边金融机制建设的一个部分；二是参与"一带一路"沿线其他既有的多边金融合作平台建设，例如，推动上海合作组织等平台的金融机制建设，为"一带一路"沿线国家拓宽融资渠道，提供资金保障；三是立足中国与其他国家签署的双边互换协议，将双边协议往多边化的方向发展，将原本松散的双边援助模式升级为各方联系紧密的多边援助网络机制，帮助更多国家提升抵御金融风险的能力。

三、与"一带一路"西端的 G20 重要成员欧盟深度对接，采取更多联合行动推进全球经济治理体系改革

"一带一路"东端是活跃的东亚经济圈，西端是发达的欧洲经济圈，中国与欧洲国家分别处于"一带一路"的东西两端。尽管在"一带一路"倡议提出之时，欧盟作为一个整体及其大部分成员国并未被定义为"一带一路"沿线国家，2013 年中国与欧盟签署的《中欧合作 2020 战略规划》中并未提及"一带一路"。但是欧洲是中国进出口的主要目的地，中国与欧盟互为重要的战略合作伙伴，随着"一带一路"建设的深入开展，欧盟确立了与"一带一路"的对接关系，欧盟及其所有成员国在理论上都可以被归入"一带一路"沿线国家。[①] 当前，中国在"一带一路"沿线较多与处于东端的国家和经济组织对接，与处于西端的欧盟互动相对较少，但无论是在 G20 中还是在全球范围内，中国与欧盟分别为最具代表性的新兴市场国家和发达国家集团，欧盟是中国的第一大贸易伙伴，中国是欧盟第二大贸易伙伴，双方对于彼此而言都具有不可替代的重要性。

近年来盛行的贸易保护主义行为不但使中国倍感压力，也给欧盟带来了负面冲击，中国与欧盟应当通过进一步加强经贸合作来弥合差异，化解大国博弈对经济造成的负面影响，中欧在全球经济治理领域应形成更多的共识。

---

① 张骥，陈志敏. "一带一路"倡议的中欧对接：双层欧盟的视角 [J]. 世界经济与政治，2015（11）：36－52.

中国与欧盟同为 G20 成员，双方早在 2003 年便已建立起全面战略伙伴关系，但是在 G20 平台上，中国较多与同为新兴市场国家的金砖国家进行联合，很少与欧盟这个战略伙伴采取联合行动，中国应重视与欧盟的对接。欧盟在 G20 中是一个特殊的存在：一方面，欧盟自身是 G20 成员；另一方面，欧盟内部的德国、法国等也分别是 G20 的成员，欧盟在 G20 中拥有较大的存在感和话语权。客观来看，欧盟国家处理与中国的关系较为理性，在中国与美国之间能够保持战略自主。中国与欧盟为应对金融危机在 G20 这个多边经济治理平台上采取过一致行动，今后如果能够在更多方面形成共识并采取联合行动，不但可以中和弱化美国试图打压中国和欧盟的意图，还将极大地推动全球经济治理体系的变革。

不可不提的是，欧盟作为一个大型的经济体，自然也有自身的"更好地连接欧亚愿景"的设想，2018 年 9 月 19 日，欧盟发布了政策文件《连接欧洲和亚洲——对欧盟战略的设想》（以下简称《设想》），这份文件被外界称为"欧盟版的'一带一路'"。①《设想》与中国版的"一带一路"主要有下述区别：一是强调欧盟的高标准原则；二是提出建立交通网络、能源与数字网络、人文联系，欧盟在这三方面具有比较竞争优势；三是提倡私人资本参与建设。尽管中国版与欧盟版"一带一路"的愿景有所差别，但是欧盟版"一带一路"的政策文件将中国列为欧盟在亚洲地区的首要合作对象，是欧盟需要通过加强双边关系来促进欧亚互联互通的首要国家，中国与欧盟的合作空间非常巨大。欧盟对待中国的态度固然有接纳的一面，但是也有防范的一面。2019 年 3 月，欧盟发布了《欧盟—中国战略展望》的报告，报告中将中国定位为：不同政策领域的合作伙伴、平衡各方利益的协商性伙伴、追求科技领导权方面的经济竞争者、不同治理模式的体系性对手。② 中国应该客观看待大型经济体之间的竞争，应以双方的"一带一路"建设为切入点，与欧盟及欧盟成员国在更多领域进行对接，通过扩大合作来减少与欧盟之间的竞争关系，尽最大可能地与欧盟实现共赢。

既竞争又合作是大国共存的常态，欧盟的雄心并不仅是针对中国的，大型经济体都期望能够引领全球经济的发展方向：为获得引领绿色工业革命的先机，欧盟委员会于 2019 年 12 月发布《欧洲绿色协议》，提出将于 2050 年在全球率先实现"碳中和"。2020 年 3 月，《欧盟气候法》的立法工作正式

---

① 李折周，刘存京. 美俄印欧的欧亚地缘战略对"一带一路"建设的影响 [J]. 俄罗斯东欧中亚研究，2020（1）：32 - 51.

② 刘作奎. 中国—中东欧国家合作的发展历程与前景 [J]. 当代世界，2020（4）：4 - 9.

启动，成为《欧洲绿色协议》的一部分，2020 年 10 月，《欧盟气候法》基本完成，欧盟是世界首个将"碳中和"目标以法律形式予以确定的经济体。特朗普政府于 2017 年 6 月退出《巴黎协定》，中国宣布于 2060 年实现碳中和，中国和欧盟应该成为推动实现全球减排目标的中坚力量。[①] 拜登政府大概率要修复美国与盟国的关系，中国更加应该与欧盟紧密合作。

（一）与欧盟"容克计划"对接，将合作从投资领域向其他领域拓展

欧盟委员会于 2014 年 11 月提出的"容克计划"，是致力于促进欧洲地区经济、就业、投资增长的欧洲投资计划，主要由欧洲战略投资基金（European Fund for Strategic Investments，EFSI）为其提供资金支持。将"一带一路"与"容克计划"对接是中国与欧盟进行合作的立足点，2015 年 6 月，中欧领导人峰会的联合声明中称，将支持两者进行对接。相比于贸易领域的频繁往来，中国与欧盟在投资领域的合作相对较少，中欧之间的相互投资水平并不高，因此，中国可以从两个方面推动"一带一路"与"容克计划"对接。一是加强"一带一路"倡议与泛欧交通运输网的对接，深化与欧盟在港口、物流和海运等领域的合作。二是欢迎欧盟及其成员国参与"一带一路"建设，欢迎欧盟及其成员国到"一带一路"沿线投资，更加欢迎欧盟及其成员国到中国来投资。若要将"一带一路"与"容克计划"的对接落到实处，需要双方共同的努力。

其一，关注重点领域。基础设施建设是"容克计划"的行动重点之一，与中国的"一带一路"倡议所期望实现的"基础设施建设互联互通"高度契合，基础设施建设领域的合作可以成为中国"一带一路"倡议与欧盟"容克计划"对接的重点。客观来看，欧洲国家对于中国的投资一直持有相对谨慎的态度，而"容克计划"为中国对欧洲的投资提供了制度性渠道，有助于推动彼此间的合作。欧洲各国受债务危机困扰已长达十余年，资金相对缺乏，自"容克计划"提出后，欧盟便对第三方资金持开放态度，中国可以成为其资金的重要来源地。"容克计划"的开展除了可以得到欧洲战略投资基金、欧洲复兴开发银行的持续性支持之外，中国主导的丝路基金、亚投行等也可以参与其中。具体到交通、能源、通信，甚至数字网络等基础设施建设的各个领域，中国与欧盟还可以设立专项基金提供融资服务。

其二，进行充分协商。中国与欧洲相距较远，制度环境迥异，各自在利

---

① 庄贵阳，朱仙丽.《欧洲绿色协议》：内涵、影响与借鉴意义［J］. 国际经济评论，2021（1）：116-133.

益考量方面存在较大差异，中国与欧盟的合作需要进行充分的沟通协商。中国与欧洲在全球产业链中高度互补，中国拥有发达的产业基础，欧洲拥有先进的技术与管理经验，双方可以充分发挥各自的比较优势，取长补短，建立更加紧密的联系，这是中欧之间能够开展协商的重要前提。在沟通协商方式上，除 G20 的各项会议之外，中欧之间的常规性双边会谈是中国与欧盟沟通的重要平台与渠道。仅 2019 年一年，中欧之间便进行了六轮双边投资协定（BIT）谈判。[①] 2020 年新冠肺炎疫情的冲击对中国与欧盟的经济造成了打击，但却并未降低中欧合作的热情，中国与欧盟领导人仍然保持高层对话，在多个谈判领域取得巨大进步，2020 年 12 月底，历经 7 年的中欧 BIT 谈判进入尾声，欧盟的 27 个国家全部表述支持与中国达成协议。

中欧投资协定达成之后，将为经济全球化的继续推进提供政策红利。对欧盟而言有以下利好：一是当前中国的营商环境正在改善，对外资的市场准入限制已经朝着更加开放的方向在发展，未来还将更加开放，欧盟及其成员国如果能够把握住机遇，增加对"一带一路"及对中国的投资，或将成为欧盟经济与就业增长的新动力；二是通过对"一带一路"沿线的投资，欧盟在亚欧地区的影响力将得到提升。对中国而言，欧盟规则在亚欧地区的应用，将倒逼包括中国在内的"一带一路"沿线国家国内的经济改革，有利于中国市场经济的地位得到承认；通过直接投资的增量，可以加强东亚生产网络与欧洲生产网络的关联程度，能够强化中欧之间的贸易关系，可以为中欧双边自由贸易协定的达成奠定基础。

（二）加强与中东欧国家的联系，发挥中东欧国家的桥梁与枢纽作用

中东欧地区是连接东方与西方的枢纽，是连接中国与欧盟的桥梁地带。早在"一带一路"倡议提出之前的 2012 年，中国与中东欧国家的"16 + 1"合作机制便已创设。"16 + 1"这个中国与中东欧国家自主自愿创建的功能性的多边协调合作机制，使中国与欧洲国家有了更多的接触，东欧 16 国也因此顺理成章地成为"一带一路"沿线国家。自合作机制设立以来，已经建立起领导人会晤机制与政治协调机制，陆续出台了多个《中国—中东欧国家合作纲要》，在政策沟通、互联互通等方面取得了丰硕的成果。该机制的设立，有助于中国通过与中东欧国家的合作来适应和熟悉欧盟的规则与法律，为中国今后与欧盟及与欧盟核心成员国的合作打下了基础。2019 年 4

---

① 李巍，张玉环. 从应对贸易摩擦到预防经济脱钩：2019 年中国经济外交形势分析 [J]. 战略决策研究，2020，11（2）：3 – 30.

月，随着希腊的加入，"16 + 1"增添了新成员，升级成为"17 + 1"合作机制。中东欧 17 国当中，有 12 个欧盟成员国，中国—中东欧国家的合作是中国与欧盟全方位对接的先行实践。

中东欧国家在经济上与中国存在较大的互补性，双方都可以发挥相对比较优势来提高经济发展水平。近年来，中国与希腊围绕比雷埃夫斯港（Port of Piraeus）开展的合作成为"一带一路"建设的亮点，引起了广泛的关注，雷埃夫斯港建设使合作双方甚至是欧洲各国都能够从中获利：一是先进的管理经验和中国雄厚资本的支持，不但避免了比雷埃夫斯港的破产，还是其成为世界上发展最快的港口之一，十分有利于当地的经济建设；二是比雷埃夫斯港当前已经成为欧洲海运贸易的重要中转枢纽，中国与希腊对其进行的改造改变了欧洲的贸易航路格局，有利于欧洲的均衡发展；三是中国至欧洲的货物可以"海铁联运"的方式经由比雷埃夫斯港经由南欧铁路进入中欧甚至整个欧洲，有利于提高中国对"一带一路"沿线地区的贸易份额。

尽管中东欧国家的经济发展，有利于缩小欧洲内部的经济差距，有助于帮助欧洲实现均衡发展，需要注意的是，中国与中东欧国家的密切合作，也引起了欧盟及其核心成员的担忧。他们担心随着中国在中东欧国家影响力的增强，会降低欧盟及其核心成员对中东欧地区的影响力，使欧洲分裂为东西两个部分。站在欧盟及其核心成员国家的立场，这样的担忧或许不无道理：自从英国脱欧以后，欧洲的经济规模在大幅度缩小，经济增长的潜力也被削弱，如若欧洲进一步分裂，将使来之不易的一体化毁于一旦，欧盟对于任何有可能造成分裂的因素都会比较敏感。更何况，中东欧与巴尔干地区一直是欧盟与俄罗斯地缘政治之争的关键点，中国在此地区的活动不但会让欧盟警惕，也会引起俄罗斯的质疑。然而，正如欧洲对东亚地区的战略、安全等事务缺乏兴趣一样，中国与中东欧国家的合作主要在经贸关系与人文交流领域开展，并不涉及战略与安全层面。中国应当通过 G20 等平台与欧盟及其成员国在政府层面进行政策沟通，并将或许可能产生的误会通过"一带一路"建设中民间层面的经贸合作与人文交往予以逐步消除。

（三）与德国、法国等核心国家对接，发挥核心成员的示范带头作用

经历六十多年的一体化进程，欧盟已经成为欧洲区域内部人类命运共同体的典范，在国际上也已形成集体行动的印象。但是欧盟并不是主权国家，自英国于 2020 年 1 月正式"脱欧"之后，欧盟成为由 27 个主权国家组成的经济联盟。由于欧盟的决策通常需要成员国的一致同意，而各成员国的经济发展水平不同、地缘利益方面的考量也不同，这使得欧盟在作出关键决策时的效率较为低下。欧盟成员国中有愿意与中国开展合作的中东欧国家，也有将中国视为既有国际秩序的挑战者的欧盟国家，这些国家担心中国将通过"一带一路"倡议来创立一个可以与 WTO 相抗衡的新型的全球性经济组织，欧盟作为整体在对待"一带一路"的态度上处于"摇摆不定"的状态。不仅如此，欧盟作为整体和部分成员国作为个体在 G20 中均拥有席位，与欧盟进行深度对接需要考虑成员国层面和欧盟层面的双重因素，两个层面如果能够良性互动，才能够事半功倍。

有效的多边合作必然是以关键成员之间的合作为前提的，核心国家的任何行动都将对其他国家产生较大的影响。英国曾是欧盟的核心国家，尽管 2020 年 1 月英国正式脱欧，中国仍然应该加强与英国这个欧洲传统大国的经贸往来，加快中英 BIT 谈判进程。除英国之外，在欧盟的众多成员国中，德国、法国等核心成员国发挥着非常重要的示范作用。早在 2015 年"一带一路"官方文件出台前，德国、法国等欧盟核心国家，不顾美国的反对，成为亚投行的域外创始成员国，在德国与法国的示范作用下，欧盟陆续有一半的国家加入，以实际行动支持了亚投行这个旨在为共建"一带一路"服务的多边融资机构。德意志银行集团在其发布的《"一带一路"倡议白皮书》中强调，"一带一路"倡议未来可期，表明了德国部分经济参与者对"一带一路"的积极态度。[①] 这些表明，相对于美国的保护主义而言，与中国进行对接似乎更加符合欧盟及其成员国的利益。

除上述国家之外，也有一些欧盟国家对中国的"一带一路"倡议表达了善意，例如，希腊、卢森堡等多个欧盟国家已经与中国签署了"一带一路"合作备忘录。值得一提的是，2019 年 3 月，意大利这个 G7，也与中国签署了《关于共同推进"一带一路"建设的谅解备忘录》，成为第一个正式加入"一带一路"倡议的西方发达国家。意大利与"一带一路"的对接，引起了美国等其他国家的震惊，对于中国而言是当前逆全球化浪潮下的一次外交胜利，也是对中国通过"一带一路"参与全球经济治理的肯定，对仍然持有观望态度的其他欧盟成员国甚至是其他 G7 成员都能够产生示范效应。中国应该在 G20、"一带一路"等各种平台与欧盟及其成员国进行沟通，欧盟核心国家对中国释放出来的善意，将在欧洲内部和更大范围内形成相对良性的联动。

---

① 李巍，张玉环. 从应对贸易摩擦到预防经济脱钩：2019 年中国经济外交形势分析 [J]. 战略决策研究，2020，11（2）：3-30.

第七章 后疫情时代的"一带一路"
与全球经济治理

    2020 年新冠肺炎疫情在全球的大暴发，影响了世界上几乎所有的国家，病毒的传播跨越国界，经济危机的蔓延与病毒的蔓延同样迅速，世界经济的停滞局面进一步加剧，没有哪个国家能够置身事外并独善其身。在人类面临的共同灾难面前，国际合作是唯一的有效途径，唯有所有国家都把疫情控制住，全球化才能够继续推进。然而，为应对疫情的持续蔓延，世界各国实施了严厉的封锁措施，人类的经济活动空前减少，全球性公共产品的供给水平远远达不到需求水平，全球经济治理出现赤字。值得庆幸的是，疫情持续期间，"一带一路"建设并没有因此停滞，其表现出来的韧性与活力为稳定世界经济和推动全球抗疫贡献了力量，也为遭遇挫折的经济全球化增添了一抹亮色。

    中国是最早进入疫情、最早控制住疫情、最早恢复生产的国家，是2020 年唯一实现经济正增长的主要经济体。截至 2020 年 11 月，中国通过中欧班列向"一带一路"国家运送紧急医疗物资超过 800 万件，通过与相关国家共建的"空中丝绸之路"，向世界各国运送医疗物资近 2 000 吨；中国还向"一带一路"伙伴国家派出医疗专家队，与俄罗斯、埃及等"一带一路"伙伴国家合作开展疫苗三期试验等。[①] 中国在帮助"一带一路"国家抗疫过程中表现出应有的大国担当、承担了更多的国际责任。不仅如此，疫情持续期间，中国对"一带一路"沿线国家的投资持续增长，与"一带一路"沿线国家的贸易仍在持续，中国是"一带一路"经济的重要稳定力量。后疫情时代，中国应以共建"一带一路"为推动国际合作的重要立足点，带领沿线国家走出困境，帮助更多国家经济恢复增长，与世界各国携手推动全球经济治理体系重塑。

---

    ① 胡必亮."一带一路"在疫情挑战中前行［N］.光明日报，2021 – 01 – 04（12）.

第一节　新冠肺炎疫情影响世界经济的方方面面

新冠肺炎疫情使各国经济被迫"停摆",加剧了世界经济下行的压力。图 7－1 选用了世界银行的数据,对 21 世纪以来全球 GDP 增长率的趋势进行了绘制。

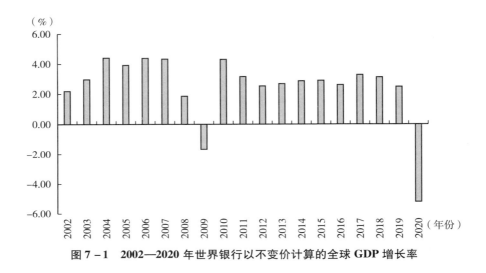

图 7－1　2002—2020 年世界银行以不变价计算的全球 GDP 增长率

由图 7－1 可以看出,新冠肺炎疫情对世界经济的负面冲击程度远远超过了 2008 年的全球性金融危机,是 21 世纪以来最为严重的全球性危机。回溯历史,在过去的 150 年内,世界经济仅有三次收缩程度超过 5%:第一次发生于第一次世界大战的起始年 1914 年;第二次发生于 20 世纪 30 年代的经济大萧条期间;第三次发生于第二次世界大战的结束年 1945 年,本次疫情是最为严重的全球性危机。与 150 年间的三次全球性经济衰退相比,受此次疫情影响的国家与地区的数量有过之而无不及:当前世界上已有 90% 以上的国家和地区陷入经济衰退,而经济衰退覆盖面最广的大萧条期间,仅有 80% 多的国家和地区的经济受到影响。①

---

① 徐康宁. 疫情影响下的世界经济:变局与重塑 [J]. 华南师范大学学报(社会科学版),2020(5):25－36.

新冠肺炎疫情之所以会对世界经济增长产生如此严重的影响，主要是因为其传播速度惊人，2019 年 12 月底暴发，2020 年 1 月底便被世界卫生组织列为国际关注的突发公共卫生事件、3 月被评估为"全球大流行"，世界各国不得不相继宣布进入紧急状态，对城市甚至对国境进行了不同程度的封锁。据联合国统计活动协调委员会（The Committee for the Coordination of Statistical Activities，CCSA）报告显示，疫情期间，全球航空一度有 90% 的机队停飞，严重程度远远超过 SARS（严重急性呼吸综合征）危机和"911"恐怖袭击事件期间的情况。① 疫情造成的"大封锁"不仅影响了全球航空业、全球海运，还产生了一系列的连锁效应。

其一，全球产业链出现突发性中断。疫情期间，世界各国的隔离措施对以中间产品贸易为基础的全球产业链的运行造成了严重打击。遍及全球的封城措施迫使企业停产，封城造成的断行使得产品无法运出，劳动力、技术等要素的流动受到阻碍，全球产业链的上下游企业均受到影响。在这种情况下，全球产业链的运行从供给和需求两端遭受"硬脱钩"，致使国际分工体系局部运转出现"骤停"。② 疫情持续期间，因医疗器械、卫生防疫用品等医疗资源的供应无法满足持续激增的需求，许多国家希望能够实现产业链和供应链的自主可控，开始对疫情和战争等极端情况下本国产业链和供应链的安全问题进行思考，重新对本国产业链进行布局。不少国家开始将关键战略物资领域内的产业链撤回至本国或者是本国的周边地区，这其中，涌现出一波"去中国化"的现象。

其二，贸易与投资需求出现较大萎缩。疫情发生后，发达经济体的进口需求锐减，"退单潮"大规模出现；与此同时，货物出口国的企业受疫情影响生产能力十分有限，供给能力出现不足。更为严重的是，在疫情、自然灾害等多种因素的叠加影响下，俄罗斯、哈萨克斯坦、塞尔维亚、越南等多个国家相继实施了与农产品有关的出口禁令，全球范围内的粮食安全面临巨大考验。上述因素使国际贸易出现重度萎缩，全球贸易流动出现了 21 世纪以来的最大降幅。因全球产业链的被迫中断和部分国家对产业链的重新布局，全球对外直接投资的增资速度大大减缓，UNCTAD 数据显示，2020—2021年全球 FDI 将下降 30% ~ 40%，未来全球 FDI 的前景仍然十分黯淡。由于贸易与投资是拉动经济增长的重要引擎，贸易与投资需求的萎缩不利于世界

---

① CCSA. How COVID – 19 is changing the world：A statistical perspective ［R］. United Nations, 2020 – 09 – 01.

② 李晓，陈煜. 疫情冲击下的世界经济与中国对策［J］. 东北亚论坛，2020，29（3）：43 – 57.

经济复苏,也容易滋生保护主义情绪。

其三,全球范围内的就业受到打击。疫情的暴发使全球劳动力市场受到前所未有的冲击,全球范围内的失业人数急剧攀升。美国的失业率是自大萧条以来最为严重的一次,据美国劳工部数据显示,2020年2月至4月疫情高峰期间,美国共流失2 200万个就业岗位,随着疫情的继续蔓延,很多美国人将有可能长期失业;英国国家统计局2020年8月的数据显示,英国的失业人数达73万人,创下10年以来的最高纪录。① 大量失业人口的产生使公众对政府产生了不满,美国民调机构皮尤研究中心(Pew Research Center)对14个发达国家的调查结果显示,英美两国民众对政府抗疫情况的认可率最低,均不及50%。② 发达国家的情况尚且如此,欠发达国家更加堪忧,大量的失业使很多人陷入贫困,世界银行预计,按照1.90美元/天的国际贫困线标准衡量,新冠肺炎疫情将使全球7 100万人陷入极端贫困,如果情况更加糟糕,这个数字将增加到1亿人。③

疫情不仅打击了实体经济,对全球金融市场也造成了较大的影响。仅2020年3~4月,全球金融市场就出现了很多"黑天鹅"事件:美国西德克萨斯轻质原油(WTI)价格暴跌至−37美元、大宗商品价格暴跌20%、美国股市在短短10天内触发4次熔断机制,纽约证券交易所227年以来第一次关闭交易大厅,等等。幸运的是,2008年全球性金融危机之后,世界各国对金融稳定的重视程度大幅度提高,将宏观审慎监管理念贯彻在包括《巴塞尔协议Ⅲ》等的多个方面,强化了国际协调的金融监管机制,主要国家的中央银行将防范发生系统性金融风险作为重中之重,在金融危机之后联手对各自的金融系统进行了治理。因此,当前的疫情尽管影响到贸易、投资等多个方面,也影响到了金融市场上的投资者情绪,主要国家的金融系统还是稳定的,金融系统也相对稳健,没有重大结构性问题。

---

① 中国新闻网. 英国失业人数创下近10年新高 [EB/OL]. (2020 – 08 – 12) [2021 – 03 – 16]. http://www.chinanews.com/gj/2020/08 – 12/9262614.shtml.

② 美国民调机构皮尤研究中心. 14个发达国家民众给本国政府抗疫打分,英美垫底 [EB/OL]. (2020 – 08 – 29) [2021 – 03 – 16]. https://mp.weixin.qq.com/s/dKNitbUfGqNq3Nvph3iqbw.

③ Daniel Gerszon Mahler, Christoph Lakner, R. Andres Castaneda Aguilar, Haoyu Wu. Updated estimates of the impact of COVID – 19 on global poverty [EB/OL]. (2020 – 06 – 08) [2021 – 03 – 16]. https://blogs.worldbank.org/opendata/updated – estimates – impact – covid – 19 – global – poverty.

第二节　疫情使全球经济治理面临失效

在全球性危机面前，如果大国之间能够开展合作，那么世界经济将能够较快地复苏。客观来看，21世纪以来发生的几场重大危机都促进了国际合作："911"恐怖袭击事件促进了全球反恐合作；2008年全球金融危机促进了全球经济与金融合作。① 因此，当此次疫情暴发时，受到疫情影响的国家自然会对全球协调抗疫、携手渡过难关抱有极大的期待。然而，新冠肺炎疫情在全球蔓延至今，全球范围内却较少能够见到世界各国协同一心抗击疫情的多边合作，这与十多年前全球性金融危机后所面对的情形有很大的不同。为探究其原因，将对此次疫情与全球性金融危机的爆发与治理情况进行比较。

（一）两次全球性危机爆发与治理情况的比较

众所周知，美国是当今世界最为发达的国家，以美国为代表的发达经济体长期以来是全球经济治理的主导者，通常情况下，当危机爆发于发展中国家时，美国领导的七国集团可以通过影响国际货币基金组织、世界银行等对发展中国家进行救助。但是当金融危机首先爆发于美国时，其对世界经济的负面冲击是惊人的，任何单一的国家都无力承担起对危机进行治理的重任。2008年全球金融危机发端于美国，首先在发达经济体的金融领域内蔓延开来并逐步影响世界各国的实体经济，是由金融危机演变而成的整体性的经济危机。因此，受全球性金融危机影响最为严重的是以美国为代表的"金融国家"，而新兴经济体所代表的"贸易国家"并未受到直接的打击，反而在危机之后经济实力得到了整体提升。为防止危机的进一步蔓延，在美国的带领下，发达经济体开始与以中国为代表的新兴经济体展开合作，通过G20这个全球经济治理的核心平台，首先围绕金融稳定进行了一系列的国际协调，取得了很好的效果。

与全球性金融危机不同的是，新冠肺炎疫情暴发并不是由金融领域内的问题造成的。疫情的传播非常迅速，传播的方向无差别，并不会对发达经济体和发展中经济体进行区别对待，因此，疫情在很短的时间内便对世界经济造成重大打击。

---

① 吴心伯. 明年一月份前，中美关系将迎来最严峻的时刻［EB/OL］.（2020 - 08 - 18）［2021 - 03 - 16］. https：//mp. weixin. qq. com/s/BFkx3thIMgAmdHv6q3H0yw.

理论上，如果在新冠肺炎疫情暴发之初，未受到感染的发达经济体能够发挥全球治理的主导作用，对中国等疫情严重的国家进行救助；或者，如果国际组织能够进行积极的国际协调、开展更加有效率的工作，推动国家间进行积极合作，此次疫情不但能够得到有效控制，还能够扭转近年来愈演愈烈的逆全球化的局面，有望在未来对经济全球化和世界经济的发展起到积极的促进作用。即使是在新冠肺炎疫情全球蔓延之后，只要各国政府应对得当、进行合作抗疫，也能够使疫情的传播得到有效的控制，世界经济也将会得到较快的恢复。

可惜的是，疫情发生之后，全球范围内的单边主义、民族主义、民粹主义思想进一步抬头，逆全球化思潮此起彼伏：美国不但对中国的疫情袖手旁观，还宣布将退出世界卫生组织（WHO）；欧盟部分国家之间发生了争抢抗疫产品的闹剧，英国于此时正式"脱欧"，欧盟"各人自扫门前雪"；世界卫生组织的作用受到限制，联合国在疫情期间几乎无所作为。全球性金融危机之后全球经济治理的核心协调机制 G20 行动迟缓，直至疫情暴发几个月之后，G20 特别峰会才在中国、法国等国家的倡议下通过视频的方式召开，峰会召开之时，疫情已经在全球范围内大幅度蔓延开来。这一切的迹象均表明，美国这个全球经济治理的传统主导者，不但未能起到良好的表率作用，反而在一定程度上对国际协调合作进行了阻碍，全球经济治理面临的困境较十多年前有过之而无不及。

（二）国际协调不足致使全球经济治理面临困境

美国是第二次世界大战之后全球经济治理的主导者，是应对十多年前全球性金融危机的重要协调者，为稳定世界经济起到了积极的作用。然而，此次疫情暴发之后美国在抗疫中并没有扮演正面角色，美国的盟友也第一次没有向美国求助。美国不但没有行使国际协调的主导权，不仅对华为等中国科技企业进行打压，还对 TikTok、微信等应用程序进行了制裁。实际上，早在疫情暴发之前，美国便已有许多针对中国的遏制行为，例如，对中国学者进行限制、对中国 5G 与人工智能等科技行业的打压、与中国愈演愈烈的贸易摩擦等。客观来看，美国的经济制裁对象不止限于中国，美国不仅对伊朗、委内瑞拉等国家进行了经济制裁，对伊拉克、土耳其这些盟友也用制裁手段进行威胁，甚至还就连接俄罗斯与德国之间的输气管道项目，对德国等发达国家进行威胁。美国之所以在逆全球化的道路上越走越远、在国际协调方面无所作为，主要是基于国内与国际两个方面的原因。

其一，国内经济环境发生了变化。外交是内政的延伸，当国内问题得不到解决时，内部矛盾会被转移至国外，国际上超级民族主义便开始盛行，从这个角度来看，美国逆全球化的种种行为，可以被认为是美国国内秩序出问题的外化表现形式。美国保护主义思潮的兴起从根源上看是美国国内的经济结构和社会秩序出现了问题，美国的对外经济政策随之作出的调整。20世纪90年代以来，日益发展的全球化使各类要素能够在全球范围内自由流动，要素得到有效配置，全球价值链得到迅速发展。在此过程中，美国占据了全球价值链的高端，获得了巨额的财富，但是该过程也改变了美国的经济结构，即过于重视附加值高的金融服务业而忽略了附加值相对较低的制造业。这使得美国国民收入整体增加的同时，个人收入差距急剧拉大，大量的财富迅速地集中到小部分人手里，对社会稳定起到重要作用的中产阶层比例迅速缩小，底层人数迅速扩大。由此，美国的国内出现了严重的两极分化，保守势力迅速抬头、民粹主义快速兴起。

其二，国际经济环境发生了变化。以中国为代表的新兴经济体正迅速崛起并在国际经济体系中寻求话语权是美国不得不面对的问题。中国自改革开放以后才开始与世界进行接轨，以"低端嵌入"的方式参与全球价值链分工，分享世界经济的红利。① 经过短短四十余年的奋斗，中国走过了发达经济体数百年的发展进程，经济总量跃居世界第二，中国逐步变得自信与强大。尽管如此，在"韬光养晦"方针的指导下，中国长期专注于国内的经济建设，较少在国际舞台上提出自己的主张，很少崭露头角，是全球经济治理的追随者。但是在全球性金融危机之后，中国与发达经济体的力量对比发生了改变，开始逐步走向世界舞台的中央并提出许多"中国方案"，成为全球经济治理的参与者和主导者。中国2013年提出"一带一路"倡议、2015年提出"中国制造2025"战略，2016年在G20杭州峰会上传达中国的全球经济治理理念，这些或多或少地加深了西方对中国崛起的恐惧感。②

国内国际双重因素的作用下，美国特朗普政府放弃了主导国际协调的大国责任，从短期来看，美国或许能够凭借其依旧强大的国际影响力实现政治诉求，但是从中长期来看，美国逆全球化的行为不但无法解决其国内的秩序危机，还将对其国际声誉造成损害。拜登总统上台后，美国新政府或将重返

---

① 张二震，戴翔. 疫情冲击下全球价值链重构及中国对策 [J]. 南通大学学报（社会科学版），2020，36（5）：92-101.

② 郑永年. 未来世界经济的中心在亚洲 [EB/OL]. (2020-08-21) [2021-03-16]. http://www.china-cer.com.cn/guwen/202008217665.html.

多边体系，只是当前的美国不仅是全球疫情最为严重的国家之一，还面临宪政危机、种族危机等许多焦头烂额的问题，国际治理出现了信任危机。不仅如此，特朗普执政时期美国频频退群、滥用经济制裁手段的种种行为削弱了美国的国际公信力，美国的盟友对中国崛起所带来的焦虑得到了缓解，不少经济体已经开始寻找其他的替代渠道来维护自身的经济安全，美国即使在当前和未来有意重返全球经济治理的领导地位，号召力也将被大大弱化。

（三）疫情后中美是否会陷入"修昔底德陷阱"

美国和中国是当今世界最大的两个经济体，是被世界寄予期望的国际秩序主导者，但是美国当前的疫情非常严重、国家治理面临许多新的问题，无暇顾及全球经济治理；中国最早进入疫情却也最早摆脱疫情，中国强大的国家治理实力被世界各国共同见证，在这种情况下，世界各国自然会把目光投向中国，塞尔维亚总统武契奇甚至直言："只有中国才能帮助我们。"疫情面前中美两国理应联合开展国际合作，但是近年来美国不但对中国进行各种经济制裁，还与"五眼联盟"的其他成员国采用一致行动来加大对中国的制裁力度，在激烈的对华攻势中，日本甚至表示愿意成为"五眼联盟"的"第六只眼"。① 因此，虽然人们期望中国能够带领世界走出衰退的泥潭，但是不少学者担心美国会在遏制中国的道路上越走越远，担心大国之间的分歧会使国际合作无法达成，担心中美最终会陷入"修昔底德陷阱"。

中美关系是当前最为重要的双边关系，中美关系的走向对世界格局有着非常重要的影响，那么，中美之间是否真的会陷入"修昔底德陷阱"呢？客观来看，有许多因素使中国和美国不至于陷入"修昔底德陷阱"。首先，中美矛盾升级会使多数国家面临"选边站队"的尴尬处境，仅就亚太地区而言，很多国家根本承受不起与中国或者与美国脱钩的政治、经济代价，这些国家会对中美之间新型的"冷战"做出或积极或消极的抵抗。其次，全球化已经将全球供应链、全球产业链与全球价值链联结在一起，虽然疫情之后不少国家开始反思供应链的重新配置问题，但是正如全球供应链一天不能形成，"断链"更不可能一天便能实现，更何况，无论是中国还是美国，或者是其他国家，都不愿意失去彼此的市场。最为重要的是，中国并没有意愿与美国发生冲突甚至是对抗，正如 2015 年习近平访美时所说："世界上本无'修昔底德陷阱'，但大国之间一再发生战略误判，就可能自己给自己造

---

① 经济外交项目组. 美国对华战略竞争中的"五眼联盟"［EB/OL］.（2020－08－06）［2021－03－16］. https：//mp. weixin. qq. com/s/csG4vkFJf7HsC__Or2KwEw.

成'修昔底德陷阱'。"

从中国的角度来看，中国愿意与美国磨合出大国和平共处的新的范式，并与其他国家保持良好关系。自中美建交以来，美国与中国在经济、外交、安全等领域有长期合作的记录：美国与中国的贸易、对中国的投资、高等教育对中国学生和中国学者的开放，帮助启动并维持了中国的经济现代化。中国的经济改革和对外开放政策的成功，离不开美国的支持，离不开西方的市场、资金和技术，中国是美国领导下的全球经济治理体系的受益者。中国之所以能够以超高速追赶，迅速崛起成为美国在亚太地区甚至是更广区域的竞争对手，得益于中国搭了经济全球化的便车，得益于美国的帮助和美国主导提供的全球公共产品。当前最为理想的状态是美国放弃遏制中国崛起的政策，而中国则承担起更多的国际责任，努力维护使中国取得辉煌成就的国际经济秩序，并与美国一起带领各国对既有多边规则体系当中的不合理、不能够顺应时代发展的部分进行改革。如果这种理想的状态难以实现，也应认识到，中美关系固然重要，但也不需要过度关注，毕竟，世界上并不只有中国和美国两个国家。

从美国的角度来看，拜登政府的外交姿态会相对温和，美国有望重新回归全球多边规则体系。美国在过去七十多年建立的国际领导者地位，不单是因其经济实力雄厚，更是因为其国家治理和全球治理的能力强大，才能得到国际社会的广泛认可。虽然当前美国经济下滑严重、政治分裂加剧，但是从历史上来看，美国是一个危机感驱动的社会。美国当前面临的社会危机非常严重，但是尚比不上20世纪60年代的黑人民权运动、青年学生反战运动、妇女解放运动，美国的容量足够大，可以容纳许多矛盾，不能够对美国进行错判。当前，逆全球化的思想和行为虽然盛行，但是经济全球化应该是得到大部分国家认同的，只是各国对全球化的发展方向有不同期待而已。随着拜登总统的上台，中美关系有缓和的可能，毕竟，20世纪90年代以来的超级全球化使和平与发展理念深入人心，虽然当前和未来的中美关系是以竞争为主的，但是竞争并不必然会引发战争，竞争的同时也是可以进行包含经济在内的多领域的合作的。

第三节　疫情后中国应如何"化危为机"

近几年来，中国经济发展面临的外部环境变得艰难：从出口角度来看，部分国家对中国发起的贸易救济立案、通过加征关税、以国家安全等因素作为理由对中国进行的出口限制等逐年增多;从进口角度来看,中国在高新技术领域的进口频频遭到限制,美国将中国许多高科技企业列入其出口管制的"实体清单",对华为等公司进行技术封锁,美国对中国高新技术产品出口增速下滑转负,通信产品、航天产品受影响最为严重。后疫情时代,世界经济或将持续下行,除疫情造成的供应链断裂等不可抗的因素之外,世界范围内的人口老龄化正在加剧,就业人数正在减少,势必将抑制国际直接投资、全要素生产率和经济的增长。不仅如此,部分国家为应对疫情而释放出来的天量流动性,以及长期的低利率环境将进一步拉大全球范围内的贫富差距,对消费产生抑制。

发达经济体在出台经济复苏政策时,常常选择使用量化宽松这种金融化的方式来处理问题,新冠肺炎疫情全球大流行以来,美国推出了无上限的量化宽松政策来缓解国内的流动性危机,欧元区、日本等也实施了非常宽松的货币政策。这些宽松的货币政策实施初期起到了缓解危机的效果,但是由于美国在疫情面前不愿担当的糟糕表现,市场逐步对美元失去信心,美元指数从 2020 年 6 月底连续下跌至 8 月底。如若美国继续实施单边主义,美元的全球储备货币地位或许在中期内会被弱化。[①] 2020 年 11 月,日本、英国等13 个国家纷纷抛出美债,共计抛售 532 亿美元。[②] 金融化的僵化处理方式在短期内能够防止一国国内经济跌入深渊,却无法从根本上解决国内经济出现的结构性问题,其产生的负面外溢效应还会增加全球流动性泛滥的风险,并将"收益自取,风险共担"的区域经济治理问题暴露出来。

除上述外部因素之外,中国自身的发展也已进入阶段性瓶颈:随着人口红利的消退,中国服装等劳动密集型产品的出口优势趋于减弱,出口增速明显走低;钢铁等部分行业存在较为严重的产能过剩,如此巨大的产能即使从全球需求视角来看,也难以被彻底消化。种种迹象均表明,大进大出的国际大循环发展模式在当前已经不可行,未来或许还要面对长期的持久战,中国的宏观经济政策需要进行动态调整。尽管如此,中国是经济率先复苏的主要经济体,中国依然向上的经济发展势头和良好的社会秩序,是中国能够为世界提供公共产品的物质保障。中国当前经济发展所需承受的压力虽然很大,

---

① 张明. 新冠疫情冲击下的国际货币体系与人民币国际化 [EB/OL]. (2020 - 08 - 18) [2021 - 03 - 16]. https://mp. weixin. qq. com/s/7yOlJlNl8G9nICgaCOu1Wg.

② 周颖刚,程欣. 人民币已经是"国际避险货币"了吗 [EB/OL]. (2021 - 02 - 24) [2021 - 03 - 16]. https://mp. weixin. qq. com/s/IsAhjnJhG6eOcjMjM - Jf4Q.

但也应看到巨大压力面前蕴藏着的巨大机遇与生机。

首先，中国的工业体系完备，能够保障国家的经济安全。中国是世界上工业体系最为完备的国家，由于中国基本可以配全所有产业链，疫情下唯有中国能够快速地爆发产能，不但能够保障国内供应链畅通，还能够填补海外供需缺口，中国完全能够抵御制造业外迁、国内产业转移的压力。只是这并不意味着中国必然高枕无忧，科技是产业链的核心环节，科技创新应当成为国内大循环的立身之本，未来中国不但应当能够解决当前面临的高端芯片自主设计并生产等问题，还应当能够在基因组学、超级计算等若干先进技术领域成为世界的领导者，中国应当继续向全球价值链高端攀升。当前美国对华为等中国科技企业的打压，固然暴露出中国在关键技术方面的短板，但是从长期来看，必然会倒逼中国技术领域的颠覆式创新，发展出高附加值的制造业利基市场。中国一直致力于推动更高水平的对外开放，只要中国不切断与世界经济的联系，产业便会随着资本纷至沓来，可以帮助中国实现"补链""扩链"甚至"强链"。

其次，中国的营商环境良好，是外商投资的理想目的地。近年来美国为境外国家企业对美国的投资设置了若干壁垒，投资政策转向了保护主义，与之相比，中国仍然在进行着包括放宽市场准入在内的一系列改善营商环境的战略部署，中国政府逆势开放的政策赢得各国投资者的信心。经过多年坚持不懈的努力，中国的营商环境有了跨越式的改善，世界银行发布的《2020年营商环境报告》中显示，2011—2018年中国的营商环境总体上在八九十位之间徘徊，2019年跃升至第46位，2020年跃升至第31位。客观来看，当前的中国在营商环境方面仍然是有较大的改进空间的，市场开放程度与发达经济体相比尚有不少差距，但是由于中国疫情控制得最好、国内秩序稳定，因此投资风险最小，更遑论中国超大的国内需求市场对于海外投资者而言是具有相当大的吸引力的。

最后，中国的利率环境稳定，能够吸引海外资本流入。疫情期间，主要发达经济体几乎都实施了宽松的货币政策，国内利率降低至零甚至为负，货币政策操作空间被收窄，资本也存在外流的风险。中国是世界主要国家中仍然保持着正利率空间的国家，正利率环境下，人民币金融资产相对于其他币种的资产而言更加具有吸引力，在国际金融体系中发挥了更大的作用，中国的股票、债券、外汇、大宗商品被普遍看好，成为境外投资者的首选。联合国贸易与发展会议发布的《全球投资趋势监测》报告显示，尽管2020年全球外国直接投资大幅度下降，中国实际使用外资同比增长4%，首次超过美国成为全球最大的外资流入国。因此,当前或许可能是中国资本账户双向开放的重要窗口期。①

更为重要的是,中国拥有西方国家不具备的强大的制度优势,能够为中国高质量发展保驾护航。西方主流经济学将人口、资本、技术确定为推动经济发展的重要因素,将制度视为经济发展的外生变量。实际上,人口红利、资本效率、创新力量的充分发挥,必须要有制度规范和约束为其保驾护航。② 中国的制度不是一成不变的,而是随宏观经济形势的变化不断创新的,家庭联产承包责任制便是中国制度创新的起点,此后,从农村到城市、从经济到政治的渐进式改革道路,保证了中国的经济发展和社会繁荣。经历了 2020 年新冠肺炎疫情的巨大冲击,中国之所以仍然能够成为全球唯一实现经济正增长的主要经济体,中国随势而动态调整的制度创新功不可没。

在挑战与机遇面前,中国能够认清形势、苦练内功,2020 年 5 月 22 日的政府工作报告中便没有设定全年经济增速具体目标,而是指出要"优先稳就业保民生"。7 月 21 日,在企业座谈会上,习近平提出了"充分发挥国内超大规模市场优势,逐步形成以国内大循环为主体、国内国际双循环相互促进的新发展格局。"③ 新的发展战略与以往经济战略最大的变化是在国内国际双循环相互促进的基础上,将以国际外循环为主体调整为"以国内大循环为主体"。这次经济战略的调整固然受疫情造成的全球产业链断裂的客观因素影响,从根本上来说却是中国推动更深层次改革、推动更高层次开放的必然选择,将为中国参与全球经济治理奠定物质基础,能够帮助中国"化危为机"。

首先,中国需要深耕自己的市场。尽管中国是世界第二大经济体,但是中国的经济发展还存在不少问题:一是中国的经济增长长期以来主要是由投资、出口和政府支出拉动的,家庭的消费水平一直都比较低,庞大的人口基数使中国的人均国民财富与发达国家相比尚有距离;二是中国的中西部地区与沿海地区相比、农村与城市相比,经济发展水平并不均衡,但是对于地域辽阔的大国而言,均衡的经济地理格局才有助于提高经济竞争力。因此,未来中国应在提高居民可支配收入、努力缩小区域间的经济发展差距方面作出

---

① 盛松成.资本账户双向开放与防范资本流动风险并不矛盾 [EB/OL].(2020 – 08 – 31)[2021 – 03 – 16].https://mp. weixin. qq. com/s/jflkCpPhOOMjhFppgT7jcQ.

② 傅晓.是什么决定了繁荣还是危机 [EB/OL].(2021 – 02 – 27)[2021 – 03 – 16].https://web. shobserver. com/journal/article/share? id = 309679.

③ 习近平.在企业家座谈会上的讲话 [EB/OL].(2020 – 07 – 21)[2021 – 03 – 16].https://www. ccps. gov. cn/xxsxk/zyls/202007/t20200721_142450. shtml.

切实努力。中国拥有庞大的市场，这一点与同为制造业大国的德国和日本有很大的不同，德国与日本的市场体量相对较小，制造业的发展高度依赖分布在其他国家的上下游产业，无法独立支撑众多高技术产业在本国的自我循环。当前世界处于新一轮科技革命爆发的前夜，当中国的自主创新能力得到增强之后，中国便可以使用自己的技术在自己的市场上发展出中国的高端技术企业，深耕国内市场将变得格外重要。

其次，中国需要更高质量的开放。贸易与投资是拉动一国经济发展的重要引擎，也是世界经济增长的重要引擎，新发展格局绝不是封闭的国内循环，未来中国的高质量发展必须是在更加开放的条件下进行的。中国是大国，需要有大国的发展格局，美国与中国在贸易、投资、金融等领域全方位脱钩的情况下，中国不应回避挑战，更加不能闭关锁国，疫情之后中美关系愈发紧张，但是对中美经济关系进行干扰的是美国的一些政治因素，中美之间的经济来往并不会断绝。无论拜登是否能够从单边主义重回多边主义，中国都不应该放弃与美国的贸易与投资合作，中国完全可以同时开拓包括但不限于"一带一路"在内的新的市场，"一带一路"是中国推动经济全球化的新的形态，能够开辟更多的合作空间。从另一个角度来看，当前的国际贸易已经经历最终产品贸易阶段、价值链贸易阶段，即将进入以数字贸易为主要特征的阶段。[①] 中国的服务贸易与发达经济体相比发展较为滞后，但是数字技术的发展将能够激发中国服务贸易的后发优势，[②] 未来中国应当在此领域开辟更多市场。

第四节 共建"一带一路"重塑全球经济治理体系

当前世界处于新冠肺炎疫情冲击、中美关系恶化、宏观经济运行阶段性转换的"三重叠加"特殊时期，通过国际协调构建荣辱与共的"人类命运共同体"变得尤为必要。中国是大国，大国的发展需要有全球的眼光，疫情后的中国不但应当坚定信心、继续深化改革开放促进国内的经济增长，还应当积极开展国际合作，帮助其他国家平息疫情、重振经济，中国应当成为

---

① 裴长洪，刘洪愧. 中国外贸高质量发展：基于习近平百年大变局重要论断的思考 ［J］. 经济研究，2020，55（5）：4－20.
② 裴长洪，刘斌. 中国开放型经济学：构建阐释中国开放成就的经济理论 ［J］. 中国社会科学，2020（2）：46－69.

维护世界和平与发展的重要推动力量。"一带一路"源自中国，但却属于世界，"一带一路"是中国在国际合作与全球治理新模式方面的积极探索，已经成为广受好评的全球性公共产品，中国应当与沿线国家以共建"一带一路"为切入点，重塑疫情后的国际经济秩序。

（一）通过共建"一带一路"推动国内国际循环相互促进，中国的发展是世界经济发展和大国协调的重要稳定力量

2008年全球金融危机使中国外向型经济发展遭遇瓶颈，开始对"两头在外，以国际大循环为主体"的发展战略进行调整；2020年疫情的全球大流行阻碍了中国经济发展的国际循环，中国迅速调整进入"以内促外"的新时期。双循环是中国高质量发展的必然要求，唯有中国的科学技术得到升级、经济实力得到增强、社会秩序更加稳定，才有能力为世界提供公共产品并得到世界各国的认可。"双循环"战略与"一带一路"一脉相承、同频共振：中国"内循环"的质量越高，对沿线国家的带动能力就越强；中国的"外循环"需要与"一带一路"沿线国家积极互动才能够高质量推进。"一带一路"建设深刻体现了双循环的内涵，中国应当充分挖掘内需潜力，通过"五通"打通国内国外各要素市场，使国内与国外的资源得到更加优化的配置，带动区域经济和世界经济的复苏。

首先，共建"一带一路"能够通过双循环促进自主创新，有利于保障中国和沿线国家的产业链安全。改革开放以来，中国抓住发达经济体先进制造业转移的机遇，完成了工业化、现代化的进程，"中国制造"风靡全球市场。但是在"两头在外"的发展模式下，中国的许多核心技术严重依赖国际分工体系，很难在技术创新方面有所突破，疫情后的"大封锁"与大国博弈将这个问题充分暴露出来。因此，中国需要减少对外部市场的依赖，需要依托国内庞大的需求市场，通过内循环进行基础性研发和集成性创新，将美国的"卡脖子清单"变成科研清单，形成国内产业链、供应链、价值链，这将有利于中国参与国际竞争，能够使国民经济变得更加安全。此外，中国超大的市场规模可以虹吸全球范围内的优质要素，有助于中国发展创新型经济并推动产业升级。

中国的新发展格局是开放的双循环，共建"一带一路"能够使中国同沿线国家的市场联通起来，通过高质量、可持续的投资与贸易网络将沿线国家的经济关系变得更加紧密。中国在推动创新型经济发展的基础上，可以在"一带一路"区域拓展更多的国际市场，一方面有助于缓解因中美关系不确

定性增大而带来的国际市场收缩的压力；另一方面，中国可以带动沿线国家的创新型经济，形成跨区域产业链，克服全球产业链在面临经济冲击时的脆弱性，沿线国家的国民经济也将会变得更加安全。当市场潜力被充分挖掘之后，中国的消费水平将得到较大提高，中国可以增加从"一带一路"沿线国家的进口，不但能够促进沿线国家的产业发展、带动其贸易额的增长，还能够对中国国际收支双顺差的失衡局面进行调节，减少中国与其他国家的贸易摩擦。

其次，共建"一带一路"能够推动货币与金融合作，有利于保障中国和沿线国家的金融安全。金融是现代经济的核心，过去的十多年里全球杠杆率大幅度攀升，"一带一路"沿线各国的金融系统应已积累了不少风险。对于财政空间受到外部限制的广大发展中国家而言，几乎不可能在不引发国际收支危机的情况下使用量化宽松政策，因此，这些国家除应发挥本国中央银行最后贷款人的职能外，还需与其他国家开展合作，保护其国内财政政策的发展空间，中国可以提供相应的帮助。当前，国际储备货币国家的中央银行的货币互换额度仅覆盖至少数发展中国家，为防范"一带一路"沿线国家经济合作过程中因汇率变化而产生的金融风险，中国可以将货币互换的范围扩展至沿线更多的国家，并以此为依托推进"一带一路"国家的货币与金融合作。在推动国际大循环的过程中，中国应当有意识地主导有利于广大发展中国家的规则制定。

中国当前是制造业大国和贸易大国，尚且不是金融大国，中国应在此方面进行努力。近年来美国的对外经济制裁有增无减，为中国制造业的转型升级和对外贸易与投资的发展增添了阻力，幸运的是，中国经济体量大，且早已取代日本成为亚洲的区域供应中心，中国有能力另谋出路。下一阶段中国可以专注于"一带一路"沿线的经济合作，重振"一带一路"区域的投资与贸易，该过程除了能够提升区域产业链、供应链的可靠性，还能够拓展人民币在区域内的使用范围，提高中国以及整个区域对抗经济制裁的能力。中国应该在"一带一路"沿线增加进口，一方面能够帮助沿线国家提高国民收入，另一方面可以平衡中国的国际收支。更为重要的是，作为进口方，中国还能够提高产品的定价权和使用人民币进行支付的决定权，能够助推人民币国际化，化解美元霸权带来的风险。

最后，共建"一带一路"能够传播中华文化的软实力，有利于中国和沿线发展中国家话语权的建立。中华文明有着五千多年的悠久历史，"民为重"等中华文化所蕴含的执政理念与责任担当深入中国人的血液，这使得中国能够在"抗疫优先"与"经济优先"两难选择面前果断地选择了"抗疫优先",为此中国承受了巨大的经济损失。疫情持续期间,中国与日本、韩国采取联合行动来应对疫情,还向欧盟提供重要卫生设备,当中国国内疫情得到基本控制之后,中国开始出口大量的医疗物资来支援其他国家抗疫,这些行为不但反映了中国效率,还体现出中国对全球事务的担当。然而,西方媒体对此却大做文章,将中国的对外援助描绘成为"口罩外交""地缘政治之争"。这场所谓的"全球话语权之战",固然有西方国家意识形态方面的偏见,也反映出在中国成功抗疫模式面前,西方国家无法实现良政善治所面临的巨大压力,及其对自身国际影响力或将下降的担忧,从另外一个角度来看,也暴露出中国自身对外交流与宣传方面的不足。

长期以来世界习惯于从西方的视角看待中国,中国自己也习惯于将中国的叙事嵌入西方的理论与经验体系中加以诠释。[①] 中国自从加入 WTO 之后便在经济上全面融入了国际体系,但是作为世界文明大国,却从来没有建立起有效的国际语言体系,这使得中国提出的致力于促进互利共赢的"一带一路"倡议常常被西方国家误读,中国在国际多边规则谈判方面也并未掌握与自身经济实力相配的话语权。中国始终崇尚和平,改革开放以来的四十多年中国是在政治与社会稳定的前提下和平崛起的,中华文化"和为贵"与"和而不同"的思想体现在中国内政外交的方方面面,能够为世界提供积极的稳定因素,中国"以和平谋发展、以发展促和平"的经验与故事可以伴随与"一带一路"国家的经贸合作推广开来,能够为世界所共享。中国与"一带一路"沿线国家有相似的利益诉求,后疫情时代,中国应当通过"一带一路"的民间经贸往来传播中华文化,塑造自己的话语权,更多为发展中国家谋求权益。

(二)通过共建"一带一路"推动带动沿线国家经济复苏,从区域起步推动全球多边规则体系重塑

疫情限制了国际的交往,阻碍了经济全球化的进程,但是却又将人类命运紧密联系在一起,此时,世界各国团结一致、广泛开展国际合作是应对危机的唯一途径。全球经济治理体系并未随经济全球化的阶段性变化进行调整是全球经济治理失效的根源,全球经济治理体系的改革需要借助新的力量才

---

① 周黎安. 如何认识中国?——对话黄宗智先生 [J]. 开放时代,2019(3):37-63.

能够推动，中国正是推动经济全球化向前发展的新生力量。① 当前的中国已经悄然变得富裕与强大，也更加开放、包容与自信，中国应当积极适应经济全球化的阶段性变化，积极参与全球经济治理并捍卫多边主义。历史经验表明，新秩序的建立可以起源于区域和局部，中国应当通过共建"一带一路"带领沿线国家走出危机、帮助世界经济重建秩序。尽管经济全球化困难重重，中国仍然可以通过与沿线国家的共同努力，从"一带一路"区域内起步推动全球多边规则体系重塑，使世界的发展进入"更加平等、包容、可持续的轨道"。

首先，共建"一带一路"能够重塑经济地理格局，有利于推动中国及沿线区域的经济一体化。对于幅员辽阔的国家而言，唯有拥有均衡的经济地理格局才能够提升国家的经济竞争力。改革开放以来，中国东部沿海地区的国际物流禀赋优势得到充分发挥、经济潜力得到极大程度的挖掘，但是中国沿海与内陆及沿边地区的经济差距却被拉开，"西部大开发""中部崛起""东北振兴"等系列发展战略的推出并未能够从根本上缩小内陆与沿海及沿边地区的经济发展差距。客观来看，中国区域经济的发展长期以来是较为不平衡的，国内市场以省域为边界呈现出分割的状态。近年来，"中欧班列"等"一带一路"的旗舰型建设项目的开展，促进了中国内陆与沿边地区的开放，优化了中国的经济地理格局，有利于打破省际壁垒并促进形成国内统一大市场和统一的经济规则，也有利于中国国内各区域的均衡发展并提升整体的竞争力。

共建"一带一路"对经济地理格局的改变不仅是发生在中国内部的，还能够重塑沿线国家的经济地理格局。"一带一路"连接着东亚经济圈与欧洲经济圈，沿线幅员辽阔、地形地貌丰富，沿线有不同类型的发达经济体、新兴经济体、转型经济体、发展中经济体，这些经济体的经济发展水平差距较大，甚至"一带一路"沿线还有不少国家仍然被排除在国际分工体系之外。共建"一带一路"能够通过交通基础设施建设缩小国家间的相对地理距离，优化区域经济地理格局，在此基础上促进建立海陆贯通的新型贸易模式。不妨认为，共建"一带一路"能够以"内循环"带动"外循环"，能够将当前被排除在国际分工体系之外的国家纳入区域产业链和全球产业链，能够促进沿线国家的互联互通以及区域大市场的形成，创造出无限的商机。随着区域经济地理格局的优化，区域经济一体化将随之成型，伴随而来的便是区域经济规则的趋同和区域经济规则在更广范围的应用，有助于全球多边

---

① 杨春蕾，张二震. 疫情冲击下全球经济治理的挑战与中国应对 [J]. 南京社会科学，2021 (2)：36-42.

规则体系的重塑。

其次,共建"一带一路"能够促进生产与就业,有利于提升沿线国家的福利并促进经济增长。疫情持续期间,与低迷的经济活动相伴的是不断攀升的失业率,高失业率带来的不仅是经济问题,还有很大可能会引发社会危机,这一点在部分国家已经得到印证。当前,"一带一路"沿线广大的发展中国家的疫情尚未完全平息、自身能力又较为有限,历史的经验证明,就业不可能在一夜之间得到恢复,"一带一路"沿线国家迫切需要广泛开展国际合作来恢复生产、促进就业。基础设施建设等"一带一路"的重点领域虽然不能够产生重大的出口需求,也不能够直接推动消费,但是却能够帮助沿线国家恢复生产、促进沿线国家的就业。基础设施建设投入的资金巨大、建设周期较长,短期内经济利益较为有限,但是只要生产能力依然存在,对需求进行刺激就有可能真正恢复增长,中国与沿线国家的政治关系也将能够得到极大增强。

随着"一带一路"建设的深入发展,新基建元素已经融入"一带一路"基础设施建设项目,"一带一路"沿线国家恢复生产需要大量的资金,这些资金会伴随中国企业的海外投资流入东道国。除此之外,中国主导创设的亚投行于 2020 年 4 月设立了新冠肺炎危机恢复基金(COVID – 19 Crisis Recovery Facility),继向中国提供第一笔紧急援助贷款之后,已经陆续向"一带一路"沿线的印度、哈萨克斯坦、乌兹别克斯坦等国家提供了抗疫贷款,帮助其缓解国内经济压力。中国参与的新开发银行于 2020 年 6 月在国际资本市场上发行了抗击新冠肺炎债券,所得资金主要用于资助成员国可持续发展项目。作为未来区域甚至是全球性公共产品的提供大国,中国应当主动承担起责任,以国内经济治理中的成功经验为依托,带领"一带一路"伙伴国家走出阴霾,带领世界经济走出"金德尔伯格陷阱",让更多国家分享经济全球化的福利。

最后,共建"一带一路"能够整合区域规则体系,有利于倒逼全球多边规则体系改革。过去的十多年,全球经济治理的多边规则体系益发的碎片化,多边合作机制深陷困境,区域合作机制则蓬勃兴起。全球范围内的区域经济合作整体上呈现出欧洲、北美、东亚"三足鼎立"的发展格局,与欧洲领先的区域合作框架相比,北美区域合作正在跟进,东亚区域合作则长期发展滞后。① 2020 年新冠肺炎疫情持续期间,三大区域合作机制的表现发生

---

① 江瑞平. 世界百年变局与中国经济外交 [J]. 外交评论(外交学院学报),2020,37(6):1 – 23.

了反转：欧洲和北美的区域治理层面缺乏整体安排，主要成员国各自为政，欧美区域治理框架的内在缺陷被暴露出来；东亚区域合作后来者居上，体现出"集体的力量"。中国与东盟、中日韩与东盟就如何应对疫情都召开了特别会议，在公共卫生领域加强了合作，不仅如此，中国、日本、韩国、澳大利亚、新西兰与东盟十国共15国还达成了区域全面经济伙伴关系协定，为持续低迷的世界经济增添了活力。

贸易的复苏与资本的流动有利于世界经济走向复苏和增长，新秩序的建立十分必要，仅靠单个国家的努力很难使世界经济恢复至疫情前的水平并使世界恢复秩序，必须采取团结的力量。对于中国而言，当前取代美国对全球经济治理进行主导并不切实际，中国完全可以尝试从东亚地区的合作机制起步，在"一带一路"沿线开创多边发展机制的新模式。事实上，"一带一路"沿线已经有一系列多边合作机制存在，只是许多机制较少与全球发展议程相关联。中国应当推动沿线国家与国际经济组织开展更多合作，按照国际标注和国际规则推进"一带一路"沿线的多边发展机制。沿线既有的合作机制差异较大并且较为分散，碎片化并不必然意味着治理机制的失灵、差异性固然会对多边合作机制的形成造成障碍，却也能够成为激发多边机制活力的源泉，中国如果能够促进"一带一路"沿线的地区性合作机制进行对接、整合以及提升，将对全球多边规则体系作出重大贡献。

参 考 文 献

［1］毕世鸿. RCEP：东盟主导东亚地区经济合作的战略选择［J］. 亚太经济，2013（5）：20 - 24.

［2］蔡昉. 中国经济改革效应分析——劳动力重新配置的视角［J］. 经济研究，2017，52（7）：4 - 17.

［3］陈凌岚，沈红芳. 东亚货币金融合作的深化：从"清迈倡议"到"清迈倡议多边化"［J］. 东南亚纵横，2011（5）：36 - 40.

［4］陈淑梅，全毅. TPP、RCEP 谈判与亚太经济一体化进程［J］. 亚太经济，2013（2）：3 - 9.

［5］陈伟光，王欢，蔡伟宏. 多边开发银行体系中的亚投行：一个比较分析框架［J］. 当代财经，2017（7）：46 - 57.

［6］程大中. 中国参与全球价值链分工的程度及演变趋势——基于跨国投入—产出分析［J］. 经济研究，2015，50（9）：4 - 16.

［7］崔凡. 美国 2012 年双边投资协定范本与中美双边投资协定谈判［J］. 国际贸易问题，2013（2）：123 - 131.

［8］崔志楠，邢悦. 从"G7 时代"到"G20 时代"——国际金融治理机制的变迁［J］. 世界经济与政治，2011（1）：134 - 154.

［9］戴翔，张二震，王原雪. 特朗普贸易战的基本逻辑、本质及其应对［J］. 南京社会科学，2018（4）：11 - 17.

［10］邓忠奇，高廷帆，朱峰. 地区差距与供给侧结构性改革——"三期叠加"下的内生增长［J］. 经济研究，2020，55（10）：22 - 37.

［11］费孝通. 经济全球化和中国"三级两跳"中的文化思考——在"经济全球化与中华文化走向"国际学术研讨会上的讲话［J］. 中国文化研究，2001（1）：2 - 8.

［12］傅晓. 是什么决定了繁荣还是危机［EB/OL］.（2021 - 02 - 27）［2021 - 03 - 16］. https：//web. shobserver. com/journal/article/share？id = 309679.

[13] 高德胜.SWIFT 牵手央行数字货币，意味着什么？［EB/OL］.（2021 – 02 – 16）［2021 – 03 – 16］.https：//mp. weixin. qq. com/s/rSixtG5XoTsjGW1uf0FINQ.

[14] 高海红.布雷顿森林遗产与国际金融体系重建［J］.世界经济与政治，2015（3）：4 – 29.

[15] 龚柏华.USMCA 如何冲击全球经贸规则［EB/OL］.（2020 – 07 – 14）［2021 –03 –15］.https：//mp. weixin. qq. com/s/WSL – y0kTiaKX3u1nKPob3Q.

[16] 郭晴.“双循环”新发展格局的现实逻辑与实现路径［J］.求索，2020（6）：100 – 107.

[17] 国务院新闻办公室.新闻办就《关于建立“一带一路”国际商事争端解决机制和机构的意见》举行发布会［EB/OL］.（2018 – 06 – 28）［2021 – 03 – 15］.http：//www. gov. cn/xinwen/2018 – 06/28/content _ 5301832. htm#1.

[18] 国务院新闻办公室.新闻办就新中国成立70周年工业通信业发展情况举行发布会［EB/OL］.（2019 – 09 – 20）［2021 – 03 – 15］.http：//www. gov. cn/xinwen/2019 –09/20/content_5431683. htm#1.

[19] 郭周明，田云华，王凌峰.“逆全球化”下建设国际金融新体制的中国方案——基于“一带一路”研究视角［J］.国际金融研究，2020（1）：44 – 53.

[20] 洪朝伟.中国去杠杆可行性探讨——国际比较与对策研究［J］.新金融，2018（2）：20 – 25.

[21] 胡鞍钢，王洪川.南北格局与和平崛起：二十国集团综合国力研究［J］.现代国际关系，2017（11）：42 – 49.

[22] 胡必亮.“一带一路”在疫情挑战中前行［N］.光明日报，2021 – 01 – 04（12）.

[23] 胡勇.八国集团的现状评估及其未来发展［J］.国际观察，2014（6）：104 – 116.

[24] 胡湛，彭希哲.应对中国人口老龄化的治理选择［J］.中国社会科学，2018（12）：134 – 155.

[25] 环球时报.日本经济学家：主张“脱中国”的都是没有竞争力的企业［EB/OL］.（2020 – 06 – 10）［2021 – 03 – 15］.https：//baijiahao. baidu. com/s? id =1669108033576637267&wfr = spider&for = pc.

[26] 黄健昀.国际投资仲裁：有条件的上诉机制——从“尤科斯案”

到"一带一路"投资争端解决 [J]. 西部法学评论,2020 (5):104 - 115.

[27] 黄建忠. WTO 改革之争——中国的原则立场与对策思路 [J]. 上海对外经贸大学学报,2019,26 (2):5 - 12.

[28] 黄群慧,贺俊,倪红福. 新征程两个阶段的中国新型工业化目标及战略研究 [J]. 南京社会科学,2021 (1):1 - 14.

[29] 黄薇. 国际组织中的权力计算——以 IMF 份额与投票权改革为例的分析 [J]. 中国社会科学,2016 (12):181 - 198.

[30] 黄先海,余骁. 以"一带一路"建设重塑全球价值链 [J]. 经济学家,2017 (3):32 - 39.

[31] 计小青,乔越. 金砖银行的平权决策机制:效率损失及其改进 [J]. 上海金融,2017 (2):37 - 44.

[32] 贾康. 贾康教授在 2020 新浪财经云端峰会上的发言 [EB/OL]. (2020 - 06 - 14) [2021 - 03 - 15]. https://mp. weixin. qq. com/s/du0YGMaFzmx0bXU7Pioi2w.

[33] 江洁,陈杰,何海鹰,冯黎黎. 金融危机传染实证分析研究 [J]. 中国人民银行工作论文,2020 (1):1 - 15.

[34] 江瑞平. 世界百年变局与中国经济外交 [J]. 外交评论(外交学院学报),2020,37 (6):1 - 23.

[35] 经济外交项目组. 美国对华战略竞争中的"五眼联盟" [EB/OL]. (2020 - 08 - 06) [2021 - 03 - 16]. https://mp. weixin. qq. com/s/csG4vkFJf7HsC_Or2KwEw.

[36] 鞠建东. 贸易新常态下的全球经济治理新框架和中国对外开放战略研究 [J]. 南京财经大学学报,2017 (2):1 - 7.

[37] 兰德尔·夸尔斯,谢华军. 金融稳定理事会十年回顾与展望 [J]. 金融市场研究,2019 (11):92 - 96.

[38] 理查德·巴德温,杨盼盼. WTO 2.0:思考全球贸易治理 [J]. 国际经济评论,2013 (2):156 - 158.

[39] 李长久. 经济全球化的进展、内涵和影响 [J]. 世界经济,1997 (7):14 - 18.

[40] 黎峰. 全球价值链分工视角下的中美贸易摩擦透析 [J]. 南方经济,2019 (7):1 - 15.

[41] 李跟强,潘文卿. 国内价值链如何嵌入全球价值链:增加值的视角 [J]. 管理世界,2016 (7):10 - 22.

[42] 李佳，吴思柳．双边到多边：欧盟投资争端解决机制的改革和中国选择 [J]．国际贸易，2020（9）：46－53．

[43] 李巍．制衡美元的政治基础——经济崛起国应对美国货币霸权 [J]．世界经济与政治，2012（5）：97－119．

[44] 李巍．伙伴、制度与国际货币——人民币崛起的国际政治基础 [J]．中国社会科学，2016（5）：79－100．

[45] 李巍，张玉环．从应对贸易摩擦到预防经济脱钩：2019年中国经济外交形势分析 [J]．战略决策研究，2020，11（2）：3－30．

[46] 李晓．"日元国际化"的困境及其战略调整 [J]．世界经济，2005（6）：3－18．

[47] 李晓．美元体系的金融逻辑与权力——中美贸易争端的货币金融背景及其思考 [J]．国际经济评论，2018（6）：52－71．

[48] 李晓，陈煜．疫情冲击下的世界经济与中国对策 [J]．东北亚论坛，2020，29（3）：43－57．

[49] 李晓，于潇，王达，姜扬．新一届美国政府对外政策及影响前瞻笔谈 [J]．东北亚论坛，2021，30（1）：3－23．

[50] 李晓燕．中国国际组织外交的历史发展与自主创新 [J]．东北亚论坛，2020，29（2）：58－70．

[51] 李兴．论"一带一路"框架下互联互通与实现亚欧发展共同体的建设 [J]．东北亚论坛，2017，26（4）：42－52．

[52] 李义举，冯乾．宏观审慎政策框架能否有效抑制金融风险？ [J]．金融论坛，2018（9）：9－20．

[53] 李折周，刘存京．美俄印欧的欧亚地缘战略对"一带一路"建设的影响 [J]．俄罗斯东欧中亚研究，2020（1）：32－51．

[54] 林惠玲．再平衡视角下条约控制机制对国际投资争端解决的矫正——《投资者国家间争端解决重回母国主义：外交保护回来了吗？》述论 [J]．政法论坛，2021，39（1）：150－160．

[55] 刘宏松．中国参与全球治理70年：迈向新形势下的再引领 [J]．国际观察，2019（6）：1－21．

[56] 刘敬东．WTO改革的必要性及其议题设计 [J]．国际经济评论，2019（1）：34－57．

[57] 刘欣．"一带一路"四大资金池的战略及运营比较研究 [J]．当代经济，2016（28）：49－51．

[58] 刘志彪, 吴福象. "一带一路"倡议下全球价值链的双重嵌入 [J]. 中国社会科学, 2018 (8): 17-32.

[59] 刘志彪, 徐宁. 统一市场建设: 长三角一体化的使命、任务与措施 [J]. 现代经济探讨, 2020 (7): 1-4.

[60] 刘作奎. 中国——中东欧国家合作的发展历程与前景 [J]. 当代世界, 2020 (4): 4-9.

[61] 卢荻. 中国作为华盛顿共识的异端 [J]. 当代经济研究, 2009 (12): 11-15.

[62] 卢锋, 李双双. 多边贸易体制应变求新: WTO 改革新进展 [J]. 学术研究, 2020 (5): 78-87.

[63] 吕晓莉.《美墨加协定》框架下的加拿大: 妥协中的坚守 [J]. 拉丁美洲研究, 2019, 41 (1): 78-98.

[64] 美国民调机构皮尤研究中心. 14 个发达国家民众给本国政府抗疫打分, 英美垫底 [EB/OL]. (2020-08-29) [2021-03-16]. https://mp. weixin. qq. com/s/dKNitbUfGqNq3Nvph3iqbw.

[65] 倪峰, 傅梦孜, 唐永胜, 王勇. 拜登时期中美关系前瞻 [J]. 国际经济评论, 2021 (1): 102-115.

[66] 牛志伟, 邹昭晞, 卫平东. 全球价值链的发展变化与中国产业国内国际双循环战略选择 [J]. 改革, 2020 (12): 28-47.

[67] 潘圆圆, 张明. 中国对美投资快速增长背景下的美国外国投资委员会改革 [J]. 国际经济评论, 2018 (5): 32-48.

[68] 裴长洪, 刘斌. 中国开放型经济学: 构建阐释中国开放成就的经济理论 [J]. 中国社会科学, 2020 (2): 46-69.

[69] 裴长洪, 刘洪愧. 中国外贸高质量发展: 基于习近平百年大变局重要论断的思考 [J]. 经济研究, 2020, 55 (5): 4-20.

[70] 裴长洪, 倪江飞. 坚持与改革全球多边贸易体制的历史使命——写在中国加入 WTO 20 年之际 [J]. 改革, 2020 (11): 5-22.

[71] 彭德雷, 郑琏. "一带一路"数字基础设施投资: 困境与实施 [J]. 兰州学刊, 2020 (7): 98-111.

[72] 彭俞超. 习近平金融治理思想研究 [J]. 马克思主义理论学科研究, 2017, 3 (5): 102-111.

[73] 全球治理委员会. 我们的全球伙伴关系 [R]. 牛津: 牛津大学出版社, 1995.

［74］任泽平，冯赟．供给侧改革去杠杆的现状、应对、风险与投资机会［J］．发展研究，2016（3）：8－13．

［75］上海发展研究基金会全球金融治理课题组，乔依德，祝望．全球金融治理：挑战、目标和改革——关于2016年G20峰会议题的研究报告［J］．国际经济评论，2016（3）：26－40，4．

［76］商务部新闻办公室．《区域全面经济伙伴关系协定》（RCEP）第三次领导人会议联合声明［EB/OL］．（2019－11－05）［2021－03－15］．http：//fta. mofcom. gov. cn/article/rcep/rcepnews/201911/41745_1. html.

［77］沈坤荣．外国直接投资与中国经济增长［J］．管理世界，1999（5）：22－34．

［78］沈伟．逆全球化背景下的国际金融治理体系和国际经济秩序新近演化——以二十国集团和"一带一路"为代表的新制度主义［J］．当代法学，2018，32（1）：32－49．

［79］沈伟．论金融制裁的非对称性和对称性——中美金融"脱钩"的法律冲突和特质［J］．上海对外经贸大学学报，2020，27（5）：35－51．

［80］沈志华，余伟民．斯大林是怎样掉入"修昔底德陷阱"的——战后苏美从合作走向对抗的路径和原因［J］．俄罗斯研究，2019（1）：3－20．

［81］盛松成．资本账户双向开放与防范资本流动风险并不矛盾［EB/OL］．（2020－08－31）［2021－03－16］．https：//mp. weixin. qq. com/s/jflk-CpPhOOMjhFppgT7jcQ.

［82］世界银行．中国优化营商环境的成功经验：改革驱动力及未来机遇［R］．华盛顿特区：世界银行，2020－07－27．

［83］宋瑞琛．美国关于WTO改革的主张、措施及中国的策略选择［J］．国际贸易，2020（8）：48－55．

［84］苏庆义．世贸组织面临三大挑战［EB/OL］．（2020－05－23）［2021－03－15］．https：//mp. weixin. qq. com/s/82TvuCdjcdEnvYIgo3RnxA.

［85］谭小芬，李兴申．跨境资本流动管理与全球金融治理［J］．国际经济评论，2019（5）：57－79．

［86］佟家栋，盛斌，蒋殿春，严兵，戴金平，刘程．新冠肺炎疫情冲击下的全球经济与对中国的挑战［J］．国际经济评论，2020（3）：9－28．

［87］屠新泉．"入世"15年：中国在全球贸易治理中的角色变迁［J］．国际商务研究，2016，37（6）：34－44．

［88］屠新泉．我国应坚定支持多边贸易体制、积极推进全球贸易治理

[J]. 国际贸易问题, 2018 (2): 15 – 19.

[89] 王达, 项卫星. 亚投行的全球金融治理意义、挑战与中国的应对 [J]. 国际观察, 2015 (5): 71 – 81.

[90] 王光, 卢进勇. 中国双边投资协定: 历史演进与发展趋势 [J]. 国际经济合作, 2019 (2): 52 – 59.

[91] 王明国. 从制度竞争到制度脱钩——中美国际制度互动的演进逻辑 [J]. 世界经济与政治, 2020 (10): 72 – 101.

[92] 王乔, 卢鑫. "十九大"全球治理观影响下的中国国际贸易治理机制变革 [J]. 理论探讨, 2018 (1): 92 – 98.

[93] 王胜邦, 俞靓. 后危机时期的全球金融监管新变化 [J]. 人民论坛·学术前沿, 2015 (16): 42 – 51.

[94] 王文, 王鹏. G20 机制 20 年: 演进、困境与中国应对 [J]. 现代国际关系, 2019 (5): 1 – 9.

[95] 王小龙, 陈伟光. 全球投资治理: 发展演进与中国的参与路径 [J]. 金融教育研究, 2016, 29 (1): 3 – 10.

[96] 王燕. 数字经济对全球贸易治理的挑战及制度回应 [J]. 国际经贸探索, 2021, 37 (1): 99 – 112.

[97] 吴福象, 蔡悦. 中国产业布局调整的福利经济学分析 [J]. 中国社会科学, 2014 (2): 96 – 115.

[98] 吴心伯. 明年一月份前, 中美关系将迎来最严峻的时刻 [EB/OL]. (2020 – 08 – 18) [2021 – 03 – 16]. https://mp.weixin.qq.com/s/BF-kx3thIMgAmdHv6q3H0yw.

[99] 习近平. 在二十国集团领导人杭州峰会上的闭幕辞 [EB/OL]. (2016 – 09 – 05) [2021 – 03 – 15]. https://www.chinanews.com/gn/2016/09 – 05/7994945.shtml.

[100] 习近平. 在企业家座谈会上的讲话 [EB/OL]. (2020 – 07 – 21) [2021 – 03 – 16]. https://www.ccps.gov.cn/xxsxk/zyls/202007/t20200721_142450.shtml.

[101] 谢世清, 黄嘉俊. 巴塞尔进程与全球金融治理 [J]. 上海金融, 2010 (11): 54 – 58.

[102] 新华社. "一带一路"国际合作高峰论坛成果清单 [J]. 中国经济周刊, 2017 (Z2): 89 – 93.

[103] 新华社. 习近平接见驻外使节工作会议与会使节并发表重要讲

话［EB/OL］.（2017 – 12 – 28）［2021 – 03 – 15］. http：//jhsjk. people. cn/article/29734770.

［104］新华社. 第二届"一带一路"国际合作高峰论坛成果清单（全文）［EB/OL］.（2019 – 04 – 28）［2021 – 03 – 16］. https：//bai-jiahao. baidu. com/s？id = 1631984638829600725&wfr = spider&for = pc.

［105］新华社. 中央经济工作会议在北京举行　习近平李克强作重要讲话［EB/OL］.（2018 – 12 – 21）［2021 – 03 – 15］. http：//news. cctv. com/2018/12/21/ARTI93Cwl0GAzC5dJpsxF9Aj181221. shtml？spm = C94212. PZmR-faLbDrpt. S83334. 1.

［106］徐康宁. 疫情影响下的世界经济：变局与重塑［J］. 华南师范大学学报（社会科学版），2020（5）：25 – 36.

［107］徐明棋. 北美自贸区重新谈判前景不明［N］. 文汇报，2017 – 09 – 02（004）.

［108］徐秀军. 新时代中国国际政治经济学：一项研究议程［J］. 世界经济与政治，2020（7）：4 – 34.

［109］徐忆斌，马小晴. "一带一路"国家间金融监管合作法律问题研究［J］. 中国海洋大学学报（社会科学版），2019（3）：106 – 114.

［110］杨春蕾，张二震. 疫情冲击下全球经济治理的挑战与中国应对［J］. 南京社会科学，2021（2）：36 – 42.

［111］杨丹辉. 新中国 70 年对外贸易的成就、经验及影响［J］. 经济纵横，2019（8）：20 – 31.

［112］杨剑，郑英琴. 产权明晰与"一带一路"公共产品提供——关于纯公共品和分享品组合模式的探讨［J］. 太平洋学报，2019，27（8）：42 – 53.

［113］杨天宇. 中国参与国际金融机制变革的进展及问题［J］. 现代国际关系，2020（3）：40 – 48.

［114］余妙宏. 论自由贸易区（FTA）与国家战略的对接联动［J］. 山东社会科学，2019（12）：61 – 66.

［115］余敏友，刘衡. WTO 与全球贸易治理：演变、成就与挑战［J］. 吉林大学社会科学学报，2010，50（5）：140 – 146.

［116］余南平，夏菁. 区域价值链视角下的中东欧国家经济转型——以波兰、匈牙利、捷克和斯洛伐克为分析对象［J］. 欧洲研究，2020，38（1）：104 – 131.

［117］余永定. 崛起的中国与七国集团、二十国集团［J］. 国际经济评

论，2004（5）：9－12.

[118] 约翰·柯顿．全球治理与世界秩序的百年演变［J］．国际观察，2019（1）：67－90.

[119] 曾津．中国"新基建"与美国"信息高速公路计划"及其比较研究［J］．新经济，2020（12）：28－30.

[120] 詹晓宁．全球投资治理新路径——解读《G20 全球投资政策指导原则》［J］．世界经济与政治，2016（10）：4－18.

[121] 詹晓宁，欧阳永福．《G20 全球投资政策指导原则》与全球投资治理——从"中国方案"到"中国范式"［J］．世界经济研究，2017（4）：3－13.

[122] 张二震，戴翔．疫情冲击下全球价值链重构及中国对策［J］．南通大学学报（社会科学版），2020，36（5）：92－101.

[123] 张发林．全球金融治理体系的演进：美国霸权与中国方案［J］．国际政治研究，2018，39（4）：9－36.

[124] 张发林．全球金融治理议程设置与中国国际话语权［J］．世界经济与政治，2020（6）：106－131.

[125] 张骥，陈志敏．"一带一路"倡议的中欧对接：双层欧盟的视角［J］．世界经济与政治，2015（11）：36－52.

[126] 张其仔，许明．中国参与全球价值链与创新链、产业链的协同升级［J］．改革，2020（6）：58－70.

[127] 张明．新冠肺炎疫情冲击下的国际货币体系与人民币国际化［EB/OL］．（2020－08－18）［2021－03－16］．https：//mp. weixin. qq. com/s/7yOlJlNl8G9nICgaCOu1Wg.

[128] 张晓晶，刘磊．新冠肺炎疫情冲击下稳增长与稳杠杆的艰难平衡［J］．国际经济评论，2020（2）：81－100.

[129] 张宇燕，卢锋，张礼卿，佟家栋，盛斌，胡鞍钢，赵忠秀，曹天予，余永定，姚枝仲，张斌，路风，宋泓，张维迎，崔之元，徐以升，丁一凡，雷达，王鲁军，钟伟，沈丹阳．中国入世十周年：总结与展望［J］．国际经济评论，2011（5）：40－83.

[130] 张宇燕．理解百年未有之大变局［J］．国际经济评论，2019（5）：9－19.

[131] 张远鹏．"一带一路"与以我为主的新型全球价值链构建［J］．世界经济与政治论坛，2017（6）：39－53.

［132］赵骏，谷向阳．论全球治理中的 G20 软法治理［J］．浙江学刊，2018（5）：54 – 60.

［133］赵全胜，曾卡，萱萱，金君达，金坚敏，赵宏伟，孙太一，何思慎，蒋一骁．海外华人学者笔谈：RCEP 的积极进展及其战略意义［J］．日本研究，2019（4）：1 – 10.

［134］郑永年．未来世界经济的中心在亚洲［EB/OL］．（2020 – 08 – 21）［2021 – 03 – 16］．http：//www.china – cer.com.cn/guwen/202008217665.html.

［135］钟飞腾．中国经济外部新环境：慢全球化与新冠肺炎疫情［EB/OL］．（2021 – 01 – 05）［2021 – 03 – 15］．https：//mp.weixin.qq.com/s/MA4NFzGgY0lVSPOObEzbbg.

［136］中国对外投资合作发展报告编写组．中国对外投资合作发展报告 2020［R］．北京：中华人民共和国商务部，2021 – 02 – 02.

［137］中国人民银行金融稳定分析小组．中国金融稳定报告 2019［R］．北京：中国人民银行，2019 – 11 – 25.

［138］中国新闻网．英国失业人数创下近 10 年新高［EB/OL］．（2020 – 08 – 12）［2021 – 03 – 16］．http：//www.chinanews.com/gj/2020/08 – 12/9262614.shtml.

［139］钟韵，胡晓华．粤港澳大湾区的构建与制度创新：理论基础与实施机制［J］．经济学家，2017（12）：50 – 57.

［140］钟震，董小君，郑联盛，董梦雅．国际金融监管规则演变的逻辑演绎及我国应对之策［J］．宏观经济研究，2017（1）：31 – 41.

［141］周黎安．如何认识中国？——对话黄宗智先生［J］．开放时代，2019（3）：37 – 63.

［142］周茂华．欧债危机的现状、根源、演变趋势及其对发展中国家的影响［J］．经济学动态，2014（3）：138 – 153.

［143］周小川．金融政策对金融危机的响应——宏观审慎政策框架的形成背景、内在逻辑和主要内容［J］．金融研究，2011（1）：1 – 14.

［144］周颖刚，程欣．人民币已经是"国际避险货币"了吗？［EB/OL］．（2021 – 02 – 24）［2021 – 03 – 16］．https：//mp.weixin.qq.com/s/IsAhjn-JhG6e0cjMjM – Jf4Q.

［145］朱杰进．金砖国家合作机制的转型［J］．国际观察，2014（3）：59 – 73.

［146］庄贵阳，朱仙丽．《欧洲绿色协议》：内涵、影响与借鉴意义

［J］. 国际经济评论, 2021（1）: 116 - 133.

［147］庄芮, 林佳欣. RCEP: 进展、挑战与前景［J］. 东南亚研究, 2018（4）: 87 - 102.

［148］CCSA. How COVID - 19 is changing the world: A statistical perspective［R］. United Nations, 2020 - 09 - 01.

［149］Daniel Gerszon Mahler, Christoph Lakner, R. Andres Castaneda Aguilar, Haoyu Wu. Updated estimates of the impact of COVID - 19 on global poverty［EB/OL］.（2020 - 06 - 08）［2021 - 03 - 16］. https: //blogs. worldbank. org/opendata/updated - estimates - impact - covid - 19 - global - poverty.

［150］Dooley M P, Folkerts - Landau D, Garber P. An essay on the revived Bretton Woods system［R］. National Bureau of Economic Research, 2003.

［151］Gao H. China's Participation in WTO Negotiations［J］. *China Perspectives*, 2012（1）: 59 - 65.

［152］Gilpin R. *The Political Economy of International Relations*［M］. Princeton: Princeton University Press, 2016.

［153］IMF. IMF Members' Quotas and Voting Power, and IMF Board of Governors［EB/OL］.（2021 - 03 - 16）［2021 - 03 - 16］. https: //www. imf. org/external/np/sec/memdir/members. aspx.

［154］McKinnon R I. The international dollar standard and the sustainability of the US current account deficit［J］. *Brookings Papers on Economic Activity*, 2001（1）: 227 - 239.

［155］Mundell R. Currency areas, exchange rate systems and international monetary reform［J］. *Journal of Applied Economics*, 2000, 3（2）: 217 - 256.

［156］UNCTAD. World Investment Report 2019［R］. Geneva: United Nations, 2019 - 06 - 12.

［157］UNCTAD. Review of ISDS Decisions in 2019: Selected IIA Reform Issues［R］. Geneva: United Nations, 2021 - 01 - 27.

［158］World Bank Group. Doing Business 2020［R］. Washington, DC: The World Bank, 2019 - 10 - 24.

后　记

　　《共建"一带一路"与全球经济治理》的创作起始于 2016 年。2016 年是"一带一路"顶层设计《推动共建丝绸之路经济带和 21 世纪海上丝绸之路的愿景与行动》出台、进入具体实施阶段的第二年。2016 年，中国作为主办方主持了 G20 杭州峰会，实现了 G20 历史上的多个"第一次"：第一次达成投资领域内的全球性指导原则；第一次将发展问题放置于全球宏观政策框架的核心位置；第一次为助力非洲工业化采取集体行动，发起《G20 支持非洲和最不发达国家工业化倡议》；第一次发布气候变化问题主席声明等，2016 年可被视为中国主持与主导全球经济治理顶层设计的元年。2016 年 11 月，联合国大会首次将"一带一路"倡议写入决议（第 A/71/9 号），得到会员国的一致赞同。再看地球的另一边，2016 年 6 月，英国全民公投决定"脱欧"，后于 2020 年 1 月正式"脱欧"，欧盟成为由 27 个主权国家组成的经济联盟；2016 年 11 月，唐纳德·特朗普当选美国第 45 任总统，后于 2020 年 12 月败选，连任失败。以当下的认知来看，"逆全球化"迹象在 2016 年甚至更早便已经显露端倪。

　　2018 年，笔者带着书稿的写作计划赴德国哥廷根大学访问学习，访学期间游览了北欧、南欧与东欧的多个国家，直观感受到因国际政治经济格局的改变而引起欧洲公众对"外来者"态度的变化。这种态度的转变最初是由大规模涌入欧洲的难民带来的：大部分难民在宗教信仰和文化教育等方面与欧洲本地人存在较大差异，较难融入欧洲社会；恐怖分子混入难民之中源源不断地涌入欧洲，为欧洲带来了较多的不安定因素，"难民危机"由此爆发。这些都使得原本复苏缓慢的欧洲经济雪上加霜，欧盟国家不仅未能走出债务危机的泥潭，还面临"难民危机"和英国"脱欧"或将引发欧洲进一步分裂的风险，欧盟国家对待包括难民在内的外来者的态度自然由欢迎转化为警惕与防范。2018 年也是中美贸易摩擦不断升级的起始，由于美国的施压，访学期间时有听到欧洲国家将对访问学者进行严格审查的信息。不得不提的是，长期以来世界习惯于以西方的视角看待中国，中国也习惯于将中国的叙事嵌入至西方的理论与经验体系中加以诠释。作为世界文明大国，中国并没有建立起有效的国际语言体系，这使得中国常常被西方国家误读。

2019 年，世界经济增长持续放缓，美国对中国的打压益发明显。2019 年年末，突如其来的新冠肺炎疫情给经济社会发展带来前所未有的冲击，疫情造成的"大封锁"不仅影响了全球航空业、全球海运，还产生了一系列的连锁效应：全球产业链出现突发性中断、贸易与投资需求出现较大萎缩、全球金融市场受到巨大影响、全球范围内的就业受到巨大打击。我所在工作单位的留学生也因疫情的原因无法进入中国求学，幸运的是，得益于新技术的发展，线上教学这种教学新模式得以被运用到留学生的教学工作中。南通大学经济与管理学院当前招收的留学生主要来自"一带一路"沿线国家，与十多个不同国家留学生进行线上互动时，必然会就各国疫情期间的生产、生活状况进行交流，也会了解各国对共建"一带一路"的看法。从学生的反馈情况来看，"一带一路"项目确实对越南、孟加拉国等沿线国家的经济发展起到了带动作用，学生对中国充满期待也心怀感激，这无论如何都是令人欣慰的。

正是由于国际政治经济格局的复杂多变，书稿自 2016 年创作伊始便历经多次删改，最终于 2021 年春天成稿、于 2021 年冬天完成修订。正如阿尔文·托夫勒（Alvin Toffler）在其 1980 年出版的著作《第三次浪潮》中预言的那样，克隆、大数据、消费主义和在家办公成为现实；也正如阿尔文·托夫勒在其 2006 年出版的著作《财富的革命》中担忧的那样，当前人们正在经历病毒的蔓延、经济的萧条与全球化的解体。在人类发展的任何历史阶段，国家间的分歧都会存在，对抗与冲突并不是解决问题的方法，新冠肺炎疫情是人类共同面对的挑战，抗疫合作则是当前各国推动全球经济治理多边规则体系复位的最大契机。"未来就在现在之中"，书稿收尾之际，新冠肺炎疫情已经持续蔓延将近两年，衷心期望新冠肺炎疫情能够尽早结束，期望全球化能够在和平与发展的国际环境中继续推进。"愿有一灯，入于暗室""百千年暗，悉能破尽""种种暗障，悉能除尽"！

最后，感谢一路陪伴我、支持我走过来的人们！

杨春蕾

2021 年冬月

图书在版编目（CIP）数据

共建"一带一路"与全球经济治理/杨春蕾著．－－
北京：经济科学出版社，2022.9
ISBN 978 - 7 - 5218 - 3715 - 5

Ⅰ.①共…　Ⅱ.①杨…　Ⅲ.①"一带一路" - 国际合
作 - 研究②世界经济 - 经济治理 - 研究　Ⅳ.①F125
②F113

中国版本图书馆 CIP 数据核字（2022）第 099834 号

责任编辑：刘　丽
责任校对：王肖楠
责任印制：范　艳

共建"一带一路"与全球经济治理
杨春蕾　著

经济科学出版社出版、发行　新华书店经销
社址：北京市海淀区阜成路甲 28 号　邮编：100142
总编部电话：010 - 88191217　发行部电话：010 - 88191522
网址：www. esp. com. cn
电子邮箱：esp@ esp. com. cn
天猫网店：经济科学出版社旗舰店
网址：http：//jjkxcbs. tmall. com
北京季蜂印刷有限公司印装
710×1000　16 开　14.75 印张　260000 字
2022 年 9 月第 1 版　2022 年 9 月第 1 次印刷
ISBN 978 - 7 - 5218 - 3715 - 5　定价：72.00 元
（图书出现印装问题，本社负责调换。电话：010 - 88191510）
（版权所有　侵权必究　打击盗版　举报热线：010 - 88191661
QQ：2242791300　营销中心电话：010 - 88191537
电子邮箱：dbts@ esp. com. cn）